KB234477

나는
이상한 사람과
결혼하였다

이동녘　1989년 〈실천문학〉에 시 '가족', '할머니의 머리카락'으로 등단하여
'한국크리스천시인협회' 회장을 지냈다.
동인시집 〈갈보리의 노래〉(1989), 〈어둠을 깨고 뜨는 달〉(1990)과
시집 〈날개 없어도 당신은 내 하늘에 가득 날아오르는데〉(1992)
〈비익조〉(1997), 그리고 한국문예진흥기금 수혜 작품집인
〈휘어진 십자가〉(2000)를 출간하였다.

나는 이상한 사람과 결혼하였다

초판 1쇄 펴낸날 2002년 5월 22일

펴낸이 • 임형욱 | 지은이 • 이동녘 이영숙 |
편집 • 김경실 정민숙 | 디자인 • 김경화 신은정 | 영업 • 이정욱
펴낸곳 • **행복한책읽기** | 주소 • 서울시 중구 필동2가 16-6 풍산빌딩 4층
전화 • 02-2277-9216,7 | 팩스 • 02-2277-8283 | E-mail • heenyun@chollian.net
인쇄 및 제본 • 동양인쇄(주) | 배본처 • 뱅크북
등록 • 2001년 2월 5일 제2-3258호 | ISBN 89-89571-05-7 03810 | 값 • 8,500원

나는 이상한 사람과 결혼하였다

| 이동녘 이영숙 지음

행복한책읽기

큰마음으로 상대의 목소리에 귀를 기울이기를 ……

이동녘 이영숙 부부는 남편과 아내이기 이전에 한 사람의 인간으로서 각자 진솔하게 자신의 이야기를 쓰고 있다. 이들은 서로를 하늘이 정해준 배필이라고 믿었으며 누구보다 자신의 인생을 잘 이해해 줄 것이라고 생각하고 배우자로 선택했다. 그러나 막상 결혼을 하고나자 서로의 기대치는 여지없이 무너져내렸고, 차라리 악연이라 생각할 정도로 골이 깊고 벽이 두터웠다.

클레머(Klemer) 교수도 부부간의 갈등의 원인으로 기대(expectation)의 차이를 들었지만 이동녘 이영숙 부부는 도무지 상대방을 이해할 수가 없었다.

많은 갈등과 고통을 통해 나의 아집에서 벗어나 상대를 이해하려는 마음이 싹텄고 상대를 미워하면서 자신의 현재를 발견하는 아픔의 긴 터널을 통과했다.

사실 '부부'라는 인간관계처럼 어렵고 힘든 관계도 없다. 우선 함부로 갈라 설 수 없게 묶여 있다는 것이 어렵고, 여느 인간관계처럼 한시적 만남이 아니고 항구적 만남이기에 더욱 어렵다. 잠깐 만나는 만남처럼 상대를 속일 수도 없고 천연덕스럽게 거짓말을 할 수도 없다. 태어나면서부터 형성된 인격의 깊은 부분까지도 부부이기에 어쩔 수 없이 노출된다. 결혼에 이르는 과정에서 만났을 때에 가려졌던(어쩌면 숨겼던) 부분이 살아가면서 점차 드러나고 밖으로 표출되면서 어느 부부나 갈등의 골은 깊어지게 마련이다. 그러나 부크이기에 서로 맞춰가며 살아야 한다는 속박감은 '숙명적인 만남'이라는 체념 속에 융해되어 가는 것이다.

이동녘과 이영숙은 서로를 이해하지 못하고 괴로워하면서도 결혼은 '인간의 의지로 깨뜨릴 수 없는 소중한 만남'이란 중압감 속에서 감정을 삭히고 거르면서 자신들을 달구어 왔다. 거기엔 신앙의 힘이 배경에 깔려 있었고 원래 착했던 심성이 뿌리가 되어 있었다.

이 책을 통해 스많은 부부들이 자신의 삶을 반추해 보고 나의 삶은 어떤가를 생각해 보는 기회가 되었으면 한다.

우리 모두가 부부로 만나 살면서도 쌓여 가는 응어리를 푸는 길을 모르고 산다.

큰마음으로 상대의 입장이 되어 서로를 감사하며 상대를 소중히 여길 때 아름다운 사랑을 만들어가는 길이 보일 것이다.

2002. 5.

정신과 전문의

이 책은 '남편 이야기'와 '아내 이야기'로 구성되어 있으며, 필자도 각각 다릅니다.

남편 이야기의 필자는 이동녕 님이고 아내 이야기의 필자는 이영숙 님입니다.

부부인 두 사람은 각자 자신의 성격 형성에 영향을 미친 사건을 중심으로 어린 시절과 청년기를 기술하고, 두 사람의 만남과 결혼 그리고 그 이후의 삶들을 철저하게 자신의 시점으로 써나갔습니다.

그래서 '남편 이야기'와 '아내 이야기'가 엇비슷한 시기에 일어난 사건들이 순차적으로 서술되어 있기는 하지만, 어떤 부분은 두 사람의 기억이 정확하게 일치하는가 하면 동일한 상황이 서로 다르게 그려지기도 합니다. 또 어떤 곳에서는 한 사건이나 사물에 대한 두 사람의 시각차와 느낌의 차이가 현저하게 드러나기도 합니다.

따라서 이 책은 두 가지 방법으로 읽을 수 있습니다.

첫 번째는 일반적인 책을 읽는 방식대로 처음부터 끝까지 순서대로 읽어가는 것입니다.

즉 '남편 이야기'를 먼저 읽고 다음에 '아내 이야기'를 읽는 것입니다. 이 방법은 글을 쓰는 사람의 의식에 아주 가깝게 접근해서 글을 읽게 되므로 각 필자에 대한 공감의 깊이가 보다 깊어질 것입니다. 물론 순서를 바꾸어 '아내 이야기'를 먼저 읽고 '남편 이야기'를 나중에 읽을 수도 있습니다. 두 사람의 성격이 다른 것처럼 문장을 서술하는 방식에도 차이가 느껴지므로 읽기 편한 쪽을 선택해 먼저 읽으면 됩니다.

　　두 번째는 상황을 비교해 가면서 읽는 방식입니다. 일단 '남편 이야기'를 한 꼭지 읽은 후 그에 상응하는 '아내 이야기'를 찾아 읽는 형식입니다. 그러면 같은 사안에 대한 두 사람의 생각이나 접근 방식의 차이를 통해 갈등의 원인을 보다 명확하게 알 수 있게 되고, 그것을 통해 두 사람의 입장을 인간적으로 이해하게 될 것입니다.

　　어떤 방식의 읽기가 되었든 이 부부의 정직하고 생생한 모습을 통해, 나와 다른 상대를 이해하는 폭과 깊이를 넓혀갈 수 있기를 기대합니다.

c o n t e n t s

4부 날개가 하나뿐인 비익조 159

남 • 편 • 이 • 야 • 기

나는 '하늘이 맺어준 짝' 이라는 확신을 가지고 아내와 결혼했다. 우리의 만남이 필연적이라고 여길 만한 여러 가지 신호가 있었기 때문이다.
나는 그녀를 충분하진 않지만 어느 정도는 안다고 생각했다. 그녀는 착하고 순수했으며 신실한 여자였다.
그런데 어찌된 셈인지 결혼식을 마친 그 순간부터 그녀는 내가 알고 있었던 그 여자가 아니었다.
결혼 생활은 나와 너무 다른 그녀로 인해 고통스러웠고 나는 울부짖었다. "아, 나는 이상한 사람과 결혼하였다!"
그러나 바람 거칠고 파고 높았던 항해를 거쳐 겨우 닻을 내릴 만한 땅에 닿은 지금, 맑은 거울에 대고 이렇게 물어본다. "나는 그녀에게 어떤 사람이었나?"

1

우리가 어느 별에서 태어났기에

◀ 성서침례신학교 시절 야외 수련회

▼ 폐백을 드리며

◀ 전우들과 함께

어찌 '인연'이라 부르지 않으랴

내가 아내의 이름을 처음 들은 것은 절친한 고향 후배를 통해서였다.

침례교 신학교에 입학하여 목회자 수업을 하고 있을 때였다. 갑자기 학교 기숙사로 나를 찾아온 절친한 고향 후배와 지난 추억들을 이야기하며 감회에 젖던 차였다. 이런저런 이야기 끝에 후배가 갑자기 생각난 듯 말했다.

"내가 어릴 때부터 줄곧 같이 학교를 다녔던 여자 친구가 갑자기 교통사고를 당해서 한국병원에 입원해 있어. 누구보다 착하고 신앙이 깊어서 동네서고 학교서고 칭찬이 자자했던 친구였는데 너무

안됐어. 형은 성직자의 길을 걷고 있으니까 신앙적인 면에서 서로 통할 거야. 형이 한번 찾아가서 위로 좀 해줘."

바로 고향 동네 아가씨라고 하는데다 불행한 사고를 당했다니 한번 찾아가 보고 싶은 마음이 들었다. 신앙이 같으면 특별한 공통점이 없어도 이야기가 통하고 위로가 될 수 있을 것 같았다. 후배는 메모지에 그 여자가 입원해 있는 병원 약도와 병실번호를 적어 주고 갔다.

그러나 곧 찾아갈 요량이었던 처음 생각과는 달리, 며칠이 지나자 후배가 적어놓고 간 메모지도 어디에 두었는지 찾을 수가 없었고, 낯선 여자를 혼자 불쑥 찾아간다는 것도 쑥스러워서 그냥 지나쳐 버리고 말았다.

2학년 겨울방학이 되자 나는 등록금 마련을 위해 아르바이트를 시작했다. 지갑, 칫솔, 구두약 등 생필품을 들고 전국을 돌아다니며 파는 일종의 코따리 장사였는데, 특히 그 해는 전국에 안 가본 곳이 없을 정도로 방방곡곡을 돌아다니며 장사를 했다. 고생한 덕분에 등록금이 모아졌고 여유가 생긴 나는 서울로 올라가기 전 잠깐 고향 집에 들렀다.

그런데 거기서 그만 사단이 나고 말았다. 마침 다니러 와 계시던 고모부님께서 평소에 장이 좋지 않아 고생하던 나에게 '옻에다 달걀을 넣어' 먹으면 좋다며 옻달걀을 권하셨던 것이다.

"그러다가 옻이 오르면 어떡해요?"

"항문에 한 번 바르고 먹으면 아무 탈이 없으니 걱정하지 마라.'

고모부님의 말씀어 안심을 한 나는 옻달걀을 먹고 서울로 올라왔다.

그러나 알레르기 체질이었던 나는 그 날 저녁 온몸에 옻이 올라 데굴데굴 구르다 결국 병원에 입원을 했고, 아르바이트로 벌어놓은 등록금을 병원비로 다 털어 넣고 말았다.

한달 내내 발이 부르트도록 헤매며 마련한 등록금을 단 며칠 만에 날린 것도 허무했지만, 아무리 생각해도 다시 등록금을 마련할 길이 없었던 나는 허탈감에 빠져 고향으로 가는 기차를 탔다.

역에서 내린 나는 동네로 가는 버스를 타지 않고 무작정 걷기 시작했다. 집에 간다 해도 반겨줄 사람도 없고 할 일이 있는 것도 아니었다. 내 앞에는 그저 먼지 날리는 황톳길만 끝없이 뻗어 있는 느낌이었다.

이런저런 상념에 젖어 걷다 보니 전에 볼 수 없었던 색다른 기와집 한 채가 눈에 들어왔다. 여염집 같지는 않고 왠지 묘한 느낌에 끌려 문을 열어 보니 그곳은 구세군 예배당이었다. 급할 것이 없었던 나는 예배당 바닥에 앉아 묵상에 잠겼다.

얼마쯤 시간이 흐르자 교회 성도로 보이는 한 아가씨가 문을 열고 들어왔다. 구세군이란 교단에 호기심이 생긴 나는 그녀에게 구세군의 교리와 조직에 대해 이것저것 물었다.

"사실 저는 이 교회에 다니기는 하지만 그런 건 잘 몰라요. 그 언니가 있었으면 잘 설명해 줄 수 있었을 텐데…… 신앙도 좋구 그런 걸 잘 아는 언니가 있었는데 서울에서 회사를 다니다가 교통사고가 나서 지금 병원에 입원해 있어요."

그 말을 듣는 순간 작년 가을 기숙사를 찾아왔던 후배에게 들은 여자 이야기가 번개처럼 스쳐갔다. 이런 저런 사실을 맞춰 보니 같은 사람이 틀림없었다.

　'정말 이상한 일이다. 생면부지의 사람에 대한 이야기를 계속 듣게 되다니, 그것도 우연히.'

　그 날부터 내 맘 한 켠에 얼굴 한 번 본 적이 없는 '이영숙'이라는 여인이 자리를 잡았다. 어쩌면 나와 정해진 어떤 인연이 있는 사람일지도 모른다는 생각이 가끔씩 들기도 했다.

　집에서 며칠간 쉬다가 다시 서울로 올라온 나는 그녀의 집 주소를 알아내 편지를 썼다. 신앙 안에서 형제가 자매에게 쓰는 글이 아니라 한 남자로서 한 여자에게 쓰는 편지였다. 나이가 있는 만큼 이제는 어떤 여성을 만나도 결혼이 전제되어야 한다고 생각했기 때문이었다. 그래서 처음 쓰는 편지임에도 불구하고 어떤 양해의 인사나 미사여구도 없이 단도직입적인 내용으로 써내려 갔다.

　"…… 저는 때가 찬 사람입니다. 이것저것 폐일언하고 골자를 이야기하자면, 저는 자매님의 고향인 안의 사람으로 이 편지는 결혼을 전제로 한 것임을 먼저 밝힙니다. 저는 신학을 공부하고 있는 중이며……"

　이것은 평소의 내 행동과는 전혀 다른 방식의 접근이었다. 하지만 나는 정말 오랫동안 생각해온 일을 하는 것처럼 담담한 심정으로 편지를 써 내려갔다. 어떻게 보면 무례하게 느껴질 수 있는 행동이었지만, 왠지 그래야만 할 것 같았다.

　열흘쯤 지나자 답장이 왔다. 익히 듣던 대로 편지의 구절구절마다 신앙심이 물씬 배어 나왔다. 무엇보다 내가 신학생이라는 사실이 그녀에게 큰 호감을 준 것 같았다. 우리는 일단 편지를 통해 서로를 알아가자는 데 의견의 일치를 보았다.

　　나는 그녀에게 편지를 쓸 때마다 순간순간의 내 감정을 전부 담아내려고 애썼다. 라일락이 피면 라일락 향기를, 네잎클로버를 찾으면 책갈피에 고이 끼워 두었다가 편지에 함께 부쳤다. 때로는 우체국에서 갑자기 시상이 떠올라 시어로 편지를 대신하기도 했다.

　　답장은 꼬박꼬박 왔다. 그녀의 글에서는 문학적 감성보다 사실적이고 논리적인 분위기가 강하게 느껴졌다. 그렇다고 결코 딱딱하거나 건조하게 느껴지지는 않았다. 때로는 여성 특유의 감성이 물씬 느껴지기도 했다.

　　편지가 계속되면서 나는 그녀 쪽으로 뻗어가는 마음의 더듬이가 점점 커가는 것을 느낄 수 있었다. 그녀를 보고 싶은 마음이 편지글로 해소되지 않을 만큼 무르익자 나는 만남을 제안했다.

　　"한 번 만나고 싶은데 괜찮겠습니까?"

　　그녀에게서 곧 답장이 왔다.

　　"좋습니다."

어두운 유년의 뜰

나는 그녀를 만나러 가면서 휴학 이후 점점 기운을 잃어가는 내 삶을 밝혀줄 또 하나의 빛을 맞이하러 가는 느낌이 들었다. 오래 전 나를 빛으로 이끌었던 거듭남의 순간을 이영숙이라는 여자를 통해 다시 맞이할지도 모른다는 생각이었다.

그런데 만남에 대한 기대와 흥분 속에 들떠 있던 내 머릿속에 어느 결엔가 가슴 깊이 묻어 두었던 지난 삶의 궤적들이 아릿하게 되살아나기 시작했다. 나는 오랫동안 뚜껑을 닫아 두었던 옛우물 속을 들여다보는 것처럼 깊고 어두운 기억의 편린들을 반추했다.

사람들은 흘러간 시절이 아름답다고 말한다. 무구하고 천진

했던 어린 시절을 그리워하고 이제 돌아갈 수 없는 청년기를 안타깝게 돌이키곤 한다. 그러나 내 기억의 뜰은 언제나 어둡고 쓸쓸하다.

내 아버지는 한학자셨는데 한 쪽 다리가 불편하셨다. 그 때문에 서슬 퍼런 일제 강점기에 징용을 피할 수 있었던 것은 다행스러운 일이었지만, 한편으로는 가장으로서 일가를 이끌어가는 것 역시 힘든 분이셨다. 자연히 농사와 살림을 이끌어가는 분은 어머니 쪽이었다.

꽃다운 나이에 정신대로 차출되는 걸 피하기 위해 피난하듯 시집을 오신 어머니는 학식 있는 집안의 따님이었다. 외조부는 동경제대 유학 시절에 매일신문 신춘문예에 당선하시고 일본에서 정지용, 서정주 등과 함께 문학동인 활동을 하셨을 정도로 학식과 문재(文才)를 고루 갖춘 분이었다. 내가 시인이 될 수 있었던 것은 아마도 이런 외조부의 영향이 아닌가 싶다.

나는 산으로 들로 다니며 어린 시절을 보냈다. 어려서부터 내게 맡겨진 일은 소몰이였기 때문이다. 철들기 전부터 적극적으로 농사일을 거들었던 형들과 달리 태어나면서부터 병약했던 나에게 그저 건강하게 지내는 것 외에는 가족들이 바라는 것이 별로 없었다. 하루하루 먹고사는 일에 시달리며 사는 형편이니 내게 신경을 쓸 틈이 없었다는 말이 더 정확한지도 모르겠다. 특별히 말썽만 일으키지 않는다면 그저 저 하고 싶은 대로 내버려두었던 것이다. 이런 집안 분위기는 한편으로 나를 감성적이고 외골수적으로 몰고 갔고 다른 한편으로는 깊은 소외와 단절감을 갖게 했다.

평범한 시골 촌부가 되기를 원했던 부모님의 바람과 달리 사춘기에 들어선 나는 형들이 읽던 〈현대문학〉이나 〈샘터〉등의 문예

지들을 늘 주머니에 꽂고 다니며 읽었다. 독서는 나를 더욱더 내면적인 세계에 몰입하게 했고 '무엇이 되는가' 보다 '어떻게 사는가' 에 경도되게 만들었다. 내 인생의 방향성에 대해 진지하게 고민하다가 결국 쇼펜하우어 류의 허무철학 세계에 이끌렸고 시간이 흐를수록 '산다는 것이 도대체 뭐란 말인가, 아등바등 살아봐야 결국 무엇이 남는단 말인가' 하는 생의 허무함에 빠져들었다.

그러다가 급기야 어느 날 한 움큼의 약을 삼켰다. 자살을 기도했던 것이다. 그러나 그 극단적인 행동의 실마리를 제공한 것은 허무주의 철학이 아니라 남자라면 청년기에 누구나 한 번쯤 겪었을 법한 폭력 사건이었다.

어려서부터 어디 한 군데 진득하니 엉덩이를 붙이지 못하고 이리저리 헤매고 다니길 좋아했던 나는, 친구를 찾아 낯선 동네에 갔다가 그 동네 건달에게 죽도록 매를 맞았다. 무슨 일로 시비가 붙어 같이 맞붙어 싸운 것이 아니라 아무런 이유 없이 일방적으로 무자비한 구타를 당한 것이다. 그저 친구와 이야기를 하다가 웃었다는 것이 이유가 될 수 있을까.

그야말로 '아' 소리 한 번 지를 틈도 없이 일방적으로 당할 때는 눈앞이 캄캄하고 세상이 꺼져 가는 것 같았다. 불행 중 다행으로 바로 그 건달의 누나가 닿고 있는 나를 발견하고 싸움을 말린 덕에 숨이 끊어지는 걸 면했다. 간신히 몸을 추스릴 수 있었으나 겨우 숨을 내쉬고 보니 아랫도리가 다 젖어 있었다. 나는 심한 모멸감을 느꼈다.

집으로 돌아온 나는 경기를 일으키며 내내 앓았다. 아무것도 모르는 식구들은 내가 심장병에 걸린 줄 알고 이약 저약 좋다는 대로 구해다 먹이며 병수발을 들었다. 거금을 들여 대처 유명한 한의원에서 한약을 지어 오기도 했다. 그러나 내 병엔 아무런 차도가 없었다. 병수발에 지친 가족들은 결국 나를 아버지와 함께 나란히 뉘어 놓았다.

노쇠한 가장과 한참 혈기 왕성한 나이에 이름 모를 병을 앓고 있는 셋째아들이 한 방에 나란히 누워 있으니 집안에는 우울한 기운이 감돌 수밖에 없었다. 가뜩이나 인생에 대한 절망과 허무에 짓눌려 있던 나는 삶이 구차하고 치욕스럽게 느껴졌다.

삶에 의미도 의욕도 잃어버린 나는 친구가 피부병을 치료한다고 구해 놓은 나병 치료약(DDS) 한움큼을 입에 털어 넣었다. 서서히 검은 잠 속에 빠져들던 내 눈앞에 검은 망토의 여인이 나타나 소름이 끼치도록 웃었다. 멀리서 콩알만한 것이 점점 다가오더니 나중에는 숨이 컥컥 막히도록 짓누르는 바위가 되었다.

그 때 내 어머니께서 나를 흔들어 깨우셨다.

"동녘아, 동녘아!"

눈을 뜨니 내 팔목엔 링거바늘이 꽂혀 있었고, 어머니와 할머니가 나를 내려다보며 울고 계셨다.

그리 특별할 것도 없는 '자살소동' 이라 이름 붙은 이 일은 젊은 날 주체할 수 없는 격정 때문에 벌인 한낱 해프닝으로 끝났다. 그러나 이유 없이 당한 습격이 준 심리적 충격과 그로 인한 자살 시도는 일생을 두고 대인기피증과 불면증의 뿌리가 되었다.

그 사건 이후 감정 기복은 더 심해졌고 그 파고 높은 감정에 이

끌려 이리저리 방황하며 지냈다. 어머니는 그런 나를 '한 마리 수캐' 라고 표현하셨다.

방황하던 나를 잡아준 건 뜻밖에도 노래였다. 친구와 의기투합해 만든 "코스모스 피던 밤"이라는 노래 가사가 〈대중가요〉라는 잡지의 작사 부문 당선작으로 뽑혔고, 그걸 계기로 작사가로서 대중가요계에 발을 들어놓게 된 것이다. 도무지 아무 일도 할 수 없을 것만 같았던 나에게 노랫말 작사는 삶의 희망이 되어 주었다. 작은 지방 도시에 가요 콩쿠르가 열리면 최연소 심사위원으로 초청을 받는 등, 이런저런 자리에서 작사가란 신분으로 소개되는 게 어색하지 않을 만큼 바쁘게 활동했다.

하지만 작사가로서의 호시절은 길게 가지 않았다. 모처럼의 황금기를 시샘하듯 홀연히 '입영통지서'가 날아들었기 때문이다.

도림리

방아제비 포르르 발밑을 날아든다
담장을 돌아
삽짝에 풀풀 거름으로 쌓아놓은
잿가루가 이제는
농사조차 손을 털어 거미줄도 쉬고 있는 곳을

또 메어져 몸이 삭기까지
소담스럽던 한 가족의 웃음들을 안고 있는
아랫채 처마밑의 명석
다 보내어 놓고 혼자서 저렇게
꾸려 놓은 것들이다
당신의 손때가 묻고 생각이 베고 한숨이
섞여 있는 이 모든 것들이여
부딪쳐 뚫고 싸워야 하기에 오지 못한,
올 수 없었던 세상살이
나를 부르다 간 자취가
곳곳마다 걸려 있어
살강의 사발 속으로 지난 날의 감홍시가 떠오르고
감홍시만큼 익고져 하나 익지 못해
삐걱이는 생의 기로에서
마당에 무성한 풀잎 사이로 날아드는 방아깨비처럼
어쩌면 오들도 하루를 헐떡인다

뉘 집에선가 밥 짓는 저녁 연기 솟아오르는데
툇마루에 앉아서
나는 일어서지 못하그

사랑을 잃고 신을 찾다

군대는 몇 가지 의미에서 내 인생에서 거쳐야 했던 또 하나의 어두운 터널이었다.

군대는 자유롭고 감성적인 기질의 나로서는 정말 적응하기 어려운 공간이었다. 견디기가 힘드니 면역력까지 떨어져 어린 시절처럼 자주 앓았다. 하루하루가 괴로웠던 나는 황산벌 각개 전투장을 박박 기면서 마음속으로 당시 하사관 후보생들 사이에 유행하던 말을 되뇌었다. '세월아, 구보하라.'

시간이 내 바람처럼 구보하지는 않았지만, 약속한 대로 단풍 하사 이파리 하나를 떼어내고 더블백을 챙겨 들게 해 주었다. 그리고 배속받은 부대로 떠나기 전 일주일 가량의 휴가를 받자 그 동안 답답함을 풀기 위해 경남 함양의 '구룡' 이라는 곳으로 여행을 갔다.

숨막히는 군대를 빠져나온데다 오랜만에 심신의 자유로움을 느낀 나는 그 곳 경치에 빠져 시간 가는 줄 모르고 있다가 막차를 놓치고 말았다. 그리고 그곳에서 한 여자를 만나 사랑에 빠졌다. 태어나 처음으로 사랑이라는 감정을 느끼게 된 것이다. 5일 간의 짧고 강렬한 사랑.

짧은 만남이었지간 그녀 없는 삶은 생각할 수도 없을 만큼 나는 그녀에게 빠져들었다. 그녀는 아무도 이해하지 못했던 내 영혼까지 꿰뚫어보는 눈을 가진 단 한 사람이었다. 버거웠던 군 생활을 그나마 지탱해 나갈 수 있었던 것은 그녀가 나와 함께 존재했기 때문이었다. 몸은 비록 떨어져 있었지만 그녀는 언제나 나와 학께 있었다. 눈 덮인 야산을 가면서도 나는 그녀의 이름을 불렀고, 유격 훈련이나 공중낙하 때도 그녀의 이름을 불렀다. 나는 그녀 없는 세상을 상상할 수조차 없었다. 그녀 역시 그럴 것이라고 믿었다.

그러나 그것은 모두 나만의 생각, 나만의 상상일 뿐이었다. 제대를 몇 달 앞두고 그녀의 편지가 조금씩 생기를 잃어가는가 싶더니 어느 순간 연락이 뚝 끊어졌다. 뭔가 불길한 예감이 느껴질 무렵 마침내 최후통첩이 날아들었다.

"……저 결혼해요.……미안해요……."

'결혼' 이라는 글귀를 읽는 순간 나는 벼락을 맞은 느낌이었다. 그녀가 나 아닌 다른 사람과 결혼을 하다니.

며칠을 혼란스럽게 보낸 나는 탈영을 계획했다. 그녀를 잃는 것보다 더 두려운 것은 없었다.

　그러나 신의 뜻은 다른 곳에 있었던 모양이었다. 나는 탈영 일보 직전에 병원으로 후송되는 신세가 되었다. 소변에서 피가 섞여 나왔기 때문이다. 병원에서 여러 가지 검사를 받았지만 병명은 나오지 않았다. 아마도 피가 거꾸로 솟는 듯한 배신감과 순간순간 솟구치는 탈영의 충동 등을 심약한 신경이 견뎌내지 못해 이상 증상이 나타난 것 같았다.

　다시 부대로 실려온 나는 두 달 남짓을 지낸 후 제대 명령을 받았다. 이룰 수 없었던 아린 내 첫사랑의 기억도 그곳에 두고 왔다.

첫사랑

겨울이 온다
나의 겨울은 푸른 얼음 조각으로
살을 베인 상처
그 위에 이십 년을 겨울 바람이
지나갔어도
아직도 아물지 않은
가슴에 떠오르는 초생달이다
군대를 제대하고
숨어서 밤을 엮어야 했던
그 때의 하숙집에는
젊디젊은 여자가 은하수를 날리고

약속의 강을 따라
그 신작로길 찾아 가면
술 취해 울던 동구나무도 사라져 가고
미루나무 앙상한 가지 사이로
다시 별이 내린다

또 겨울이 온다

제대 후 가방을 푼 곳은 은행나무 앙상한 가지가 떨고 있는 신길동 언덕의 자취방이었다.

나는 한동안 아무것도 할 수 없었다. 군대에 두고 왔다고 생각한 사랑과 실연의 상처들은 고스라니 나를 따라와 있었다. 군대 시절에 사귀던 애인이 떠나가는 것은 이야깃거리가 되지 못할 정도로 흔한 에피소드였지만 내겐 벗어나기 힘든 충격이었다. 내 인생은 한참 상영되다 갑자기 '뚝' 잘려나간 필름처럼 떨어져 나가 버린 것 같았다. 그리고 그 끊어진 필름을 다시 이을 수 없을 것만 같았다.

나는 공허한 시간들을 메우기 위해 신길동 골목골목을 무작정 헤매고 다녔다. 정처 없이 걷는 것만이 내가 할 수 있는 유일한 행동이었다.

그 날도 나는 무작정 걷고 있었다. 그런데 한떼의 무리가 다가와 내 손을 잡고 '함께 가자'며 등을 밀었다. 거리에서 전도를 하는 노방 전도단이었다. 그들이 나를 데려간 곳은 아직 공사가 마무리도 지 않은 작은 예배당이었고, 젊은 목사가 성경 누가복음을 강해하고 있었다.

　　나는 뒤편에 몸을 웅크리고 앉아 그 말씀에 귀를 기울였다. 목사님은 '돌아온 탕자' 에 대한 이야기를 하고 있었다. 그리고 그 말씀은 어둠 속에 있는 나에게 빛으로 다가왔다. 다른 누가 아닌 내 모습이 '바로 그 탕자' 였고, 지금 내가 있는 곳이 추락한 탕자의 돼지우리였다. 그것은 이하나 납득이 아니라 섬광 같은 깨우침이었다. 걸어도 걸어도 어둠뿐이었던 길고 좁은 터널을 빠져나와 마침내 찬란하게 쏟아지는 빛 속어 선 기분이었다.

　　나는 속으로 외쳤다. '나는 탕자였습니다. 그리고 지금 막 아버지 앞에 돌아왔습니다.'

　　그녀를 만나러 가는 내내 이어진 길고 어지러웠던 상념을 접으며 나는 내 자신에게 속삭였다. '이제 나는 내 생애 두 번째 빛을 맞으러 가는 것이다.'

배꽃 같은 여인, 이영숙

우리는 앵두꽃이 흐드러지게 핀 그녀의 집에서 처음 만났다.

그녀는 땡땡이 무늬 자켓에 초록빛 스커트를 입고 나를 맞았다. 큰 사고를 당해 오랫동안 고생을 한 흔적이라고는 찾아볼 수 없는 밝고 쾌활한 얼굴이었다. 그랬다. 내가 처음 만난 그녀는 소박하고 맑은 느낌을 지닌 배꽃 같은 여인이었다.

"전 결혼을 전제로 자매님을 사귀고 싶습니다."

나는 일단 그녀의 아버님께 큰절을 올린 뒤 마치 못을 박듯이 말했다.

어릴 때부터 소심하다는 소릴 듣던 내가 그때는 어디서 그런

용기가 났는지 모르겠다. 아마도 그녀가 마음에 들어서였을 것이다. 이미 편지로 호감을 가진 상태여서 그랬는지 그녀를 처음 본 순간부터 왠지 내 삶의 동반자가 되어 줄 사람이라는 생각이 들었다. 그녀는 지금까지 만난 어떤 여성보다 담백하고 솔직했으며 말에 꾸밈이나 군더더기가 없었다.

어른들과의 인사가 끝난 후 그녀가 직접 차려 내온 밥상을 받았다. 귀한 손님이라고 생각해서인지 내 밥 가까이에 계란 프라이가 놓여 있었다. 나는 평소의 습관대로 계란 노른자만 먹고 흰자는 남겨두었다. 식성이 좀 까다로운 사람으로 비칠 수도 있겠지만 나는 꾸밈 없이 평소의 내 모습을 보여주는 게 좋다고 생각했다.

식사를 마친 후 우리 두 사람은 동네 찻집으로 갔다. 두 사람만의 조용한 공간이 필요했다.

"이미 말씀드렸지만 저는 교통사고로 4년을 고생했어요. 햇수로는 5년인 셈인데, 아직도 몸이 온전치는 못합니다. 이런 저와 결혼을 전제로 교제할 수 있으시겠어요?"

"제가 듣기로는 큰 사고였던 것 같은데 겉으로는 사고의 흔적이 전혀 없어 브입니다. 혹시 정신적인 고통이 있으신가요?"

"그렇지는 않지만 지금도 치료를 하고 있어요. 교통사고 합병증으로 골수염이 생겼는데 완치가 되지 않아 아직도 집에서 자가 치료를 해야 하는 상황입니다."

나누는 이야기는 어두웠지만 자매의 목소리는 시원하고 활달했다. 얼굴 표정도 밝았고 무엇보다 미소가 무척 인상적이었다. 가끔씩 눈동자를 내리깔며 미소를 지을 때면 배우 고은아 씨의 이미지가 떠올랐다. 큰 사고를 당했고 아직도 치료가 다 끝나지 않은 상황이라는데 어쩜 저렇게 맑은 얼굴을 가질 수 있는지 의아스러울 정도였다. 몸은 좀 불편할지 모르지만 적어도 정신과 생각은 나보다 더 건강한 사람이었다.

오랜 시간은 아니었지만 그녀와 함께 있는 동안 나는 그 어디에서도 느낄 수 없었던 평안을 느꼈다.

"일단 좀더 기도해 봅시다."

첫 만남은 그렇게 끝났다.

그 날 이후 그녀는 내 마음에 더 깊숙이 자리하게 되었다. 문학으로도 신앙으로도 채워지지 않는 내 공허함을 그녀는 넉넉하게 메워줄 수 있을 것 같았다.

그녀와의 첫 만남이 있고 얼마 지나지 않아 평소 알고 지내던 전도사님으로부터 진주에 있는 작은 교회의 목회자 자리를 추천받았다. 내려가 보니 교회라그는 하지만 어느 집사님 집 마당 한편에 천막을 쳐 놓은 곳이었다. 바람에 지붕과 벽이 펄럭일 만큼 초라했지만 어딘가 뿌리를 내릴 터가 필요했던 나는 그 곳에 짐을 풀었다. 조건과 상관없이 나를 필요로 하는 곳에 있고 싶었다.

그 사이에도 우리는 편지 교환을 계속했다. 언제나 활달하고 명랑한 그녀의 편지는 외롭고 힘겨운 생활을 홀로 감당해야 하는 내게 큰 위로가 되었다. 시원시원하게 써내려간 그녀의 글씨를 보고 있노라면 자신의 인생도 그렇게 살아갈 것이라는 생각이 들었다.

편지를 받고 그녀가 보고 싶어질 때면 나는 그녀에게 달려갔다. 시간이 갈수록 다른 연인들처럼 안 보면 보고 싶고, 헤어지려고 돌아서는 순간부터 벌써 애틋해지기 시작했다. 그녀와 나는 별다른 의견충돌이 없었다. 연애 시절 한두 번 정도 겪을 법한 가벼운 말다툼조차도 없이 신뢰와 정이 쌓여 갔다.

그렇다고 그녀의 모든 것이 마음에 든 것은 아니었다. 내가 익숙하고 편해서였는지 데이트할 때 화장도 머리 손질도 전혀 하지 않고 집에서 입던 차림 그대로 나타난다든가, 유행이 너무 지나버린 아주 낡은 핸드백에 슬리퍼를 신고 나오는 모습 등은 신경에 몹시 거슬리기도 했다. 하지만 워낙 소탈한 성격인데다 아직 몸이 불편하니 외모에 신경을 쓰기가 어려워서 그러려니 짐작하고 넘어갔다. 하지만 그것은 불편한 몸과는 상관없는 그녀의 천성이자 기질이라는 것을 나중에 알았다.

매사에 남자인 나보다 그녀가 덜 감성적이라는 것도 알았다. 작은 것을 보고도 감격하고 감상에 빠지는 나에 비해 그녀는 모든 일에 이성적이고 논리적인 편이었다.

두 사람의 공통점은 신앙을 모든 사고의 중심에 둔다는 것 정도였다. 그래서 우리의 만남은 다른 연인들처럼 낭만적인 감정으로 충만했다기보다 시종 진지함과 경건함에 휩싸여 있었다. 그리고 그러는 사이에 정은 점점 깊어졌고 더불어 그녀와 함께 있고 싶은 생각도 점점 강해져 갔다.

그녀와 만난 나는 강변의 풀밭에서 네잎클로버를 찾고 있었다. 내 인생에서 가장 중대한 결정을 한 그 날은 강 언덕에 군데군데 까만 염소떼들이 풀을 뜯고 있었다.

"유레카!"

그 옛날 아르키메데스가 그랬듯이 나는 허공으로 뛰어오를 듯이 소리쳤다. 네잎클로버를 찾은 것이었다. 그녀는 내 고함 소리에 미소를 지으며 말했다.

"행운은 네잎클로버가 주는 게 아니라 자기 자신이 찾는 것이에요. 삶이란 게 평지가 있으면 가파른 언덕도 있을 텐데, 앞으로 그 모든 것을 이겨낼 수 있으시겠어요?"

나는 그녀가 무슨 뜻으로 그런 말을 하는지 곧 알아차렸다.

그 순간 번개처럼 성경 빌립보서 4장 13절이 떠올랐다. 그래서 대답 대신 그 구절을 크게 낭송했다.

"내게 능력 주시는 자 안에서 내가 모든 것을 할 수 있느니라!"

그녀가 만족스러운 듯 고개를 끄덕이며 말했다.

"됐어요. 그 말씀 한 마디에 제 인생을 걸겠어요."

탐색전은 길었지만 결정은 순식간이었다.

사실 결혼뿐 아니라 모든 일이 그럴 것이다. 일이 되려면 모든 사건과 징조들에 다 뜻이 있는 것처럼 느껴지게 마련이다. 나 역시 그랬다. 나는 그녀와의 만남과 결혼이 신의 치밀한 계획이라고 믿었다.

이런 신부를 보았나!

가진 것이 없었던 나는 결혼 준비는 될수록 간편하게 하자고 제의했으나 여자인 그녀의 생각은 달랐다. "아무리 그래도 예단은 갖춰야죠"라며 심지어 사촌 고모들의 이불까지도 계산하는 것 같았다.

내게는 경제적인 능력이 없었으므로 결혼 예물은 부모님께서 마련하였다. 그때는 유난히 어렵던 시절이어서 돈을 마련하느라 송아지를 팔고 빚까지 끌어 써야 했다.

결혼식장은 처가집 식구들이 다니는 구세군 영문이었다. 내가 옻에 올라 고생하다 고향에 내려왔을 때 보았던 바로 그 기와집 예배당이었다.

사실 나는 야외 결혼식을 올리고 싶었다. 5월의 푸른 보리밭을 배경으로 삼아 신부의 손에 들꽃 부케를 들려 주고, 노고지리 종달새 지저귀는 벌판에서 멍석을 깔고 결혼식을 올리고 싶었다. 그러나 처가 집안에선 이를 반대했고 구세군 교우들이 하는 것처럼 교회당에서 올리기를 원했다. 나는 섭섭했지만 처가 쪽 의견을 따르기로 했다. 좋은 일에 티격태격하고 싶지 않았다.

결혼 전날 나는 마음이 설레 잠을 제대로 이룰 수 없었다. 우치한 유행가가 자꾸 귓전을 맴돌았다. "나도 모르게 좋아졌어요. 그 사람이 좋아졌어요. 애타는 마음 몰라주시면 나는 정달 어쩌면 좋아. 사랑한다고 말해 주세요" 하는 노래였다. 얼마나 오랫동안 그 노랫말이 따라붙는지 '장래 목회를 해야 할 신랑의 귀에 대중가요가 자꾸 맴돌다니 유치하다, 유치해. 그 속물 근성을 갖고 어찌 목회의 길을 제대로 걸어가겠는가' 하는 걱정이 들 지경이었다.

아내는 안의 여식장에서 드레스를 빌려 입고 망사 모자에 붉은 카네이션 몇 송이를 부케로 들었다. 장인 어르신께서 신부의 손을 잡고 예배당 문을 들어설 때 그토록 어렵게 기른 딸을 이제 내게 넘겨주시는구나 하는 마음에 콧등이 시큰했다.

주례는 당시 안의 영문을 담임하고 있던 강직구 사관께서 맡아주셨는데 "하나님이 짝지어 주신 것을 사람이 나누지 못할지니라" 하는 대목에 이르렀을 때 얼마나 크게 소릴 지르셨는지 모두 깜짝 놀랄 정도였다.

사진 촬영을 하러 하얀 드레스 자락을 나풀나풀 날리며 신부가 햇살 가득한 밖으로 나왔다. 칙칙한 예배당, 그것도 갈색 마루데

회벽이 얼룩덜룩했던 곳에서 빠져나오고 보니 신부가 얼마나 아름
다워 보이는지……. 진초록 숲을 배경으로 하얀 드레스에 싸여 서 있
는 신부는 감탄사가 나올 만큼 신비로웠다. 마치 그림 속에서 걸어나
온 모나리자를 보고 있는 것이 아닌가 하는 착각이 들 정도였다. 그
것은 눈에 콩깍지가 씌인 신랑의 느낌만은 아니었다. 아버님도 나중
에 "신부가 걸어들어오는데 세상에 저런 미인도 있나 싶었다"고 하
셨다.

그런데 아름다운 아내를 얻은 행복한 느낌은 결혼식장을 넘어
서지 못했다. 결혼식의 모든 절차를 끝내고 신혼여행 버스에 오르자
마자 나는 아내에게 물었다.

"결혼식 때 느낌이 어땠어요?"

아내가 말했다.

"그저 덤덤했어요. 별다른 느낌은 없었어요."

'느낌이 없다'니, 정말 의외의 대답이었다. 나는 결혼식 전날
부터 밤잠을 설치고 결혼식 내내 감격과 흥분에 들떠 있었는데 신부
는 아무런 느낌이 없었다니. 아내의 표정을 보니 정말 별다른 감흥도
없는 듯했다. 환희에 들떠 있던 기분이 순식간에 푹 가라앉았다.

5월의 차창에 비친 풍경은 그야말로 그림 같았다. 산청 경호
강변을 지나는데 그 맑고 투명한 강물에 철쭉의 붉은 그림자가 드리
워져 있었다. 물에 일렁이는 꽃그림자는 도저히 가만히 앉아서 볼 수
없을 만큼 장관이었다.

"저것 봐요! 저것 봐!"

나는 아내를 향해 소리쳤다. 그런데 그때 아내는…… 낮게 코

를 골며 자고 있었다.

순간 나는 말을 잊고 말았다. 잘 돌던 피가 갑자기 멈추는 듯한 느낌이었다. 어떻게 이런 순간에 잠을 잘 수가 있단 말인가. 그것도 이제 갓 결혼한 신부가. 나로서는 이해할 수 없는 상황이었지만 너무 곤한 것 같아 깨우지는 않았다.

버스가 부산에 가까워질수록 먹구름이 몰려왔다. 내 마음도 무겁게 내려앉았다.

나는 처음 그녀를 만나러 내려오면서 나 자신에게 속삭였던 '나는 두 번째 빛을 맞으러 간다' 는 말을 문득 떠올렸다.

그리고 이어서 되물었다.

'이제 막 아내가 되자마자 코를 골며 자고 있는 이 여자가 정말 내 삶을 밝혀 줄 빛인 걸까……'.

춤추는 신부

엄숙한 드레스에 눈 내리깔고 있어야 할
몸짓 하나에도 이목을 집중해야 하는
나는 오늘 고정관념을 무너뜨린 신부
비 그치자 새순 움트는 소리 들리고
오, 곳곳마다 봄을 홰치는 비둘기
바위틈 사이마다 조팝나무 조팝들이
터지는 입술에 이슬방울 내리는데
먼산을 평지처럼 달려오지 않아도
나는 알아
내가 문을 잠갔을 뿐, 그대 내 문고리에 매달려 있었네
내 사랑 내 완전한 이여 문 열어다고
밤새워 내 이름을 부르셨으리
언제 깨어났나 이 아침 나도 몰래
빨갛게 달아오른 얼굴 좀 봐
들러리 선 들판에 꽃들일랑
부케가 되고 왕관이 되어
맑아서 눈물나는 사랑이여
비 그친 들판에 서면
둥게둥게 날 업지 않아도 나 그대에게 미쳤어라.

2

끝이 보이지 않는 전쟁

◀ 구세군사관학교 졸업식

▼ 동해를 떠돌다 만난 청년

◀ 구세군 사관 시절 무안 '조금나루'
바닷가 야외수련회

내겐 너무 어려운 당신

신혼살림을 차린 곳은 진주 남강변의 천막교회, 내가 혼자 기거했던 방이었다.

예상은 하고 있었지만 생활은 무척 어려웠다. 교단 총회에서 나오는 월 8만 원의 사례비가 우리 수입의 전부였다. 혼자서 쓰기도 빠듯한 돈이었는데 두 사람이 생활을 하자니 늘 허덕일 수밖에 없었다. 어려울 때마다 큰처남이 '빚을 갚는다' 며 조금씩 돈을 내려보내 주어서 생활비에 보태곤 했지만 그리 큰 도움이 되지 않았다.

그런데 수중에 가진 돈이 없어 난감해 할 때마다 어디서 돈이 나오는지 아내는 쌀을 부르고 연탄을 들여놓곤 했다. 내가 "어디서 그런 돈이 나오냐?"고 물으면 아내는 '까마귀가 보낸 돈'이라며 농담을 했다(성경에 보면 엘리야라는 선지자가 도망다닐 때 까마귀가 먹을 것을 가져다준다).

그 까마귀의 비밀은 몇 달 후 풀렸다.

어느 날 우체부가 '이영숙 씨! 이영숙 씨! 등기 왔습니다" 하며 아내를 찾는데 마침 아내가 없어 내가 등기를 받았다. 등기를 보낸 분은 아내가 병원에 있으면서 간병을 해 드린 분이었다. 자신도 불편한 몸이었지만 아내는 병상에서 힘들어하는 사람들을 정성스레 돌봐주었고, 그런 아내의 마음씨와 신앙에 감동한 어떤 분이 매달 2만 원을 등기로 부쳐오고 있었던 것이다. "하나님께서 자매에게 현금을 보내드리라고 하시니까 그 명령에 따를 뿐입니다"라는 말과 함께. 정말 하나님께서 보내신 까마귀라는 말이 어울리는 돈이었다.

하지만 결혼 생활이 어려운 근본적인 이유는 다른 데 있었다. 그것은 아내와 내가 기질적으로나 성격적으로 너무나 다르다는 것이었다. 물질적인 궁핍함에 비할 수 없는, 심각한 난관이었다.

신혼 초부터 나는 아내가 나와 전혀 다른 기질의 사람이라는 걸 확인시켜 주는 사건들과 매번 맞닥뜨려야 했다.

결혼 5개월 무렵, 한참 신혼의 단꿈이 익어가던 가을 저녁이었다. 찬이슬에 더 깊어진 들국화들의 노랫소리가 들렸다. 여리게 또는 강하게, 소슬바람과 함께 꽃들의 노래가 이제 눈 부빈 귀뚜라미와 함께 출렁였다. 내게는 그 소리가 우리를 위한 아름다운 오케스트라 연주처럼 들렸다.

강변의 은사시나무는 고기비늘처럼 반짝이며 노랠 부르고, 거루 덩굴은 손을 뻗고 조릿대는 서걱서걱 어깨를 흔들며, 바람이 한아름 코스모스를 흔들면 꽃잎이 석류알처럼 떨어졌다. 이 아름다운 가을 풍경을 눈이 시려 그냥은 바라볼 수가 없었다.

아내와 저녁 산책을 나온 나는 아내를 위해 부케를 묶었다. 구름채, 패랭이꽃, 산 부추, 돌쩌귀, 애기도라지, 흔들리면 금싸라기처럼 부서질 것만 같은 마타리까지 엮은 들꽃 부케였다. 밝은 달빛 아래 마치 동화 속의 한 페이지처럼 펼쳐진 풍경에 취한 나는 감정을 주체할 수 없었다. 그래서 아내의 어깨를 살포시 안으며 속삭였다.

"여보! 달빛이 참 맑지요?"

그러자 아내가 무덤덤한 목소리로 대답했다.

"오늘이 보름이니까요."

한참 드높이 고양되던 감정에 '쨍' 하고 균열이 일어났다. 나는 아내에게 주려 했던 부케를 내던지고 말았다. '오늘이 보름이니까요' 라니. 순간적으로 화가 치밀어 도저히 참을 수가 없었다. 기분이 무참해진 나는 혼자 집으로 돌아왔다.

뒤늦게 집으로 온 아내는 내가 왜 화를 내는지 알지 못해 어리둥절한 표정이었다. 도대체 왜 그러냐고 물었지만 나는 말을 하고 싶지 않았다.

대답을 듣지 못한 아내는 잠시 후 밥상을 차려 들고 왔다. 나는 마지못해 숟가락을 들었지만 치미는 화를 주체하지 못해 들었던 숟가락을 내동댕이치고 말았다.

"이렇게 살면 개돼지나 다름없겠어요. 사람은 오관을 가졌는데 그것을 다 느끼면서 살아야지 그렇지 못하면 짐승이나 다를 바가 뭐 있어요?"

　아내는 내 말에 놀랐는지 아니면 내 행동에 놀랐는지 방을 나가 천막 교회로 가더니 오랜 시간 동안 나오지 않았다.

　차라리 뭐라고 대꾸라도 하면 말하는 중에 좀 풀리기라도 할 텐데, 아내는 모든 문제를 기도로 해결하려고만 들었다. 싸움을 하더라도 아내가 곁에 있는 게 좋은데 아내가 교회에서 나오질 않으니 다시 화가 치밀었다. 기다리다 못해 방 밖으로 유리잔 하나를 집어던졌다. '쨍그랑!' 유리 깨지는 소리와 함께 아내가 교회문을 열고 나왔다. 교회 문을 열면 곧 우리의 신혼방이었다.

　아내는 방에 들어서더니 한참을 말없이 울기만 했다. 그 모습을 보니 마음이 약해졌다. 몸도 성치 않은 사람이 고생하는 건 몰라주고 내가 너무했나 하는 마음에 "내가 잘못했어요" 하고 먼저 사과했다. 그랬더니 아내는 울음을 그치고 아무 일도 없었던 듯 부엌으로 가 사과를 한 접시 깎아들고 들어왔다.

　그 날 일은 그렇게 마무리가 되었지만 우리 두 사람 사이의 자잘하고 사소한 트러블은 끊이지 않았다.

　하루는 처조카가 놀러와 설탕 그릇을 엎었다. 즉시 치우기는 했지만 꼼꼼히 걸레질을 하지 않아 방바닥이 끈적거렸다.

　"구석구석 설탕투성이야."

　아내가 다시 걸레를 들고 방을 닦았다. 그런데 설탕 엎은 자리를 손으로 닦아보니 설탕 알갱이들이 묻어 나왔다.

　"아니, 이게 닦은 거예요?"

　"다 닦았는데……."

아내는 말끝을 흐렸다.

"이거 봐요. 내 손바닥 좀 보라구요. 이게 닦은 거예요?"

내 말에 아내는 다시 걸레질을 했다. 그런데 걸레질하는 폼이 영 깔끔해 보이질 않았다. 나는 걸레질하는 아내의 뒤를 따라다니며 손으로 다시 바닥을 훔쳐보고 설탕이 조금이라도 묻어나면 다시 닦으라고 말했다.

"아휴, 그 정도는 뭐 어때서 그래요?"

아내는 짜증스러운 듯 볼멘 소리를 했지만 난 끈적거리는 바닥을 아무렇지도 않게 생각하는 아내를 도저히 이해할 수가 없었다.

냉장고 문을 열면 내가 보기에 한 달이 쉬 넘은 것 같은 반찬들이 방치된 채 돌아다니고, 접시 뒤에는 누런 때가 끼어 있었다.

나는 남들 앞에 단정하게 보여야 할 목회자인데도 아내는 옷을 잘 다려놓지 않았다. 내가 아무리 옷을 다려 놓으라고 말을 해도 그 말을 잊어먹곤 하였다. 어쩌다 다림질을 해도 바지 주름이 두세 개씩 잡혀 있었다. 보다 못한 내가 하루는 옷을 다 다려 의자 위에 개켜 놓았다. 날렵하게 한 줄로 쪽 빠진 다림질이 정말 마음에 들었다. 그런데 아내가 들어오더니 제대로 살펴보지도 않고 옷들이 개켜져 있는 의자 위에 털석 앉아 버렸다.

'어! 저거 내가 얼마나 애써 다린 옷들인데……'

나는 아내에게 버럭 화를 냈다.

"뭐예요? 애써 다린 옷을 다 깔아뭉개고."

아내는 무심한 얼굴로 대답한다.

"옷이 있는지 뭐가 있는지 모르고 그랬어요. 그런 걸 갖고 뭘 그리 화를 내세요?”

나는 할말을 잃었다.

날이 갈수록 아내의 좋은 면보다 눈에 거슬리는 것만 늘어갔다. 아내는 내가 뭔가를 지적할 때마다 “잘못했어요”라고 말은 하지만 잘 고쳐지지 않았다. 사사건건 시시비비를 가리다가 우리는 슬슬 지쳐가기 시작했다.

아내와 나는 감성적 차이뿐 아니라 가치관의 차이도 컸다.

아내는 늘 사람이 어떻게 사느냐보다는 무엇이 되느냐에 관심이 많았다. 그래서 공부를 계속해서 학위를 받고 번듯한 목사가 되어야 한다고 주장했다. 나는 아내와 생각이 달랐다.

“루소를 봐요. 고은 시인을 봐요. 그 양반들이 학력에 연연한 사람들이었나요? 문제는 뭐가 되고 안 되고가 아니라 어떻게 살아가야 하느냐 하는 삶의 방식이에요. 여기에 내 인생 초점이 맞춰져 있어요.”

내가 이렇게 말하면 아내도 자기 주장을 굽히지 않았다.

“현실은, 특히 한국 사회는 절대 그렇지 않아요. 그런 분들은 몇몇 특출난 사람들의 예에 불과한 거예요. 대학원을 나와서 박사가 되기까진 뒤를 밀어줄 자신 있어요. 신학공부에 더 몰입하세요.”

나는 그때부터 조금씩 조금씩 내 정체성에 대해 고민하게 되었다.

‘나는 내 식대로 살고 싶은데 현실은 그렇지가 못하다. 나는 나와 너무 다른 배필을 만났다. 보름달 때문에 꽃 한 송이 때문에 아내와 다퉈야 하는 삶! 하지만 원래 이렇게 생겨 먹은 걸 어떡하란 말인가. 타고난 천성을 아내에 맞춰 바꿀 수도 없지 않은가. 아내처럼 기도만 한다고 해결되는 문제가 아니지 않은가.'

정체성에 대한 고민과 함께 아내와의 성격 차이에 대해서도 조금씩 심각함을 느끼기 시작했다.

차를 타고 가다 비가 내리면 나는 "차창가에 빗물이 흐른다. 왠지 상처 입은 사람들의 눈물 같다"고 말을 트는데 아내는 "아이고 비 오네, 차에서 내리면 우산이 없는데"라고 응수한다.

나는 강대상에 들꽃 한 송이 꽂히기를 기다리는데 꽃은커녕 뽀얗게 앉은 먼지 한 번 닦지 않는 아내. 내가 몇날 며칠 가슴앓이를 해 가며 쓴 시가 적힌 종이를 단숨에 불쏘시개로 만드는 아내.

나는 동백아가씨를 듣다가도, 다른 목사의 설교 테이프를 듣다가도 눈물을 흘리는데 그런 나를 딱한 표정으로 바라만 보는 아내…….

서로에 대한 감정의 공유가 이루어지지 않은 것에 대한 아픔이 나로서는 다른 어떤 차이보다 고통스럽게 느껴졌다. 어떤 땐 홧김에 큰소릴 내질러도 보았지만 그건 공허한 몸부림에 지나지 않았다.

물론 아내를 전혀 이해하지 못하는 것은 아니었다.

몇 번이나 큰 수술을 했던 후유증으로 점점 나빠지는 기억력, 하루에 한 번은 피고름을 소독해내야 하는 골수염과 만성 피로 등은 아내로서도 어쩔 수 없는 부분이었다.

하지만 알고 있는 것과 이해하는 것은 다른 문제였다. 아내의 건망증은 일상 생활에 영향을 받을 정도로 심했다. 내가 한 말은 물론이고 심지어는 자신이 방금 했던 말도 기억을 못했다. 몸의 피로는 갈수록 심해져 평소보다 조금만 더 움직여도 이기지 못할 정도였다. 교인 집에 심방을 가서도 가는 동안의 피로를 이기지 못해 앉자마자 졸기도 했다. 예배중에 조는 사모의 모습은 코고는 신브만큼이나 민망한 풍경이었다.

그러나 외출했다 돌아오면 일단 푹 쓰러져 죽은 듯이 누워있는 모습이나, 한참 후 일어나 염증을 치료하는 모습을 보노라면 말할 수 없이 안쓰럽고 가여웠다. 더구나 그런 몸으로 짜증 한번 내지 않고 누구에게나 밝은 미소를 짓는 걸 보면 '아! 하나님께서 내게 천사를 보내셨나 보다' 하는 생각이 들기도 했다.

그녀는 누가 뭐래도 하늘이 맺어준, 세상에 단 하나밖에 없는 내 짝인 것이다.

아내가 없는 방은 넓다

성격 차이로 서로 갈등하고 다투기도 많이 했지만 그러는 중에도 우리는 늘 아기를 달라고 기도했다. 아내는 교통사고로 크게 다쳤던 몸이라 어쩌면 아기가 들어서지 않을 수도 있다며 걱정하는 눈치였다. 그러나 나는 아이가 생길 것이라는 걸 의심하진 않았다.

결혼 후 6개월쯤 지났을까. 드디어 아내가 있어야 할 것이 없다며 병원에 다녀왔다. 그리고 함빡 웃음을 지으며 임신 2개월째란 소식을 전했다.

나는 너무 좋았다.

아내가 원하는 것이라면 뭐든 해주고 싶었다. 그러나 그것은 마음만 가지고 되는 것이 아니었다. 그 당시는 형편이 더욱 어려워져 아내가 그렇게 먹고 싶어하는 사과 한 알을 사기도 어려운 빠듯한 살림이었다.

어느 날, "사과 한 박스에 2천 원!" 하는 소리가 들려왔다. 웬 트럭 장사꾼이 소형마이크를 잡고 외치며 다니는 소리였다. 기쁜 마음에 달려가 한 박스를 샀다. 그런데 막상 박스를 열어보고는 '아' 하는 탄식소리가 절로 났다. 다 익지도 않은 사과, 벌레 먹은 사과, 어떤 것은 너무 작아서 "한입에 넣어도 되겠다"는 소리가 나올 정도로 형편없는 것들뿐이었다.

"세상에 이런 것들을 돈을 받고 팔다니……."

나는 아내 보기가 민망했다. 예쁜 것만 먹고, 예쁜 것만 봐야 하는데 기껏 사온 것이 벌레 먹은 사과라니. 하지만 무던한 아내는 핀잔 한마디 없이 맛있게 사과를 먹었다. 마음 같아선 진주 시내에 나가 가장 큰 사과를 한 바구니 사다 주고 싶었으나 그렇게 못하는 현실이 서글펐다.

워낙 성품이 쾌활하고 몸가짐이 바른 아내이기에 태교 방법은 따로 없었다. 나는 태교음악이나 클래식을 많이 사다 주었으나 아내는 "난 찬송가가 더 좋아요"라며 별로 듣지 않았다. 난 신문이나 잡지에 예쁜 아기가 보이면 꼭 스크랩해다가 벽에다 붙여놓곤 했다. 임산부가 예쁜 아이를 자꾸 보면 태아가 그걸 닮는다는 말을 들었기 때문이었다.

임신 8개월 무렵 초겨울이었다. 아내는 아무래도 서울에 한번 다녀와야겠다고 했다. 오빠에게 가서 돈을 좀 마련해 보겠다는 것이었다. 그 달 목회 사례비가 내려오지 않았기 때문이었다. 아침 일찍 일어난 아내는 3년 전엔가 4년 전엔가 둘째 오빠가 맞춰주었다는, 빛바랜 바바리코트를 툭툭 털어 걸치고 약간 굽이 높은 물 새는 슬리퍼를 신은 채 총총히 집을 나섰다. 배부른 아내의 초라한 행장을 보면서도 "가지 말라"고 말릴 수 없는 내 처지가 눈물겹도록 서러웠다. 잔뜩 부른 배를 여미지도 못한 채 숨가쁘게 들어서는 여동생의 모습을 보는 오빠의 심정은 또 어떨까.

싸락눈도 내리고 바람이 심하게 불어 바깥에는 전신주가 울고 부뚜막에 걸어놓은 시래기도 서걱서걱 소리를 내고 있었다. 아내는 날씨가 더 추워질 것을 예견했는지 담요 한 채를 구들목에 펼쳐놓고 갔지만, 담요 밑에 손을 넣어봐도 왠지 마음이 허허롭고 온 집이 비어 있는 듯했다. 시래기국을 데운다고 덜거덕거리다가 잘못하여 종재기를 하나 깨뜨렸다. 아내가 없으니 모든 것이 어설프고 어지러웠다.

그 날 따라 부뚜막이 왜 그리 허전한지…….

나는 그 부뚜막 앞에서 '나의 완전한 자'가 옆에 없다는 것을 처음으로 느꼈다.

퍼머가 풀려버린 긴 머리카락을 질끈 동여매고 가난에 굵어진 손마디에, 피부가 거칠어진 손등, 그래도 언제나 빙그레 순하게 웃기만 하는 아내. 그 아내가 새삼 사무치게 그리웠다.

서울에 갔다온 아내는 오빠도 형편이 어렵다며 난처해했다. 초라한 우리 모습만 보이고 온 셈이었다.

그리고 얼마 후 처가가 있는 '안의 영문'이 비었으니 와서 목회를 해보라는 제안을 받았다. 나는 교단이 다른 것도, 처가가 너무 가까이 있는 것도 마음에 걸려 썩 내키지 않았다.

　하지만 목회 사례비가 그 다음달도 내려오질 않았다. 이러다가는 아이를 제대로 낳을 수나 있을까 싶었다.

　내가 선택할 수 있는 길은 하나였다. 나는 배부른 마리아를 데리고 먼길을 떠난 요셉처럼 산달이 가까워오는 아내를 데리고 안의로 떠났다.

장사리 일기

밤바다 연탄보일러 끓는 소리에 놀라
우린 시린 손을 움켜 쥐었다
남강변엔 마른 풀잎들의 몸부림,
몸부림 속에서 길을 여는 물들의 조용한 소리를 들었다
탱자나무 울타리에 싸락눈이 부서지고
더 많은 길 엎어져 왔다

천막교회 전도사,
크리스마스 트리가 사라지면
아이들도 모두가 사라지고
뱃속에 든 아이를 달래면서
여기선 태어나지 않겠다고 바람이 드세게 불었다
언제까지 소금기둥을 심어야 할까

토마토 씨 뿌리던 봄이 오고
꽃다지 논두렁마다 수런수런 피어날 때
혼자는 남을 수 없어
너와 함께 침몰한 救世軍
모든 것을 던져 버렸다
출렁이며 더 낮은 곳으로 작살을 피해가는
어는 돌고개처럼 나는.

내가 가출한 이유

안의 영문은 영적이면서도 예술적인 분위기가 넘치는 곳이었다. 나는 그 분위기에 편승해 연극, 문학의 밤 등을 많이 열었다. 그런 면에서는 진주 교회보다 내 감성에 더 맞는 곳이었다.

슬기를 낳고 한동안은 그런 대로 평화로웠다. 아이가 얼마나 사랑스런 존재인지 감히 내 언어로는 표현할 수 없을 정도였다. 하지만 그 평화는 오래 가지 못했다. 곧 아내와의 갈등이 재현되었다.

아이를 낳은 후 아내의 건망증은 심해지고, 주의력은 점점 더 희미해져갔다. 또 몸이 힘들어서인지 누워있는 시간이 점차 길어졌다. 나는 아내를 있는 모습 그대로 수용하려고 노력했지만 마음같지

되지 않았다. 실크 넥타이를 물빨래하고, 코드를 뽑지 않아 전기 프라이팬이 몇 시간씩 벌겋게 달구어지고, 군불 때던 차림으로 심방을 나서고……. 신혼 때부터 되풀이되는 일인데도 그때마다 다혈질인 나는 화가 머리 끝까지 치밀기 일쑤였다.

처가 식구와의 사이도 좋지 않았다.

걸어서도 갈 수 있는 시집에 장모님은 아내를 한 달에 한 번도 보내려 들지 않았다. 몸이 성치 않은 딸이 고생할까봐 그런다지만 내 생각엔 도리가 아니었다.

하루는 사소한 말다툼 끝에 아내가 울음을 터뜨린 일이 있었다. 들일하다 돌아오는 길에 그 모습을 본 장모님께서는 가타부타 말 한마디 들어보지도 않고 대뜸 "막살해라(이혼해라)"라고 말씀하셨다. 그 일이 있고부터 가뜩이나 매사에 맞지 않았던 장모님과 갈등의 골이 깊어져 갔다.

거기다가 신앙관의 차이도 나를 힘들게 만들었다.

장모님은 피부염을 앓고 있는 슬기를 병원에 보내려 하지 않으셨다. 내가 병원에 가야 한다고 말하면 "쯧쯧, 내가 아이 아홉을 길렀네. 이것 갖고 병원을 가?" 하시며 아기를 빼앗아갔다. 그리고 그저 "기도하면 낫는다"는 말만 되풀이하셨다. 워낙 어려웠던 시절을 신앙으로 버텨온 분이라서인지 모든 것을 기도로만 해결하려 들었다.

8개월을 기도로만 버티다가 결국 슬기를 병원에 데리고 가 주사를 맞혔다. 상처는 곧 잦아들었다. 그러나 오랜 상흔들이 아물며 아이의 온몸에 흉터가 남았다. 일찍 병원에 데려왔더라면 막을 수 있는 흉터였다.

아내는 물론이고 아기 기르는 것까지, 정말 어느 것 하나 내 마음대로 되는 일이 없었다. 나는 심신의 안식처로서 가정을 원했는데 그와는 반대로 생각만 하던 가슴이 꽉 막히는 감옥 같았다. 모든 것을 잊고 어디론가 떠나버리고 싶었다.

어느 겨울 저녁, 나는 안의 강변을 산책하고 돌아오는 길에 무작정 차에 몸을 실었다. 대구로 가는 버스였다. 그 날부터 며칠 동안 대구로 해서 경주, 포항, 울진, 삼척, 주문진, 강릉까지 가다가 내리다가 하면서 돌아다녔다. 객기를 부린 것이다.

울진과 주문진 사이에 있는 바닷가에 앉아 점점 아득해오는 인생을 생각하다 보니 문득 이런 생각이 밀려왔다.

'차라리 저 검푸른 파도에 몸을 날려버릴까?'

그런데 그때 백사장을 향해 한떼의 아이들이 뭐라고 재잘거리며 걸어왔다. 그 올망졸망한 것들의 얼굴을 보니 갑자기 그 아이들 사이에 아들의 얼굴이 떠올랐다.

정신이 번쩍 들었다.

'돌아가야겠다. 상황이 이 이상 극에 달해 봤자 얼마나 더하겠는가.'

"최고의 깊은 어둠은 밝은 아침을 알리는 신호"라고 하던 어느 설교자의 말이 떠올랐다. 그렇다면 그 아침이 머지 않은 것 같았다 "죄 중의 제일 큰 죄가 생명을 버리는 죄"라는 말도 천둥처럼 울렸다.

천사가 따로 있는 것이 아니었다. 절박할 때, 신은 때로 어린 아이들을 통해서도 깨닫게 하셨다. 나는 아내와 아들이 기다리고 있는 안의 영문으로 다시 돌아왔다.

퇴학을 각오한 탈영

오랫동안 구세군에서 신앙 생활을 해온 처가 식구들은 내가 정식으로 구세군 사관학교에 가길 원했다. 기왕에 구세군 영문에서 목회를 하고 있으니 침례교 목사가 되기보다는 구세군 사관이 되어야 한다고 했다.

난 망설였다. 구세군 사관이 되기 위해 학교를 가려면 세 살된 슬기를 떼어놓아야 했기 때문이었다. 구세군 사관학교는 학비는 따로 없는 대신 부부가 모두 기숙사 생활을 해야 했다. '구세군' 이라는 이름처럼 군대식의 생활을 해야 하는 것이었다.

세 살이라면 모든 면에서 부모가 절대적인 나이 아닌가. 특히 언어 형성에 있어선 더더욱 그렇다. 늘 "이건 뭐야?"라고 묻던 아이의 욕구를 충족시키지 못하면 아이의 성격 형성과 인식 능력 등에 문제가 생길 수도 있었다.

　난 아이를 두고 구세군 사관학교에 들어가는 것에 도무지 자신이 없었다. 그러나 처가에서는 신앙과 미래를 위해선 그 정도는 극복해야 한다고 말했다. 소명을 받은 자들은 하나님의 법궤를 메고 가는 '벳세메스의 암소' (신의 제물로 각이 뜨여져 불에 살라지는 소)처럼 뒤에서 송아지가 울어도 돌아봐선 안 된다는 것이다. 매사에 목회자인 나보다 훨씬 신앙적인 답을 가지고 있는 분들이었다.

　그러나 갈등은 쉽게 멈추어 주질 않았다. 나는 소명을 다시 점검해 보고 싶었다. 이대로는 도무지 살 수 없다는 생각이 들었다.

　나는 짐을 쌌다. 혼자 떠나기 위한 짐이었다.

　전반적인 사역을 몇몇 교사와 아내에게 위임한 뒤 배워야 할 과제가 더 남아 있다는 말을 남기고 나는 서울로 가는 차에 몸을 실었다. 그리고 여기저기 방을 알아본 끝에 정릉 4동 산비탈에 방 하나를 얻었다. 당분간 홀로 생활하며 나 자신에 대해 전반적으로 검토해 볼 요량이었다.

　그런데 이상하게도 떨어져 있으니까 아내가 육영수 여사보다 더 크게만 보이고 단점보다 장점이 많이 떠올랐다.

　어느 비오는 날, 나는 심한 감기로 죽을 것처럼 앓았다. 도무지 기침이 사그러들지 않고 신열이 내리지 않았다. 그때 아내를 더 깊이 수용하지 못했던 내 자신을 후회했다. 나 역시 단점이 많고 연약한 사람이면서 아내에게 너무 많은 것을 요구했다는 생각이 들었다. 내가 아플 때면 곁에서 기도하며 수발을 들어주던 아내가 몹시 그리웠다.

나는 지금 돌아간다면 구세군 사관학교에 들어갈 수밖에 없다는 것을 알았다. 구세군에서 목회를 계속하려면 그리고 아내와 마찰을 줄이려면 한 번은 부딪혀 해결해야 할 문제였다. 상황은 결국 나를 구세군 사관학교로 몰아가고 있었다.

1984년 6월 10일.

아내와 나는 서울행 고속버스에 몸을 실었다.

슬기는 부모가 제 곁을 떠난다는 사실을 모르는 채 외할머니의 등에 업혀 허리가 휘어진 채로 잠들어 있었다. 갑자기 슬픔이 목까지 차 올랐다. 나는 하늘을 향해 울부짖었다.

'예수여! 젖 뗀 아이와 생이별을 하게 하신 당신은 대체 누구십니까?'

각오를 다지고 또 다졌지만 아이와 헤어져야 한다는 건 상상만으로도 견디기 힘들었다. 그러나 나로서는 더 이상 선택의 여지가 없었다. 차창 밖으로 멀어지는 슬기의 얼굴을 보면서 빌고 또 빌었다. 이제 막 세상과 친해갈 나이에 함께 해주지 못하는 못난 아비를 용서하고 부디 건강하게 자라기를…….

무심한 하늘은 청명하고 맑기만 했다.

사관학교의 하루는 교관의 호각소리와 함께 시작되었다. 덕수궁 돌담길을 한 바퀴 구보한 후에 맡은 구역을 청소하고, 묵상 시간을 거쳐 식사에 들어가곤 했다.

나는 아침마다 아내에게 못마땅한 표정을 지었다. 그 아픈 몸으로 남들과 똑같이 구보를 했기 때문이었다.

"다리가 아프면 말씀을 드리고 쉬어야지 왜 그렇게 고집스럽게 뛰는 거예요?"

"괜찮아요. 치료만 잘 하면 문제없어요."

아내는 어지간해선 자기의 약점을 노출시키려 하지 않았다. 하지만 사관학교 훈련을 따라가자니 다리에 무리가 갈 수밖에 없었다. 어느 땐 혈관이 고름 더께로 막혀 고통이 심했다. 그럴 때면 으레 이쑤시개나 손톱깎기를 가져다가 막힌 곳을 뚫고 살을 잘라 내야 했다. 그러자니 얼마나 아프랴. 피가 흐르는 다리를 부둥켜안고 상처받은 짐승처럼 신음했다. 하지만 그러면서도 아내는 움츠러들지 않았다.

고통을 묵묵히 싸안는 그 모습에서 '무서운 건 사람이구나' 하는 것을 새삼 느꼈다. 자신의 고통에 대해 불평하거나 동정을 구하지 않고, 언제나 최선을 다하는 강인한 모습은 남편인 내가 보기에도 너무나 놀라웠다. 아마 아이에 대한 생각도 그렇게 견디고 있을 터였다.

아내의 성적은 좋은 편이었다. 천성이 민첩하지 못한데다 움직이기 힘들다 보니, 수업 시간마다 조금씩 늦게 들어오는 일이 잦았다. 하지만 그런 중에도 성실하게 공부했고 특히 영어 점수는 언제나 톱을 달렸다.

학교 생활에 적응을 못하는 건 건강한 나였다.

가을이 와 마른 낙엽들이 구르기 시작하자 내 가슴도 바짝바짝 타올랐다. 아이가 보고 싶어 견딜 수가 없었다. 밤마다 새 새끼처럼 총총 뛰어다니던 아들이 눈에 밟혀 잠을 이룰 수가 없었다. 그러한 증세는 상사병처럼 깊어지기만 했다.

잠깐이라도 아이 얼굴을 보지 않으면 견딜 수 없을 것 같아 마음에 갈피를 잡지 못하고 안절부절못하고 있던 어느 날, 드디어 기회를 잡았다. 아니 억지로 기회를 만들었다.

영국에서 오시는 손님 때문에 학교가 좀 들떠 있던 주말에 나는 처가로 가는 야간열차를 탔다. 외출허가 없이 사관학교를 이탈했으니 탈영인 셈이었다. 점호 시간에 발각되기라도 하면 심각한 문제가 될 수도 있었다. 아내는 끝까지 말리고 싶어했다. 그러나 내 몸도 마음도 이미 기차에 실려 있었다.

가을 농촌은 지나가던 개 손도 빌린다고 할 만큼 바빴다. 아이도 제대로 돌볼 수 없으니 아이의 입에 설탕을 한 숟가락씩 물려 놓고 들로 나간다. 슬기 역시 그렇게 크고 있었다.

아버지를 보고도 썩 달려들지 못하고 머쓱하게 바라보는 아이를 데리고 냇가로 갔다. 흙바닥에서 뒹굴며 놀아서인지 얼굴에 얼룩이 져 있었다. 귓속에 쌓인 때를 씻겼으나 영 지워지지가 않았다. 그새 충치가 다섯 개나 생겼고, 정확하게 언어를 구사할 수 있었던 아이가 말을 더듬었다. 이런 아이를 두고 다시 떠나야 하다니……. 가슴이 미어졌다. 하지만 아이를 보다 안정된 환경에서 키우기 위해서라도 헤어질 수밖에 없었다.

무사히 학교로 돌아오긴 했지만 도무지 마음이 잡히지 않았다. 몇 번이나 학업을 중단하려고 했으나 아내라는 밧줄이 나를 꼼짝못하게 얽어 매고 있었다. 모든 것에서 벗어나고 싶지만 옴쭉달싹도 할 수 없는 내 모습을 생각할 때마다 이불깃이 흥건히 젖었다.

　나를 괴롭히는 문제가 비단 아내와 아들만은 아니었다. 구세군 사관학교에서 지내면서 나는 많은 심리적 갈등을 겪었다.

　이 곳은 감리교. 침례교, 장로교 등 색깔이 너무나 다른 교파에서 온 사람들이 섞여서 공부했기 때문에 신앙관의 차이가 컸다. 그 때문에 종종 장님 코끼리 다리 만지기 식으로 별 것 아닌 일로 다투는 때가 더러 있었다. 그런 소모적인 말싸움을 보고 있노라면 나까지 지치곤 했다.

　갈등과 번민으로 내 하루는 길었다 짧았다 했지만, 시간은 어김없이 흘렀고, 드디어 졸업을 하게 되었다. 시간이 나를 밀어낸 것이다. 어디로 발령을 받을지, 졸업생들은 다들 초조하게 발령지를 기다렸다. 겨울날 새떼들처럼 모였다 하면 발령 얘기로 수런거렸다.

　드디어 북소리가 울리고 구세군 군악대들의 나팔 소리와 함께 사관 임명과 발령 사역지가 발표되었다.

　전남 무안군 무안읍 교촌리 386번지 무안 영문.

　나와 아내에게 주어진 새 땅이었다.

　아브라함이 갈 바를 모르고 가나안을 향해 걸음을 옮겼던 것처럼, 나는 난생 처음 밟아 보는 미지의 땅 무안으로 향했다. 새 하늘 새 땅에서 다시 태어날 수 있기를 빌면서…….

나는 신의 대리인이 아니다

무안영문은 성도들 태반이 양파, 고구마 농사를 짓는 곳이었다. 정부의 시책에 따라 모두 큰맘 먹고 계획을 세워 농사를 짓고 있었다. 그들에게 양파와 고구마는 작물이 아니라 꿈이었다. 그러나 풍년이 든다고 마냥 좋은 것이 아니었다. 내가 부임한 그 해는 양파가 과잉 생산되어 저장해놓은 양파가 창고에서 썩어가고 있었다.

열악한 가정 환경, 늘어나는 빚, 부부간, 고부간의 갈등 따위로 상처 입어 일그러진 영혼들은 도시나 농촌이나 다를 바가 없었다. 가도가도 끝없는 길처럼 새벽부터 밤 늦게까지 일해도 마냥 제자리인 살림살이와 깊어만 가는 세대간의 갈등을 잊기 위해 술, 담배에

절어 사는 사람이 한둘이 아니었다.

목사인 나 역시 예외가 아니었다.

내게 어려운 건 낯선 곳에서의 목회가 아니라 일상 생활이었다. 새 하늘 새 땅에서도 내 삶은 변화가 없었다.

구세군 교단에서 정식으로 발령받은 사관이었지만 생활은 여전히 어려웠다. 나는 성도들의 생일 때나 집안에 무슨 조그만 행사라도 있으면 꼭 닭을 한 마리 사들고 찾아가곤 했었는데, 그 비용이 고스란히 생활비에서 지출되었다. 당시 지방 사관의 사례비로는 세 식구의 생활도 감당하기가 어려웠다.

그런데 아내는 마치 화수분을 숨겨놓은 사람처럼 요긴할 때마다 돈을 내주었다. 알고보니 그 돈의 출처는 큰오빠였다. 그 동안 형편이 닿는 대로 10만 원, 5만 원씩 계속 보내주고 있었던 것이다. 그 돈이 어떤 연유로 오는 돈인지 잘 알고 있는 나로서는 아내에게 고맙고도 민망했다.

아내는 갈수록 머리카락이 빠져갔다. 퍼머를 해도 자꾸만 머리카락이 부서졌다. 머리에 계란마사지를 해보기도 하였지만, 머리속이 훤히 들여다보이는 걸 막을 수가 없었다.

건강도 여전히 좋지 않았다. 심방 다니다가도 앉으면 졸고, 평소에도 자리를 잡기만 하면 어디서든 입을 다물지 못한 채로 졸기 일쑤였다. 몸이 곤하니 살림도 등한했다. 차림새에 신경을 쓰지 않는 것도 여전했다.

가장 힘들었던 것은 혼자 생각만 한 일을 상대방에게 말했다고 착각을 하는 것이었다. 나에게 이야기했는데 대답이 없었다며 중요한 물건을 내다버리고, 간다고 이야기했다며 먼저 가버리고, 이야기했다고 착각하고 다른 사람의 말을 전해 주지 않고……

차분히 생각하면 아내를 이해할 수 있었지만 당장의 순간 순간은 정말 견디기 힘들었다.

어떻든 교회의 담임사관으로서 성도들에게 모범이 되고 싶은데, 그렇지 못하다는 사실이 목을 죄어 왔다. 목사는 사랑과 용서를 선포하고 실천해야 하는 사람이다. 그런데 가장 가까운 아내와 불화한 상태로 서로 사랑하라고, 용서하라고 설교해야 하는 것이 가시처럼 내 목을 찔렀다.

나는 점점 예민해지고 우울의 우물 속에 빠져들기 시작했다. 설교를 하러 단에 설 때는 좀더 밝은 표정을 하고 싶었지만 마음처럼 되지 않았다. 억지 웃음을 짓는 것도 어려웠다. 급기야는 설교를 하러 강단에 올라가기도 싫고 그저 주어진 시간을 무사히 보낼 수 있기만을 비는 나날이 계속되었다. 나는 점점 병들어가고 있었다. 그것은 치유의 하나님, 용서의 하나님, 변화의 하나님, 꿈의 하나님을 전해야 할 목사로서는 치명적인 병이었다.

거기다가 목회 현장은 연약한 나를 더 어둠 속으로 몰아갔다. 교인이 늘어나고 규모가 커지는 건 목회가 지향해야 할 당연한 과제였다. 그렇지만 부흥의 방법에 있어서 내 견해는 기존 교회의 방법론과 달랐다. 부흥회를 열어 북을 치고 손뼉을 치면서 사람의 감정을 유도하는 방법이 내게는 인위적으로 느껴졌다.

그런 식으로 감정을 흥분시키는 것보다는 인격적인 사귐이 우선되어야 할 것 같았다. 그러기 위해서는 목회자의 주입식 설교만으

로는 한계가 있었다. 목사와 성도가 함께 하는 목회, 나눔 공동체로
서의 목회가 필요했다.

　나는 처음 몇몇 청년들을 시발점으로 움직이기 시작했다. 과
연 그것은 혼자 뛰는 것보다 훨씬 효과가 있었다. 교회에는 생명의
빛이 감돌았고 그 생명은 각자 지체들의 마디마디를 통해 흘러갔다.
그 유기적인 사귐 속에서 막혀 있는 응어리들을 서로 털어놓기도 했
다. 담임 사관인 나도 어느 땐 인간적인 약점으로 아파하는 한 사람
의 연약한 지체일 뿐이라고 그들에게 말해 주었다.

　하지만 '성직자는 신의 대리자' 라는 기존의 인식은 좀처럼
변하지 않았다. 성직자가 하는 기도는 평신도의 기도보다 특별한 기
도이고, 또 성직자는 다른 사람보다 특별한 사람인 것처럼 여기는 종
교적 계급의식 등은 종종 나를 옥죄어 왔다.

　우리는 다같이 상처 입은 사람들이고 같은 세대에 태어나 같
이 갈등하며 살아갈 뿐이다. 그러나 사람들은 힘있는 존재에 기대어
위로 받고 힘을 얻기 원했다. 어쩌면 이것이 성직자 제도의 한계인지
도 모르겠다는 생각이 들었다.

　그러던 중 함께 마음을 나누던 청년들이 하나 둘 내 곁을 떠나
가기 시작했다. 결혼과 직장 때문이었다. 때가 차면 결혼하는 것이
당연하겠지만, 그로 인해 모두가 내 곁을 떠나가 버리는 것이 못내
서운했다.

　더불어 이야기를 나눌 수 있는 사람들이 있어서 기대고 살 수
있었는데 다들 떠나고 나니, 무안의 겨울 들판은 더 을씨년스러웠고
내 가슴도 갈수록 황폐해져 갔다.

나는 시간이 가면 갈수록 혼란스럽기만 한 삶의 한복판에서 '목사'로서의 내 정체성을 묻고 또 물었다.

'네가 목회자냐? 네가 그 모습으로 앞에 설 염치가 있느냐?' 번잡하고 무질서한 생활, 변덕스럽고 이기적인 마음, 미움과 죄책감과 갈등으로 뒤범벅인 내면, 제대로 굴러가는 것 하나 없고 마음먹은 대로 되는 것 하나 없는 하루, 한 달, 일 년 그리고…….

'아! 내 안에, 내 안에 하나님이 없다.'

"내 안에 하나님이 없다"는 필립 얀시의 고백이 곧 나의 고백이었다.

2월 들판에 북새만 나부끼던 찬바람 부는 어느 날, 나는 자꾸만 무너지는 마음을 잡으려고 기도하고 또 기도했다. 하지만 아무리 기도해도 마음은 날씨처럼 춥기만 할 뿐, 위로부터 내리는 진정한 평강이 없었다.

내 안의 모든 것이 백지장처럼 하얗게 텅 비어있는 듯했다.

더 이상 나 자신을 속이고 성도들을 속이며 살 수는 없었다.

나는 서랍에서 백지 한 장을 꺼냈다.

하늘에 낸 사직서

사직서

아내의 건강과 목회의 소명에 흔들리다가 더 이상 버티지 못하여 사직서를 제출합니다. 주께 물어 보았지만 인생 공부를 더 하라는 것만 같고, 하지만 무엇보다 큰 요인은 가정을 잘 관리하지 못하는 제가 담임목회를 맡고 있다는 중압감 때문입니다.

여기 제 가정의 리듬이 회복되어지고, 한국 교회의 현실을 더 정확히 읽어 내며, 이런 속에서도 제 자신이 홀로 설 수 있다 생각되어지는 날, 그때 주의 기뻐하심을 따라 돌아오고 싶습니다.

1987. 2. 23

구세군 무안 영문 담임사관 이동녘

써 놓은 지 일주일이 넘도록 부치지 못했던 '사직서'를 우체통 앞에서 다시 한 번 읽었다.

받는 사람은 우리 교회를 관할하는 전라지방 장관 사제(구세군교회의 직제는 군대를 닮아 있다)로 되어 있지만, 최종 결재를 내려야 할 분은 하나님이 아닌가 싶었다. 그러나 그분이 어디 인간들이 만든 직제를 승인한 적이 있던가. 그리고 나 역시 언제 그런 것들을 염두에 두었던가. 그 모든 것은 다만 인간의 편의를 위해, 조직의 효율성을 위해 만들어졌을 뿐이다.

오랜 동안 망설이고 번민했던 내 심정과 상관없이 그저 마른 잎이 때가 되어 가지에서 떨어져 나가듯 하얀 봉투가 우체통 속으로 미끄러져 들어갔다. 가슴 한 쪽에 묵직하게 달려 있는 추 하나가 깊이를 알 수 없는 아득한 어둠 속으로 떨어져 나간 느낌이었다.

이제 나는 더 이상 '교회의 목사'가 아니다! 속이 후련하고 발걸음이 가벼웠다.

"그게 무슨 말이에요? 사직서를 내다니……."

사직서를 냈다는 말에 아내의 얼굴이 하얗게 질렸다.

충분히 예상했던 일이었다. 목사를 하늘이 내린 직분인 줄로 알고 죽는 날까지 목회자의 사모로 살아갈 것으로 믿었던 아내로서는 마른 하늘에 날벼락을 맞는 느낌일 것이었다.

"말 그대로예요. 전라지방 장관 김찬제 사관님 앞으로 사직서를 부치고 오는 길이에요."

아내의 표정은 말은 알아들었지만 뜻은 전혀 모르겠다는 듯 보였다. 설마 사표를 냈을까 하며 반신반의하는 기색이 역력했다.

그러나 내가 주섬주섬 이삿짐을 꾸리자 아내의 표정이 곧 울음을 터뜨릴 것처럼 일그러졌다. 사표를 냈다는 말이 그때서야 실감이 나는 모양이었다.

아내는 매달리며 애원했다. 우리가 처음 어떻게 만나 살아왔으며 아이까지 떼어놓은 채 얼마나 어렵게 공부했는가를 다시 한번 생각해 보라고.

그러나 그것은 나 역시 수없이 생각하고 일깨웠던 기억들이었다. 그리고 이제 더 이상 나를 ‘목사’라는 자리에 묶어 놓을 힘이 없는 낡은 줄이었다.

“나는 그 때나 지금이나 내 양심에 비추어 최선을 다하고 있어요. 이제 더 이상 목사라는 허울 속에 갇혀 거짓된 삶을 살고 싶지 않아요. 그래서 다시 시작하겠다는 거예요. 무엇보다 가정에서 실패한 사람이 어떻게 제대로 된 목회를 할 수 있겠어요. 그건 나 자신과 성도들을 속이는 거예요.”

그랬다. 아내와 매일 전쟁을 하는 사람이 어떻게 이웃을 사랑하고 원수를 용서하라고 설교할 수 있는가. 그것은 스스로를 속이고 이웃을 기만하는 것이었다. 진실은 근엄하고 반듯한 제복으로 가려지는 것이 아니었다. 나는 하나님 앞에서든 사람들 앞에서든 목사이기 이전에 진정한 인간이길 원했다. 그리고 하늘이 맺어준 단 한 사람의 여자인 아내와 이제까지 걷지 않은 새로운 길을 걷고 싶었다. 그것은 사제의 거룩한 옷을 벗고 남편 ‘이동녘’과 아내 ‘이영숙’으로 다시 시작하는 것이었다.

이삿짐을 실은 트럭이 시동을 걸자 아내는 끝내 울음을 터뜨렸다. 때가 2월이라 차창 너머로 억새가 찬바람에 파도치듯 굽이치고 있었다.

나는 우는 아내에게 말했다.

"나에게는 목사라는 직함보다 당신과 내가 처음 사랑을 회복해서 서로를 진정으로 이해하고 행복하게 사는 것이 더 중요해요. 너무 걱정하지 말아요. 목사 옷을 벗었다고 해서 하나님께서 우릴 수렁으로 몰아가진 않을 거예요."

사랑하는 이여
내가 눈물로 요를 적실 때마다
그대는 별빛으로 걸어오는가

수많은 재림 예수가 불어 왔지만 애초에 구원은 없었다 사랑이여
관념이 아니라 먼 산울림 속에 떨리는 패랭이꽃처럼 차라리 어둠을
끌어 안고 나는 떨리는 패랭이꽃처럼 밤이면 밤마다 눈물로 이불 적
시며 별을 노래한다 사랑이여
때 묻은 손을 들고 저문 강 가를 찾아 노을처럼 흐느끼며
내 불가사의의 얼굴을 씻는다
심장의 고동 소리 아직은 느끼기에 피흘린 발자취를 더듬거리면서
피의 꽃들 웅성이는 이 거리를, 슬픈 잠 훔쳐다 덮어드 본다
사랑하는 이여
이 아픈 세월을 품기 위하여 나는 인간사에 흘러오는 뱀의 허리에
영혼의 피릿소리 한 구절 내려 찍으며 이제는 절대적이라 생각했던
그 모든 것을 별빛 아래 묻어 두기로 한다
붉은 신열로 떨려오는 세상살이에 우리의 뒷산은 더 깊어만 가고
비로소 그대가 별빛으로 걸어오는 밤 나는 아스피린을 먹고
깨어나는구나 부활하는구나 칼 끝처럼 푸른 그대의 눈물 속에
다시 별이 드는구나 사랑이여.

3

내 앞에 천 개의 산이 놓여 있구나

오방떡 장사를 하는 법

무안을 떠나 자리를 잡은 곳은 경기도 성남, 남한산성 입구 은행동이었다.

목회자의 옷을 벗었으니 어디서든 자유롭게 살 수 있을 것 같았던 마음과는 달리, 의식까지 완전히 무안 땅을 벗어나는 데는 시간이 걸렸다. 한동안은 자고 일어나면 성도들을 심방하고 목회 준비를 해야 한다는 착각에 시달렸다.

그렇게 일 년을 지내는 동안 나는 뚜렷한 일을 찾지 못하고 있었다. 아니 아직 그때까지는 현실의 어려움을 절박하게 느끼지 못한 채로 지냈다. 내게 새삼 삶의 냉혹함을 일깨워준 것은 물가와 방세였다. 변두리 지역이긴 해도 성남의 방세는 하루가 다르게 올랐고, 무안을 떠날 때 손에 쥔 것 이외에 가진 것이 없었던 우린 이곳저곳으로 흘러다니지 않으면 안 되었다.

그 동안 살아온 터전이 예배당 담장 안이었다가 닥상 그 담장을 벗어나고 보니 세상이 나를 향해 날카로운 이빨을 드러내고 달려드는 것 같았다.

'그동안 목회한다고 생활을 너무 등지다시피 하고 살아온 것은 아닐까? 요령 있게 살아가는 일에 젬병인 내가 과연 거친 세상살이를 해낼 수 있을까?'

이런저런 생각에 어느 땐 주눅이 들어 옛날로 돌아가고 싶은 때도 있었다.

그러나 '이렇게 힘겨운 삶을 살고 있는 사람이 비단 나뿐이랴. 잘난 사람들만 사는 세상이 아닌 바에야 남들 겪는 건 겪으면서 살아가는 게 순리다. 평범한 사람들이 사는 삶을 살지 못한다면 어찌 목회자로 성공할 수 있겠는가' 하고 마음을 다지며 견뎌나갔다.

마땅한 일자리를 구하는 것이 쉽지 않았다. 성경 이야기 하는 것 그리고 시를 쓰는 것 이외에 할 줄 아는 것이 없었고, 장사할 밑천도 없었다. 막일을 하기에는 내 허약한 몸이 따라주지 않았다.

춥고 배고픈 나날이 이어졌다.

쌀을 씻다가 물 위로 뜨는 쌀이 있으면 그것조차도 알뜰하게 건져내어 밥을 지었다. 이웃집에서 주고 간 김치가 떨어지면 가락시장에서 무 시래기를 주워 먹었다. 정말 막막하기만 한 시간들이 흘러가고 있었다.

오방떡을 굽는 사람이 눈에 들어온 날도 바로 그렇게 춥고 배고픈 날이었다.

키도 나보다 작고 더 호리호리하게 생긴 아주머니가 다리 난간 위에서 오방떡을 굽고 있었다. 이 정도 일이라면 나도 할 수 있을 것 같았다. 나는 뭐에 이끌린 것처럼 주춤주춤 오방떡 리어카로 다가갔다. 뭔가 말을 꺼내려 했으나 잘 안 나왔다. 여러 사람들을 앞에 놓고 신의 말씀을 선포하던 그 입이 이렇게 얼어붙은 것이다.

한참을 망설이며 서 있다 어렵게 입을 열었다.

"저어……."

"무슨 할 말 있으세요?"

눈치 빠른 그이가 되물었다.

"이런 장사하려면 돈이 많이 드나요?"

"왜요? 이 장사 해보시게요?"

"네."

"기계값, 리어카 값, 가스통값 해서……. 그런데 직접 하실 마음 있으시면 이걸 인수하세요. 마침 제가 다른 일이 생겨서 누군가에게 넘기려던 참이에요. 더도 말고 십오만 원에 가져가세요."

"네? 그럼 이 자리에서 장사할 수 있습니까?"

"그럼요. 여태까지 해 왔는데……."

그냥 물어나 볼 요량이었는데 그만둘 사람을 만나다니, 나는 뭔가 맞아들어가는 느낌이 들었다.

"그런데 이 떡을 어떻게 만드나요?"

"하실 마음 있으시면 돈만 마련해 오세요. 반죽하는 법이나 리어카 열쇠 묶는 법 다 가르쳐 드릴 테니까요."

하지만 수중에는 한푼도 없었다. 15만 원은커녕 토큰 하나에 벌벌 떨어야 하는 형편이 아닌가.

"십오만 원이라……. 어디서 이 돈을 구한담."

아무리 둘러봐도 집에 값나가는 물건이라고는 없었다. 결혼 때 해준 아내의 패물도 도둑 맞았고 그 후로는 다시 장만할 엄두도 못 낸 채 살아왔다. 그렇다고 오방떡 리어카를 포기하고 싶지도 않았다.

고심하던 내 눈에 팔 수 있는 물건이 띄었다. 책이었다.

나는 원래 책에 대한 탐심이 지나쳐 아이들 동화에서부터 철학, 문학, 웬만한 책은 없는 게 없었다. 논을 판 돈으로 책을 사들일 때는 아내에게 싫은 소리도 많이 들었다. 이사를 다니면서도 그 책들을 묶어 나르느라 힘들었고, 힘들게 날라와도 비좁은 살림살이에 둘 곳이 마땅찮아 주인집 창고에 쌓아 두기도 했다. 관리를 제대로 못하니 곰팡이가 핀 책도 꽤 있었다. 논을 팔아 장만했던 책이 가슴 뿌듯한 애장품이 아니라 처치 곤란한 짐이 되고 있었다. 지금으로선 그 책들을 다시 펴볼 기약도 없었다. 책보다 빵이 급했다.

'그래, 곰팡이가 피어 버리느니 아예 다 팔아버리자. 그리고 웬만한 건 가까운 학교에다 기증하자.'

벼룩시장에 위인전집, 창작동화, 세계명작 등 척 180여 권을 20만 원에 판다는 광고를 냈다. 월요일자 신문이 나오기가 무섭게 전화가 왔다. 첫 전화를 받았다.

"책을 사고 싶은데 집 위치를 자세히 알려 주세요."

삼십대 정도의 여자 목소리였다. 두 시간쯤 후에 아주머니 한 분이 찾아오셨다.

"여기가 책 내놓은 집이에요?"

"네."

"책 어딨어요?"

나는 미리 쌓아둔 책을 가리켰다.

"이건 초등학생이 보는 거잖아요! 이런 건 필요없는데."

우리가 광고를 낼 때 위인전, 창작동화, 세계명작 순으로 했기에 그냥 보아도 어린이용이란 것을 알 것이라고 생각했는데, 그 아주머니는 그냥 책 180권에 20만 원이라는 것만 본 모양이었다.

쉽게 사갈 줄 알았던 사람이 그냥 돌아가고 나니 마음이 불편했다. 그리고 내내 기다려도 전화가 오질 않았다.

"이게 안 나가면 어떻게 하지? 저 오방떡 리어카를 맡아야 하는데……."

오방떡 리어카가 날아갈까 봐 걱정이 된 나는 아내와 간절한 기도를 올렸다. 오방떡 장사가 되기 위해 기도를 한다, 남들이 들으면 웃을지 아니면 딱하게 여길지 모르지만, 그때 우린 정말 간절히 기도했다. 하나님께서 우리에게 오방떡 리어카를 허락하시기를!

땅거미가 질 무렵 또 한 통의 전화가 걸려 왔다.

"책을 판다면서요?"

굵은 저음의 남자 목소리였다.

"네, 팔려고 문 앞에다 차곡차곡 쌓아두었습니다."

"그 책 모두 사겠으니 십오만 원에 주십시오."

좀 망설여지긴 했지만 '좋다'고 했다. 이 사람을 놓치고 나면 다시 책을 사겠다는 전화가 안 올까 봐서 조바심이 났기 때문이다.

10분이 지나지 않아 부부가 자가용을 몰고 나타났다. 잠시 책을 몇 권 훑어보는가 싶더니 두말 않고 준비해온 박스에 담았다. 180여 권의 책이 단돈 15만 원에 팔려 나가는 순간이었다. 하지만 돈이 필요했던 우리에게 이것은 얼마나 고마운 일이었는지 모른다.

한 푼도 틀림없이 정확히 15만 원이 우리 손에 들어온 것이다.

이렇게 해서 우리 부부는 오방떡 장수가 되었다. 영혼의 양식을 주던 사람에서 육신의 양식을 만드는 사람이 된 것이다.

세상에서 가장 슬픈 아내

세상에 쉬운 일이 어디 있으랴만 오방떡 장사 역시 만만하지 않았다.

일단 반죽부터 문제였다. 원래 장사를 하던 아주머니에게 반죽하는 법을 배워 놓기는 했지만 반죽의 찰기가 제대로 만들어지지 않았다. 밀가루를 여러 번 이겨서 반죽이 적당하게 되어야 빵이 맛있게 구워지는데 반죽에서 번번이 실패했다. 힘이 너무 없었기 때문이었다. 반죽이 비교적 쉬울 것 같아 아내에게 맡겼는데 팔에 힘이 없으니 반죽이 제대로 되지 않았다.

"이래 가지고는 도무지 안되겠어요. 반죽은 내가 해 갖고 나갈 테니까 먼저 다리에 나가 있어요."

내가 팔을 걷어 붙였다. 식용색소 얼마, 계란 몇 개, 설탕 몇 컵 등, 오방떡 아주머니가 자세하게 적어 준 메모대로 반죽을 했다. 힘 닿는 데까지 열심히 해서 두 양동이 가뜩 담아 나갔다.

자리 때문에 먼저 나간 아내는 다리 난간 위에 우두커니 서 있었다. 그 모습이 얼마나 어색하고 처량해 보이던지…… 호기롭게 반죽 양동이를 들고 나오기는 했지만 나 역시 어색하기는 마찬가지였다. 오가는 사람들이 모두 우릴 쳐다보는 것만 같았다.

내가 먼저 팔을 걷고 나섰다. 가스 불을 켜고 기계에 기름을 칠했다. 가르쳐 준 대로 호스로 밀가루 반죽을 짜며 팥과 고구마를 버무린 앙금을 넣고 떡이 구워질 때를 기다렸다.

그런데 시간을 잘 맞춘다고 맞췄는데도 뚜껑을 열고 보니 엉망이었다. 빵이 여기저기 늘어붙어서 떨어지질 않았다. 첫 작품인데 맥이 확 풀렸다.

드디어 첫 손님이 왔지만 오방떡을 팔 수가 없었다.

"빵이 구워지지가 않았습니다. 죄송하지만 다음에 다시 찾아 주십시오."

나는 너무 미안해서 구십 도로 고개를 숙였다. 첫 손님을 빈손으로 돌려보내야 하다니, 정말 민망했다. 그 마음을 아는지 찬바람이 불어 천막이 펄럭거렸다.

그러나 두 번째 구운 것도, 세 번째 구운 것도 역시 마찬가지였다. 너무나 답답한 건 어디에 문제가 있는지 그 원인을 알 수 없다는 것이었다.

첫날은 실패한 작품들을 우리가 먹기도 하고, 주변 노점 상인들에게 나눠주기도 했다. 약국이나 옷 가게 등 주변 상가에도 인사 겸 오방떡을 돌렸다.

"인사드립니다. 오늘부터 다리 위에서 오방떡 장사를 시작한 사람인데 처음이라 떡이 잘 구워지지가 않았습니다. 그래도 인사 겸 드리는 거니까 맛있게 드세요. 정성은 아주 많이 든 작품입니다."

어떤 이는 별 반응 없이 받았으나 어떤 분들은 아주 고마워했다. 특히 동보약국 약사는 그냥 드린단 말에 펄쩍 뛰었다.

"세상에 공짜가 어디 있습니까? 그게 다 얼마입니까? 제가 사겠어요."

"아닙니다. 이런 떡을 어찌 팔겠습니까?"

나는 민망해서 사양했지만 약사는 굳이 주머니에 돈을 넣어주었다.

"잘 먹겠습니다. 기왕 시작하셨으니 잘 하셔서 돈 많이 버세요."

정말 따뜻한 마음에 고마운 인사였다.

그렇게 오방떡과 싸우면서 일주일을 보냈을까. 그제야 겨우 떡을 굽는 요령이 생겼다. 역시 요령을 아는 것보다 실전에서 연습을 많이 하는 것이 가장 빠른 지름길이었다.

그 사이에 따뜻한 온정을 베풀어 주는 사람을 만나기도 했다.

"수고하시는 데 돕고 싶습니다"라는 글이 적힌 하얀 봉투를 몇 번이나 놓고 간 사람이 있었다. 너무나 빨리 두고 갔기 때문에 미처 얼굴을 확인할 겨를도 없었다. 봉투를 열어보면 3천 원 혹은 5천 원이 들어 있었다.

그 돈을 앞에 두고 우리는 "아무리 세상이 살벌하다 해도, 그래도 아직 살 만한 곳이다" 하며 위안을 받았다. 액수는 문제가 아니었다. 자신보다 어렵다고 생각한 사람에게 작은 것이라도 나누는 행동이 얼마나 아름다운가.

사람들은 흔히 내가 많이 가진 다음에 폼나게 누군가를 돕고 싶어한다. 그래서 실제로는 아무도 돕지 못한 채 돈에 쫓기면서 사는 것이다. 늘 '언젠가는……' 이라는 말을 입에 달고서 말이다. 그러나 '언젠가' 는 영원히 오지 않는다. 사람은 단지 오늘이라는 시간만 살 수 있기 때문이다.

늘 '사모님' 소리를 들으며 예우받던 목사 아내가 거리의 '오방떡 아줌마' 가 되었으니 비참한 기분이 들 수도 있으련만 아내는 당당했다.

"우리가 수고해서 번 돈이에요. 세상에서 가장 깨끗한 돈은 손으로 수고해서 번 돈이래요. 몇 푼 안 되지만 전 오늘의 일용할 양식에 감사하며 살고 있어요."

아내는 언제나 이렇게 말했다.

길거리에서 오방떡을 구워 파는 것을 혹시라도 내가 부끄러워할까 봐 더욱 당당하게 말했는지도 모른다. 기독교 라디오 방송인 극동방송에 오방떡 장사하는 이야기를 써 보내 방송이 되기도 했다. 자신의 삶이 정말 부끄러웠다면 그렇게 할 수 없었을 것이다.

오방떡을 구우면서도 아내 손에는 책이 떨어지는 날이 없었다. 손님이 없으면 아내는 늘 책을 읽었다. 아니, 찬바람이 거세게 불고 발이 시려올수록 아내는 미친 듯이 책 속에 몰입하는 것 같았다.

겉보기에는 연약하여 바람만 불어도 날아갈 것 같았지만 사실 아내는 강한 사람이었다. 어떤 환경에서도 흔들리지 않는 사람, 자신에게 주어진 여건에서 최선을 다해 사는 사람, 그러면서도 자신의 꿈을 한시도 놓치지 않는 사람, 아내는 정말 요셉처럼 사는 사람이었다.

오방떡 장사는 시간이 지나면서 이력이 붙어갔다. 빵도 그런대로 잘 구워졌고 많지는 않지만 단골 손님도 생겼다. 이웃에서 장사를 하는 분들과도 많이 친해졌다. 큰돈이 되지는 않았지만 당장 먹을 것 때문에 걱정하지는 않아도 되었다.

오방떡 장사는 빵도 맛있게 구워야 했지만 리어카 보관도 잘 해야 했다. 오방떡 집기들을 판 아주머니는 다리에다 리어카를 묶어두고 열쇠만 채워놓으면 된다고 했지만 그렇지가 않았다.

첫날 리어카를 다리에 묶어 두고 돌아가려는데 옆에서 옷을 파는 아저씨가 불렀다.

"이렇게 해 놓고 가면 안 돼요. 단속반들이 열쇠를 잘라서 리어카를 끌고 가버려요. 좀 귀찮아도 집 옆에다 갖다 놔야 합니다. 그래야 안전해요."

노점에서 장사를 하는 것은 불법이었기 때문에 단속반에 걸리면 꼼짝없이 모두 빼앗기는 수밖에 없었다. 다행히 집에서 멀지 않았고 집 옆엔 공터도 있었다. 그 날부터 마치 자가용을 끌고 출퇴근하듯이 우리는 리어카를 끌고 다리 위 우리 자리로 출퇴근을 했다. 그렇게 해서 적어도 우리 손에서 리어카를 놓지 않으면 안심일 줄 알았다.

그러나 현실은 우리 생각과 달랐다.

그 날도 아내는 먼저 리어카를 끌고 나가고, 나는 반죽을 하느라 집에 있었다. 당시 우리집은 슬래브집 이층이었는데 바로 한길가에 붙어 있었다. 우리가 오방떡을 파는 다리와는 불과 50미터밖에 떨어지지 않은 정도여서 창 밖으로 우리 자리가 훤히 보였다.

힘주어 반죽을 하느라 허리가 아파 잠시 일어서서 창 밖을 바라보던 나는 깜짝 놀랐다. 아내도 리어카도 보이지 않았다. 분명히 도착하고도 남을 시간이었다.

"아니, 이 사람이 어디 간 거야?"

나는 손에 묻은 밀가루를 훔치며 다시 창 밖으로 눈길을 들렸다. 그리고 보았다. 아내가 단속반이 끌고 가는 리어카에 대롱대롱 매달려 가는 것을.

늘 다리가 아파서 불면 넘어갈 것처럼 힘없이 걷던 그녀가 기를 쓰고 리어카에 매달려 흔들리고 있었다. 마치 부모의 상여를 잡고 절대로 나를 두고 못 져는다고 통곡하는 상주처럼.

세상에 저렇게 슬픈 모습이 있을까 싶어 애처롭기도 하고 기가 막히기도 하고…… .

굵은 눈물이 뺨을 타고 흘러내리는가 싶은 순간 나는 소리를 지르며 뛰어나갔다.

"그냥 내려와요! 리어카 뺏겨도 괜찮아! 거기 있어요."

애타는 내 목소리와는 상관없이 아내는 리어카에 매달린 채 내리막길로 계속 끌려가다가 길에 패인 홈 때문에 리어카가 멎자 그제야 나를 돌아보았다. 알고 보니 아내는 단속반에 끌려가고 있었던 것이 아니라 도망치고 있는 중이었다.

얼어붙은 거리에서 찬바람을 맞으며 오방떡을 굽던 아내, 집에 오자마자 무너지듯 쓰러져 있다가 다리에 흐르는 피고름을 닦고 신음소리와 함께 잠들던 아내, 그래도 불평 한마디 하지 않고 기도하던 아내.

그 아내의 얼굴이 구원을 청하듯 나를 돌아보았으나 나는 그녀를 위해 해줄 것이 없었다. 리어카에 매달려 가던 아내보다 그것을 맥없이 바라보아야만 했던 내 자신이 더욱 비참하게 느껴졌다. 그때만큼 내 무능함을 뼈저리게 느낀 적이 없었다. 엄동설한의 칼바람이 부는데 까마득하게 높은 벼랑에 서 있는 느낌이었다. 뛰어내릴 수도 없고 돌아설 수도 없는 외길 벼랑.

그녀는 도도하리만큼 당당하게 십자가를 붙들고 있었지만 그녀가 붙든 십자가는 휘어진 십자가였다. 곧게 펴려고 혼신의 힘을 기울여도 다시 휘어지기만 하는 십자가. 그리고 그 십자가에 다른 사람 아닌 내가 달려 있었다.

사랑하는 이여
바람 부는 밤에 나는 더 사랑한다
-우리가 산다는 건 사랑하는 것이다

그리운 이여
바람이 추운 길에 저물고
이 아슬아슬한 삶의 벼랑 위에서
그대가 내 손을 잡는가 내가 그대 손을 잡는가
갈대가 서걱이면 나는 서러워
주린 개처럼 헐떡이며 사랑을 핥는다
하루에 지쳐 나부끼는 불빛들은 곤한 다리를 절룩거리고
사랑하는 이여 그대가 내 손을 잡았는가 내가 그대 손을 잡았는가

산다는 건 사랑-
바람이 추운 길을 걸어 숨가쁜 사랑
어두운 시대 흔들리는 벼랑 위에서
언 가슴 끌어안고 부비는 -
오! 푸른 눈물로 우릴 적실 때마다
빛 한 송이 치켜들고 오시는 사랑이여
절망이 깊어질수록
쿵쿵 살을 물어뜯으며
어둠을 깨는 소리
어둠이 우는 소리 들려오고 있지 않은가
사랑하는 이여 바람이 불면 불수록

나는 그대를 마시지 않고는 살 수가 없네
뜨거운 사랑의 몸살을 앓으며
그대를 껴안고 간다
사랑하는 이여 내일은 오늘보다 푸르구나
바람 부는 밤에 그대를 나를 더 사랑한다

책 대신 가위를 들다

리어카를 지키려는 필사적인 노력에도 불구하고 우리는 오방떡 장사를 오래 하지 못했다. 노점상 일제 단속기간에 걸려 기어도 리어카를 뺏기고 다시 실업자가 된 것이다. 그런 우리에게 숙모님께서 돈을 빌려주셨다. 2년 안에 갚는다는 조건이었다. 그 돈으로 우리는 문방구를 차렸다. 중학교로 가는 길목에 있는 가게였는데 '샤론 문방구'라고 이름을 붙이고 간판은 연필 모양으로 디자인하였다.

하루 벌어 먹고 사는 오방떡 장사에 비해 문방구는 안정감이 있었다. 하지만 학생들을 상대하는 장사도 쉽지는 않았다. 일단 도난을 막아야 했다. 학생들이 물건을 훔쳐 가는 일이 잦았기 때문이다.

문방구를 시작하기 전에 이미 들은 바여서 어느 정도는 각오했지만 생각보다 정도가 심각했다. 심지어는 카세트 라디오까지 집어가 버리는 통에, 아이들이 오면 늘 촉각을 곤두세우지 않으면 안될 정도였다. 하지만 아내에게는 아이들의 행동을 세심하게 살피는 기민함이 전혀 없었다. 그 일을 담당할 사람은 나였다.

나는 아이들을 감시하기보다는 그들의 마음을 얻는 것이 더 낫겠다고 생각했다. 그래서 아이들을 위한 프로그램을 짰다. 틈틈히 손 인형을 만들어 성경을 드라마화해 보는 것이었다. 목회를 하면서 인형극을 했던 경험을 최대한 살렸다.

인형극을 한다고 했더니 어떤 아이는 "뻥까지 마요" 하면서 비웃었다. 하지만 한두 명만 모여도 성의껏 인형극 공연을 했다. 손으로 만든 인물들은 그다지 세련된 모양새가 아니었지만 목소리 연기에는 최선을 다했다. 인형극이 재미있다는 입소문이 퍼져서인지 차츰 아이들이 모이기 시작했다. 나중에는 아이들이 얼마나 붐비는지 발 디딜 틈이 없을 정도였다. 우리 가게에 손님이 늘자 앞집 문방구에서 시기를 했다. 이유 없이 트집을 잡고 별 거 아닌 일로 싸우려고 들었다. 어떤 일이든 안될 때 위로하긴 쉽지만 잘 될 때 격려하는 건 정말 어려운 모양이었다.

업종의 특성과 아이들의 특성을 파악하기 시작하면서 장사하는 데도 지혜가 생겼다. 우선 비싼 물건은 뒤편에다 진열을 했고, 작은 물건일수록 눈에 띄는 곳에 두었다. 누가 시키지도 않았는데 물건을 팔 때마다 아홉 살 난 슬기가 기특하게 우리를 도왔다. 엄마 아빠가 일하는 게 힘들어 보여서인지 짜증 한 번 안 부리고 자기가 할 일을 찾아서 하는 아이가 너무나 대견하고 고마웠다.

하지만 학교 앞 작은 문방구는 장사에 한계가 있었다. 그런 대로 되는 때도 수입이 그리 많지 않았고 방학이나 시험 등 시기를 많이 탔다. 수입이 일정하지 않으니 뭔가 계획을 세울 수도 없었다. 게다가 고객은 뻔한데 고만고만한 가게들끼리 경쟁을 해야 하니 수입이 오르지 않았다. 우리 두 사람 중 누구라도 뭔가 기술을 하나쯤 가져야겠다는 생각을 한 것이 이때쯤이었다.

나는 막연히 어떤 기술이 좋을까 생각만 하고 있었는데 아내가 결단력 있게 먼저 발을 내디뎠다.

"오는 길에 길가에 걸어 놓은 플래카드를 봤는데 학원비가 아주 싸요. 그렇잖아도 뭔가 기술을 한 가지 배울 생각이었으니까 내가 한 번 해 볼게요."

아내는 용감했다.

다음날부터 아내는 열심히 미용학원에 다니기 시작했다. 하지만 몇 번 가지 못하고 문제가 생겼다. 미용학원이 4층에 있었는데 엘리베이터가 없었다. 평지를 걷는 것도 불편한 사람이 매일 4층까지 오르내리자니 곧 다리에 무리가 왔다. 매일 밤마다 아내는 아픈 다리를 끌어안고 뒤척이느라 잠을 이루지 못할 지경이었다. 기술을 배우는 데 욕심은 났지만 더 이상 계속하다간 큰일날 것 같았다.

궁리 끝에 내가 아내 대신 미용학원을 다니기로 했다. 등록을 하고 열흘도 되지 않았는데 중도에 그만두자니 수업료도 아깝고, 내가 기술을 배우는 것도 좋을 것 같았다. 생각지도 않았던 아저씨 미용견습생이 된 것이다.

때는 한여름이었다. 학원에 에어컨이 있기는 했지만 용량이 작고 부실해 있으나마나였다. 그냥 가만히 앉아 있어도 땀이 비오듯 흘렀다. 알레르기 체질인 나는 땀 때문에 팬티 고무줄 부위나 양말 목 부위가 벌겋게 일어나 온몸으로 퍼지곤 했다. 한 번 그렇게 퍼지기 시작하면 얼마나 가려운지 견딜 수 없을 정도였다. 할 수 없이 약국에서 약을 지어 먹어가며 학원엘 다녔다.

미용공부는 처음 생각했던 것보다 재미있었다. 나름대로 감각도 있는 편이었다.

소녀형인 '이사도라 머리'를 잘라 놓고 보면 너무 예뻐서 나까지 행복한 느낌이 들었다. '스파니엘'은 아주 카리스마적인 개성이 강한 여배우의 모습이 살아났다. '그라데이션'은 섹션을 뜨기에 따라, 또는 머리카락을 잡는 각도에 따라 수많은 연출이 가능했다.

처음에 세팅(롤 말음)도 해놓으면 윤이 나고 "너무 예쁘다"며 같은 수강생 아줌마들이 감탄을 했고, 와인딩(퍼머)도 "어쩜 이렇게 가지런하니, 애. 우리보다 훨씬 낫다. 그치?" 하면서 아가씨들이 호들갑을 떨었다. 핑거 웨이브(젤을 발라 손으로만 웨이브를 내는 스타일)는 잘 되지 않아 애를 먹었는데 실기 시험 직전엔 너무 자연스럽게 나온다고 원장님께서 칭찬을 해 주셨다.

제일 어려웠던 건 신부화장이었다.

화장에는 자신이 있었지만 모델을 구하기가 정말 힘들었다. 아가씨들은 "난 안경 쓴 아저씨한테 얼굴을 맡기기가 무서워"라고 하고, 아줌마들은 "어머, 우리 신랑 알면 혼나요" 하면서 자기들끼리 깔깔거릴 뿐, 선뜻 모델이 되어 주지 않았다. 전문 모델들도 아니고,

아무리 공부지만 자신의 얼굴에 남자 손길이 닿는 것이 어색하고 쑥스러워서였을 것이다.

하루는 신부화장 시간마다 모델을 구하지 못해 쩔쩔 매는 내가 측은해 보였는지 어느 아가씨가 모델을 자청하고 나섰다. 나는 그야말로 기도하는 마음으로 화장을 시작했다. 언제 다시 올지 모르는 기회이니 내 기량을 최대한 발휘해야 했다. 베이스 처리(파운데이션)를 하고 보송보송하게 흰 분을 바른 후 눈썹, 아이새도, 아이라인 볼 터치를 했다. 마지막으로 입술 화장을 하는데 곡선이 위로 지나갈 무렵 아가씨가 갑자기 피식 웃는 것이었다. 립스틱을 바르는 손이 어긋나 입술 선이 쭉 찢어졌다.

"아가씨, 왜 그래요? 다 됐는데……."

"저도 모르겠어요. 아저씨가 제 입술을 그리니까 자꾸 웃음이 나오는 걸 어떡해요. 참으려고 무진 애썼는데……. 미안해요. 시인 아저씨!"

수강생들은 내가 틈틈이 시를 쓴다는 것을 알고 있었기 때문에 나를 그렇게 불렀다.

파운데이션으로 지우고 다시 그리는데 또 웃어서 덮고 그리느라 고생을 많이 했다. 그런데 내 신부화장을 보고 원장님은 아주 감탄을 했다.

"어머나! 옛날에 미술선생 하셨나요? 여태 이 학원을 거쳐간 그 누구보다 잘했어요. 최고의 점수를 드립니다. 백 점!"

신부화장은 일단 했다 하면 백 점이었다. 이제 실기 시험만 통과하면 자격증을 손에 쥘 수 있었다.

불효자는 울었다

아무도 예측할 수 없는 것 중 하나가 죽음이다. 어머니의 죽음 역시 그랬다.

열심히 미용학원에 다니고 있던 어느 날, 고향에 홀로 계신 어머님께서 쓰러지셨다는 연락이 왔다. 미용가위를 내던지고 고향으로 내려간 나는 어머니를 서울 병원으로 모시고 왔다.

"폐암 말기입니다. 암 세포가 이미 오른쪽 다리에 전이된 상태입니다. 마음의 준비를 하셔야겠습니다."

조직 검사를 한 의사의 말이었다.

자식들이 할 수 있는 일이라곤 고작 마지막 가는 길을 지키는 것뿐이었다.

　　형제가 넷이라지만 다들 먹고살기에 바빠서 어머니를 간호하기 힘들었다. 이런 상황에서 계속 학원을 다녀야 하는 건지 갈등이되었다. 형제들의 눈길이 왠지 내 쪽으로 쏠리는 것 같은 느낌을 떨치기 힘들었다.

　　하지만 미용사 면허시험 날짜는 코앞에 다가와 있고 그 동안 공부하느라 들어간 돈은 150여만 원이 넘었다. 우리에겐 그 돈이 전재산이었다. 어머니 병실을 지키는 것과 시험을 두고 갈등이 심했지만, 시험을 보기로 결정했다. 어머님의 마지막 가는 길을 지키는 것도 중요하지만 내가 바로 설 수 있는 길을 마련하는 것도 마지막 효도라고 생각했다. 내리사랑이라 했던가. 나 역시 별 수 없이 제 앞가림이 더 중한 자식이었다.

　　어머님께서 오남매 중 나 때문에 고생하고, 나 때문에 늙으시고, 나 때문에 입원하셨다는 생각이 들자 눈물이 흘렀다. 다들 평범하게 자라 평범하게 대학을 나왔지만 나만은 유독 유년기부터 병치레가 잦았고, 가족들 사이에 외돌아져 있었으며, 성년이 되어서까지 평범한 삶을 살질 못했다. 태어나서부터 한 아이의 아비가 된 지금까지 어머님의 속을 썩인 것을 어떻게 일일이 말로 다할 수 있을까.

　　머나먼 섬에서 자살한다고 유서를 써 보냈던 일이 생각났다. 그 일로 어머님께서 평생 못 드시던 술을 드시고 담배를 배웠다는 이야기를 어머님 친구분을 통해 나중에 전해들었다. 안의 밤숲에 봄놀이를 갔었는데 어머늠은 사람들과 어울리지도 못하고 술에 취해 몸을 추스리지 못한 채 내 이름만 계속 되뇌시고 땅을 치며 우셨다고 한다.

　그 어머님을 내가 한번이라도 모시고 싶었는데, 한스럽게도 어머님은 그 기회를 주지 않고 돌아가셨다. 공교롭게도 바로 미용시험을 치르는 날이었다.

　서울에서 기독교식으로 장례를 치르고(어머님은 처녀 때까지 교회에 다니셨다) 고향 선산으로 달려갈 때는 유교식으로, 이렇게 두 번의 장례절차를 밟았다.

　어머님을 실은 차가 마을 동구밖에 들어서니 온 동네 사람들이 다 나와 계셨다. 그 중에 작은집 할머니는 실신하다시피 울며 달려오셨다.

　"와 먼저 갔노! 이 늙은 것 차라리 데리고 가재, 아이고 아이고 지지리도 불쌍한 거. 모진 시집살이에 아홉 시누이 다 시집 보내놓고 이제 막 아들 딸 커서 나으려나 했더니……."

　할머니는 가슴을 치시며 우셨다. 그 때문에 상여가 지나가질 못하였다. 사람들이 할머니의 팔을 잡아당겨 겨우 길을 낸 후 다시 상여가 우물가에 다다랐을 때, 이번엔 내가 상여를 잡고 매달렸다.

　"못 가, 어머이! 여기가 어떤 곳이라고! 평생을 물동이 이던 곳인데 김치 담고 빨래하던 곳인데, 어머님은 한도 풀지 못하고 갈랑가!"

　나와 바로 밑의 동생은 같이 부둥켜 안고 엉엉 울었다. 동네 사람들도 같이 울었다.

간다간다 나는간다 왔던길로 돌아간다
어허어허야 어화능차 어허야
북망산천 가는길이 그렇게도 멀다던가
어허어허야 어화능차 어허야
명사십리 해당화야 꽃잎진다 서러마라
어허어허야 어화능차 어허야
명년봄이 돌아으면 너는다시 피건마는
어허어허야 어화능차 어허야
한번가는 우리인생 낙엽처럼 가이없네
어허어허야 어화능차 어허야
바람타고 내가 갈까 구름타고 내가갈까
어허어허야 어화능차 어허야
하늘이 어디더뇨 둔을여니 하늘이라
어허어허야 어화능차 어허야

– 장사익 노래 "하늘가는 길" 일부

상여가 선산에 도착하고 사람들은 흙을 한 삽 한 삽 파내었다. 내 마음은 갈래갈태 갈라지고 있었다. 빨리 내려가서 시험을 치러야 했다. 이런 상태로 제대로 미용시험을 치를 수 있을지 자신도 없었다. 그렇다고 이제 와서 포기할 수도 없었다. 시험 시간은 내 목을 죄듯 다가오고 있었다.

큰형부터 흙을 떠 관에다 뿌렸다. 다음은 작은형, 그리고 내 차례가 왔다.

나는 흙을 뿌리기가 무섭게 상복을 입은 채로 내달렸다. 더이상 지체할 시간이 없었다.

사람들이 내 뒤통수를 보며 웅성거렸다.

"무슨 일이고?"

"자가 와 저라노?"

그 동네는 버스가 다니는 시간이 정해져 있었기 때문에 시간을 놓치면 시험 장소인 수원까지 갈 수가 없었다. 어머님께서 내가 고생하는 것에 한이 맺히셨는데 시험에 합격해서 그 한을 조금이라도 풀어드려야 했다.

아슬아슬한 시간에 시험장에 도착하자 학원 선생들과 원생들 모두 조의를 표했다.

"이렇게 힘들게 오셨으니 시험 잘 치르세요. 저희가 시험물, 화장세트, 가위, 빗, 젤 등을 다 준비해 두었어요. 힘내세요. 저희가 함께 기도 드릴게요."

정말 마음 따뜻하고 좋은 분들이었다.

나는 마음을 가다듬고 가위를 들었다. 그러나 컷트를 하면서 가위가 슬쩍 살을 지나갔다. 손가락에 피가 흘렀다. 지난밤 잠을 제대로 자지 못했던 탓에 컨디션이 말이 아니었다. 심사관이 내 곁을 지나갔다. '피 나는 손가락이 보이지 않았으면!' 하는 간절한 마음이 기도로 변해 있었다.

그렇게 마음 조이며 몇 달이 흘렀을까? 합격 소식과 함께 면허증을 받았다. 나는 면허증을 찾자마자 어머님의 산소로 달려갔다.

"어머니, 불효자 동녘이 왔습니다. 어머님 무덤에 흙 한 삽 떠넣고 시험 치러 달려갔던 아들이 왔습니다. 여기 면허증이 있습니다.

제가 바칠 것은 이것 한 장밖에 없습니다. 어머님 보십시오…… 앞으
로 잘 살겠습니다. 이제 제 걱정 마시고 하늘에서 편안히 쉬십시오.
편히 쉬십시오. 어머ㄴ……."

"아내여, 어쩌란 말인가"

면허증은 땄지만 실제로 손님의 머리를 제대로 만지려면 실전 연습이 필요했다. 시험 위주로 공부를 해서 테크닉이 원만치 못했기 때문이다. 다행히 아는 분의 소개를 받아 종로 3가의 한 미용학원에 다니게 되었다.

어느 날 학원에서 돌아왔더니 교회 모임에 갔다 온다는 아내의 다리에 검은 피가 흘러내리고 있었다. 그런데도 아내는 자기 다리에서 피가 쏟아지고 있다는 걸 못 느끼고 있었다.

"저 피 봐라, 피!"

내가 소리를 치니 그제야 움찔하고 다리를 바라보았다.

나는 병원에 가자고 팔을 잡아끌었지만 아내는 꿈쩍도 하지 않았다.

"생명은 하나님 손에 달려 있어요. 어차피 덤으로 얻은 목숨 죽으면 죽었지 병원엔 안 가겠어요."

아내는 병원 생각만 해도 끔쩍한 듯했다. 하긴 병원에 간다고 해도 지금 형편으론 입원비조차 엄두를 낼 수 없는 형편이었다.

우리는 지푸라기라도 잡는 심정으로 학원 원장님의 소개로 병을 잘 고친다고 알려진 한 기도원엘 갔다. 병을 고쳐볼 욕심도 있었지만 도대체 어떻게 생긴 곳인지 보고 싶은 호기심도 있었다.

과연 그곳엔 우리보다 더 처절한 사연을 안은 사람들이 벼랑 끝에서 나무 뿌리를 잡는 마음으로 와 있는 것 같았다. 안수를 받는다고 사람들이 북적거리고 떠밀리고 하는 모양새가 막차를 타는 사람들처럼 정신이 없었다. 그 분위기 때문이었는지 그렇게 망설였던 아내도 안수를 받겠다고 나섰다.

그런데 문제가 생겼다.

안수 받은 자리에 상처가 난 것이다. 안수를 받는 것은 손을 얹고 기도만 하는 것인 줄 알았는데 이상하게 손을 얹은 자리에 상처가 나 있었다. 그날은 그래도 괜찮았다. 집에 돌아온 이튿날부터 아내는 아예 일어서질 못했다. 문 밖 출입을 할 때는 물론이고 집안에서도 다리를 질질 끌고 다녀야 했다. 그런데 기도원에선 원장님의 손에서 나온 불이 들어가서 그러니 걱정 말라고 했다.

아내는 기왕 안수를 받기 시작했으니 계속해서 받겠다고 고집을 피웠다. 이렇게까지 고통만 당하다가 또다시 예전의 상태로 주저앉기는 싫다는 것이었다.

"안 되겠어요. 이러다간 생사람 잡겠어요. 사십일 금식 기도를 해도 낫지 않는 병이 이런다고 되겠어요. 우릴 치료하는 하나님이 인격적인 영이라면 얼마든지 인격적인 방법으로 치료할 거예요. 왜 하필이면 이렇게 살을 뜯어 통증을 주고 피를 흘리며 치료를 하시겠어요."

상처는 계속 덧나기만 하고 아내가 고통 당하는 것을 보고만 있을 수 없어 내가 강력하게 만류하자 그제야 기도원 다니기를 중단했다.

하지만 그때는 이미 걸을 수가 없는 상태였다.

아내를 방에 뉘어놓고 내가 문방구를 열었다. 그런데 미용학원에 다니는 동안 전혀 관여하지 않았던 터라 마치 처음 해보는 일처럼 어설프기만 했다. 상품 가짓수가 너무나 많고 크기가 작은 것들이어서 가격을 외우는 게 보통 일이 아니었다. 물건을 팔 때마다 일일이 가격을 물어보자니 나도 갑갑하고 손님도 답답해했다.

내가 가게를 보기 시작한 지 얼마 되지 않아 손님들이 하나 둘씩 떨어져 나가기 시작했다.

그러는 사이에 내 손도 무디어져 갔다. 헤어 디자이너가 되어 기술로 사역을 하려던 꿈이 뜬구름이 되어 흘러가 버린 것 같았다. 6개월을 쉬고 있으니, 머리를 안 만지고는 근질근질해 못 살 것 같던 처음 느낌조차 사라져가고 손놀림도 날이 갈수록 둔해지고 있었다.

결국 우리는 그 문구점도 정리하고 말았다. 숙모님께 빌린 돈을 갚고 여기저기 외상값을 갚고 나니 방 한 칸 겨우 얻을 정도의 돈이 남았다. 아내의 입원은 생각도 할 수 없었다.

우리는 보건전문대학 아래 양지동 언덕배기에 있는 연립 지하에 월세방을 얻었다.

그런데 환경이 바뀌어서인지 그때부터 슬기가 정서적으로 불안한 모습을 보이기 시작했다. 잠도 깊이 들지 못하고 조그만 일에도 자주 눈물을 뚝뚝 떨어뜨렸다. 그 전까지 잘 어울려 놀던 제 또래 아이들과도 잘 어울리려 하질 않았다. 툭하면 우는가 하면, 어느 땐 왜 낮에도 불을 켜야 하는 이런 어두운 굴 속으로 이사를 왔느냐고, 소리를 지르며 대들기도 했다.

그럴 땐 정말 난처했다. 나로서는 아무 해 줄 말이 없었다. 어떻게, 뭐라고 설명한단 말인가. 열심히 살았지만 아빠 힘으로도 어쩔 수 없었다고, 그것이 설명이 될 수 있을까.

이사를 한 후에도 여전히 낫지 않은 아내의 치료는 병원 대신 민간요법으로 했다. 소나무 숯가루가 좋다는 얘기를 듣고 그것을 구해다가 들기름에 개어 상처에 붙이기도 하고 먹기도 하고, 또 주변에 침을 잘 놓는 분이 계셔서 정기적으로 침을 맞기도 했다.

그러기를 6개월.

지성이면 감천이라 했던가. 그렇게 지독했던 상처가 점점 아물어 들었다. 상처가 아물면서 가려운 것 역시 아픈 것 못지않게 고통스러워 보였으나 어떻든 그 기간을 지내고 나서 아내는 다시 걷게 되었다. 정말 길고도 지루한 투병기간이었다.

걷는다는 것이 얼마나 큰 축복인지 아내를 통해 절감했다.

비익조

언제나 밤이 갈까 이리 뒤척 저리 뒤척
섰다가 누웠다가 이 밤이 아프구나
이러다가 나는 나는 지치고 말겠구나
내 눈이 그대를 보지 못한다면
그대 눈이 나를 보지 않는다면은
나는 정녕 산 목숨이 아니로구나

＊비익조–두 마리가 있어야 날 수 있는, 날개가 하나밖에 없다는 전설 속의 새

"그만, 이혼합시다!"

아내가 두 발로 걸을 수 있게 된 것은 정말 다행스런 일이었
다. 그러나 그것은 오래 묵은 갈등이 다시 시작되는 것을 의미했다.
아내가 살림을 다시 맡게 되면서 우리 사이에는 다시 이상 기류가 흘
렀다.

빛깔이 너무 다른 아내와 나의 신앙관은 사사건건 분쟁을 일
으켰다. 모든 걸 초월하고 싶었지만 마음뿐이었다. 유일한 탈출구는
시였다. 나는 나 자신도 모르는 사이에 몸으로 쓰는 '시론(詩論)'을
익히게 되었다.

하루는 내 시에 대한 평가를 받고 싶어 묵상한 노트 몇 부분을

정리하여 크리스챤신문사에 보냈다. 이것이 계기가 되어 시인 황금 찬 선생님과 인연을 맺게 되었고 나는 본격적으로 다시 시를 쓰기 시작했다.

언어와 씨름을 하면서 나는 삶을 견뎠다. 시는 나를 둘러싼 모든 일들을 잊게 해 주었다. 나와는 너무 다른 아내, 그 아내가 평생 껴안고 살아야 하는 육신의 고통, 궁색함을 벗어나지 못하는 살림, 가위에 대한 감각을 잃어버린 내 손, 더불어 점점 희미해져 가는 목회에 대한 꿈…….

아내는 아플수록 기도에 매달리는데 난 불면의 밤을 술로 달랬다. 비록 옷을 벗긴 했지만 목사인 사람이. 그렇다. 나는 진작에 목사가 아니었다. 그저 연약하고 이기적이어서 한없이 자유롭고 싶은 한 인간일 뿐이었다.

아내와 나는 더 이상 가까워질 수 없는 평행선이었다.

5년이 지나면, 10년이 지나면 달라질까 기도하는 마음으로 살았다. 가정 생활의 행복을 위한 책은 안 사 본 것이 없고, 좋다는 부부 세미나를 안 가본 데가 없지만, 아내와 나의 다른 기질은 물과 기름처럼 결코 합하여지질 않았다.

나는 아내의 병든 몸을, 나와는 너무나 다른 기질을, 도무지 맞지 않는 신앙관을 더 이상 감당하기 힘들었다.

급기야 어느 날 화산처럼 붉게 끓어오르던 내 감정이 폭발했다.

"우리, 이혼합시다."

그러나 아내는 놀라지 않았다.

"내가 여자로 태어나 결혼 생활도 해봤고 아이도 낳아봤으니 설사 하나님이 목숨을 거두어 가신대도 여한이 없어요. 이혼하자면 해 드릴게요. 여태도 주님이 인도해 오셨는데 앞으로도 인도해 주시 겠지요. 내 인생의 주인인 그분께서 날 버려두시겠어요.”

말은 그렇게 하면서도 주르르 눈물이 흘렀다.

나는 구들장이 꺼지게 한숨을 내쉬었다.

“그럼 당장 법원으로 갑시다.”

더 이상 갈등하기가 싫어 내가 먼저 일어섰다. 아내가 말없이 따라나섰다. 심상찮은 공기를 느낀 슬기는 엄마 눈치만 말똥말똥 살 피다가 그냥 따라왔다.

법원에 도착할 때까지 우리 세 사람은 침묵을 지켰다. 모든 것 을 체념했기 때문인지 아내 얼굴에는 아무 표정도 없었다.

“저……. 이혼하러 왔습니다. 절차를 밟게 해 주세요.”

법원에 도착하자마자 이혼 수속을 밟는 창구를 찾아가 어렵게 말을 꺼냈다.

“호적등본 떼어 오셨나요?”

“호적등본이 있어야 합니까?”

내가 되물었더니 법원담당 직원이 쓴웃음을 지으며 말했다.

“이혼이 무슨 장난인 줄 아세요? 호적등본 떼어 오시고 신중 하게 결정하세요.”

지금은 모든 시스템이 전산화되어 있어 호적등본 떼는 데 몇 시간 걸리지 않지만, 그때는 우편으로 받아야 하거나 직접 고향에 내 려가서 떼 와야 했다. 게다가 보증인까지 세워야 한다고 했다.

호적등본에 보증인까지, 일단 그 날 이혼하는 것은 불가능했다. 우리는 집으로 발길을 돌렸다.

그런데 법원 문을 나서는 아내의 뒷모습을 바라보다 울컥 눈물이 솟았다. 갑자기 세상 짐 지고 가는 예수의 영상이 스쳐 지나갔다. 바스라진 머리카락, 절뚝이는 다리, '후~' 불면 넘어질 것만 같은 그 무너진 어깨!

사람의 뒷모습은 거짓말을 하지 못한다고 했다. "건강한 자에게는 의사가 필요없고, 나는 병든 사람을 위해 이 땅에 왔다"라고 하신 예수의 말씀이 머리에 천둥치듯 들려왔다.

모양은 다르지만 사람은 누구나 저마다 자기가 져야 할 십자가가 있을 것이다. 그래서 세심한 사람이 거친 성격의 사람을 만나고, 건강한 자는 병든 자를, 다감한 자는 무딘 자를 만나는 것 아닐까.

예수는 힘 빠진 채 걸어가는 그녀의 어깨 위에서, 항생제를 먹고 바스러져 가는 그녀의 머리카락 사이에서 피로에 지친 모습으로 나타나 또다시 나를 붙잡으셨다.

그날 밤 아내도 나도 슬기도 한 마디 말이 없었다.

무거운 침묵만이 그 날 밤을 적시고 갔다.

휘어진 십자가

그대를 붙잡지 않으면 내가 울 수 있는 하늘은 없다
교통사고 보상금을 빼앗긴 그 고드름 맺힌 거리를 걸어
칼바람에 가슴을 찔러봐도 날 보듬어 줄 이는 없다
피를 닦고 누우면 잠이 들지만 나의 잠이 아니다
꿈마다 그대를 붙잡고 뒹굴다 잠이 깨면
눈물에 살이 터진 빵을 들고 그대가 웃고 있다
허지만 가엾은 그대는 내 연약한 손길에 더 휘어지고
나는 고드름으로 푸른 망치를 만들어 그대를
또 일으켜 세우는가
휘어진 십자가여
나는 그대를 붙잡지 않고는 하루를 살 수가 없다

다시 제복을 입다

다시 생계를 꾸리기 위한 일을 찾아야 했다.

어렵게 미용사 자격증을 땄고 학원을 다니면서 연습도 충분히 했지만 일할 자리가 없었다. 나이가 많다는 이유로 어느 곳에서도 나를 받아주려 하지 않았다. 미용실에서 일을 하자면 청소하고 머리 감기는 허드렛일부터 시작해야 하는데 나이 많은 사람을 부리기 어려운데다, 주로 여성들을 상대해야 하기 때문에 기왕이면 남자라도 젊은 사람들을 선호했다.

하는 수 없이 재향군인협회에 일자리를 알아보았더니 은행 청원경찰직이 나와 있다고 했다. 내가 과연 청원경찰을 할 수 있을까 잠시 망설여졌지만 이것저것 따질 상황이 아니었으므로 그 일을 하기로 했다.

처음 일을 하게 된 곳은 역삼동 동남은행이었다.

은행에서 받은 첫인상은 인간관계가 너무 사무적이고 차갑다는 것이었다. 나는 그 공간에 생기를 불어넣고 싶었다. 나는 내 식대로 청원경찰 일을 하기 시작했다.

일단 고객들이 데려오는 아이의 친구가 돼 주었다. 고객들이 편하게 업무를 보게 해 주기 위해서였다. 여자아이를 데려오면 신데렐라를 그려 주고 작은 소리로 그 이야기를 들려 주었고, 남자아이가 오면 케네디, 이순신 등의 그림을 그려가며 구연동화를 했다. 아이들도 고객들도 아주 좋아했고 어떤 때는 창구의 직원들이 멍하니 입을 벌리고 듣기도 했다.

"수고하시는데 아이스크림 사왔어요" 하며 아이스크림을 건네는 이도 있고, 과일주스 같은 걸 가져와 "우리 아이가 아저씨를 얼마나 좋아하는지 몰라요"라고 말하는 사람도 있었다.

조금씩 조금씩 은행 안엔 따뜻한 기운이 감돌았다.

은행에 있는 난초와 벤자민, 관음죽 등에 물을 주고 잎들을 걸레로 닦고 청소하는 일을 도맡아 했다. 원래 꽃과 나무들을 좋아하기 때문에 그 일을 하는 것이 너무나 즐거웠다.

어느 날 지점장께서 말씀하셨다.

"오늘밤 회식입니다. 청원경찰 아저씨는 꼭 참석해 주셔야 합니다."

전에 없던 일이었다. 아마 지점장님께서 나에 대한 말을 들으신 것 같았다. 회식을 마치고 노래방까지 갔다. 내 차례가 왔다.

밑바닥 인생의 한을 토하듯이 '칠갑산'을 불렀다. 옆에 둘러선 직원들이 다들 입을 벌렸다.

"카수다! 카수!"

"기죽어 노래 못 부르겠다."

그날 이후 직원들과 나는 가족처럼 지내게 되었다.

그렇다고 청원경찰 임무를 다 잘했던 것은 아니었다. 알콜중독증 환자인 듯한 사람, 혹은 직원들에게 괜한 트집을 잡고 고래고래 고함을 지르는 사람이 나타나면 중간에서 막는 역할을 해내야 했다. 불쌍한 사람들이었지만 호통을 쳐야 할 땐 쳐야 하고, 내보내야 할 때는 내보내야 하는데 성격상 그 일을 잘 해내지는 못했다.

또 CCTV 관리 전반을 내가 맡아 했었는데 기계 작동에 서툴러 자주 직원들을 불러내 일일이 물어야 했다. 그러자니 직원들도 번거로웠다. 그런 면에서는 유능한 사람이 아니었다.

그 다음 근무지는 국민투자신탁 가락지점이었다. 그리고 거기서 특별한 분을 만났다. 그 당시 부지점장이 내 구세군 사관학교 후배의 친구였던 것이다. 우연히 참석하게 된 신우회에서 그 사실을 알게 되었는데, 그 후로 부지점장이 내게 신우회를 이끌어 달라고 하였다. 청원경찰이 회사 직원들을 모아놓고 설교를 해야 하는 상황이 된 것이다.

신우회 설교를 맡게 되면서 부지점장과 나는 점점 가까워졌다. 업무 중에는 엄연히 지위 고하의 구별이 있었지만 밖에 나오면 그냥 편안한 교우로 대했다. 업무가 끝난 후 등나무 벤치나 석촌 호숫가에서 우리 두 사람은 인생에 대한 수많은 이야기를 나누었고, 서로의 집에까지 허물없이 드나드는 사이가 되었다.

"뭐 어려운 일은 없습니까? 있으면 언제든지 제게 말씀해 주십시오."

그는 자신이 할 수 있는 한 나를 돕기를 원했다.

하지만 그가 나를 대하는 깍듯한 태도 때문에 오히려 일하는 데 문제가 생겼다. 다른 직원들이 나를 몹시 어려워하게 된 것이었다. 내가 당연히 해야 할 일을 하는데도 무조건 도와주려 했다. 심지어 셔터 문도 자기들이 열었고 청소마저도 자기들이 맡아 하는 지경이 되었다. 사태가 이렇게 돌아가고 보니 내 처신까지 점점 어려워졌다.

나는 고민에 빠졌다.

'이래선 안 된다. 조직에는 엄연히 지휘 체계가 있는 법이고 사람마다 자기 역할이 있는데 그것이 이렇게 뒤죽박죽 되어서야 조직이 제대로 돌아갈 수 없다.'

나 하나로 인해 여러 사람을 불편하게 할 수는 없었다. 뭔가 결정을 내려야 했다.

결국 그곳을 그만두었다. 부지점장님이나 신우회를 생각하면 마음이 아프기도 했지만 그게 옳은 처신이라고 생각했다.

그리고 미 대사관으로 자리를 옮겼다.

미 대사관 근무는 정서적인 안정을 주는 곳이었다. 특히 덕수궁 뒤편이나 용산에서 근무할 때는 수많은 꽃과 나무와 새들을 접할 수 있어 좋았다. 평소에 꽃이나 나무, 새 이름을 많이 안다고 자부하고 있었는데 그곳에는 내가 모르는 꽃이나 나무 새들도 많았다.

미 대사관 근무 시절은 사계절의 감각을 오감으로 느끼며 지낸 날들이었다. 봄엔 냉이를 캐 국을 끓여 먹기도 했고, 겨울엔 눈 덮인 저택을 돌면서 마치 낭만적인 산책을 하는 것처럼 생각했다. 여름에는 안국동에 있는 저택 뜨락에서 네잎클로버를 찾았다. 추억의 네잎클로버.

하지만 한편으로 내 인생이 마냥 청원경찰로 흘러가야 하는 것인가, 하는 고민이 들기 시작했다. 근무 환경은 좋았지만 근무 여건이 좋은 건 아니었다. 하루는 일하고 하루는 쉬는 근무 시간이 몸의 리듬을 깨기도 했다. 하루는 종일 잠을 잘 수도 있었지만 낮에는 단잠을 잘 수가 없었고, 생체 리듬이 깨진 몸으로 근무하다 보니 변비가 생겨 고생해야 했다. 신경은 점점 예민해져 나와 가족들을 괴롭혔다.

그러는 사이에도 "손으로 수고해서 번 돈이 가장 아름답다"라는 화두는 여전히 내 머릿속에서 떠나지 않고 있었다.

자기 안에 있는 화약고

크리스천이든 아니든 목사가 정신과 상담을 받는다면 어떻게 생각할까. 현장 목회를 하지 않더라도 어쨌든 목사라고 불리는 사람이 정신과 상담을 받았다는 것은 그리 덕이 될 만한 일이 아닐 것이다. 우리 사회에서 목사란 사람들의 영혼과 정신을 어루만지는 사람이 아니던가.

그런데 나는 정신과 상담을 받았다. 이런 경력을 밝히는 것이 혹 다른 목회자들의 위상에 누가 될지 모르지만, 나는 목회자 역시 자신의 힘으로 풀 수 없는 정신적인 고통에 시달리는 사람이라는 것을 보여주고 싶다. 어쩌면 다른 많은 이들의 짐을 내 짐인 것처럼 함

께 져 주어야 하고, 신의 말씀을 전하는 대리자란 이유로 자신의 인
간적인 약점을 드러낼 수 없기 때문에 목회자들은 더더욱 고통스러
운 삶을 살고 있는지도 모른다. 목회자도 어쩔 수 없는 인간이기 때
문이다.

내가 정신과 의사를 찾도록 만든 결정적인 사건이 있었다.

밤새도록 짖어대는 개 때문에 잠을 제대로 자지 못하던 때였
다. 격일제 근무를 하니 쉬는 날 몇 시간이라도 단잠을 자야 근무를
할 수 있었다. 낮에는 아무리 잠을 청해도 깊은 잠을 잘 수 없어 밤에
라도 달게 자야 하는데 이틀에 한 번인 밤잠마저 방해하는 것이 있었
다. 주인집 개였다. 그 개는 어찌된 셈인지 낮에는 배를 깔고 누워 잠
만 자다가 사방이 어둠에 잠기면 짖기 시작했다. 정확하게 밤 9시부
터 새벽 6시까지였다.

밤새도록 부실한 알루미늄 샤시 창을 통해 들려오는 개 짖는 소
리를 듣는 것은 지옥이 따로 없구나 싶을 만큼 고통스러웠다. 가뜩이
나 잠이 부족했던 나는 불면의 고통으로 인해 신경쇠약에 걸릴 지경이
었다. 극도로 예민해진 신경줄은 누군가 조금만 건드려도 '팽' 하고
날카로운 소리를 내며 온몸의 솜털까지 꼿꼿하게 일으켜 세웠다.

그날도 나는 무슨 일인가 때문에 화가 끓어올랐고 급기야 아
내를 향해 뭔가를 집어던지고 말았다. 미처 피하지 못하고 맞은 아내
의 얼굴에서 피가 흘러내렸다. 연필꽂이에 눈두덩이를 맞은 것이었
다. 그 전에도 화가 나면 주변에 있는 뭔가를 던지곤 했는데 주로 베
개나 쿠션처럼 부피감만 있을 뿐 얼굴에 상처가 날 정도의 물건은 아
니었다. 그런데 이번엔 기어코 피를 보고만 것이었다.

피를 흘리는 아내를 보니 당황스러웠다. 거기다 더욱 나를 놀라게 한 건 슬기였다.

피를 보자 공포에 질려 "아빠, 엄마 죽이지 마세요!" 하고 울부짖던 슬기가 급기야 졸도를 하고 말았던 것이다. 엄마 얼굴에서 흐르는 피가 어린아이에게 감당할 수 없을 정도의 충격을 준 모양이었다.

나는 너무나 놀란 나머지 슬기를 흔들어 깨우며 말했다.

"슬기야, 슬기야, 눈 좀 떠봐. 아빠가 잘못했다. 나도 내가 왜 이러는지 알 수가 없구나. 미안하다 슬기야. 제발 눈 좀 떠봐."

그 날 일은 나에게 큰 충격을 주었다. 더 이상 이렇게 살 수는 없다는 생각이 강하게 들었다. 가족으로서의 삶을 지속하려면 변화가 절실히 필요했다.

『목회와 신학』이라는 잡지가 눈에 들어온 것이 바로 그때였다. 특집으로 목회자들의 정신적인 문제를 다루고 있었던 것이다. 목회자들 중에도 정신과 치료를 받아야 할 사람들이 많다는 글을 읽으며 어쩌면 나도 정신과 치료가 필요할지 모르겠다는 생각을 했다.

일단 글을 쓰신 정신과 선생님께 전화를 걸었다.

"저는 구세군에서 목회자 생활을 했던 사람입니다……. 원래 좀 예민한 편이기는 합니다만 요즘 좀 이상해지는 것 같습니다. 나도 이해할 수 없을 만큼 불같이 일어나는 감정을 통제할 수가 없습니다. 아내에게 가리지 않고 물건을 집어던지고……."

내 말을 잠자코 듣던 원장 선생님은 유년기 시절의 추억을 생각나는 대로 이야기해 보라고 했다. 유년기 시절이라는 말을 듣고 가장 먼저 떠오른 건 막내 동생이었다.

나도 아주 어렸을 때라 기억이 선명하지 않지만 동생은 태어나면서부터 병약한 아이였다. 소화를 제대로 못시키는지 음식을 먹이면 그대로 변으로 흘러나오곤 했다. 가난했던 부모는 아이가 의식을 잃을 정도가 되어서야 의사에게 데려갔다. 그때 의사는 절망스러운 어조로 말했다.

"치료를 하면 살 수는 있겠지만 그렇다 하더라도 한 쪽 다리를 쓰지 못할 것 같습니다."

한 쪽 다리를 못 쓴다는 말에 아버지가 펄펄 뛰셨다. "다리 못 쓰는 아들을 보느니 차라리 내가 죽겠다"며 몸부림을 치시더니 결국 자살 소동까지 벌이셨다. 당신이 살아온 장애인으로서의 삶을 아들에게는 절대로 대물림할 수 없다는, 그야말로 광기에 가까운 저항이었다.

결국 손을 썼더라면 다리는 못 쓰더라도 목숨은 살릴 수 있었던 동생이 삶과 죽음의 경계에 방치된 채 죽어갔다. 대책 없는 가족들은 미약하게 뛰던 숨이 서서히 꺼져 가는 것을 속절없이 지켜볼 수밖에 없었다.

어느 추운 겨울날 어머님의 젖꼭지를 문 채 동생은 숨을 거두었고, 그 작고 찬 몸은 가마니에 둘둘 말린 채 작은형의 지게에 실려나갔다. 나는 한줌 볏짚처럼 꺼져버린 동생의 뒷모습을 보며 하염없이 울었다. 어린 두 동생은 겁먹은 얼굴로 눈만 깜빡거리고 있었다.

나는 그날 이후 아버지에 대한 증오심을 쌓아갔다.

동생을 보내고 난 후 어머님은 거의 실성하다시피 한 세월을 울부짖으며 보냈다. 비오면 비온다고, 바람 불면 춥다고 동생이 잠들어 있는 산을 쳐다보며 말했다. 그 모습이 흡사 넋 나간 사람 같았다.

"천당이 있으면 천당 가거라. 넌 거기서 잘 있거라. 이렇게 못난 부모 원망하지 말고⋯⋯."

여기까지 차분하게 내 말을 듣던 원장님께서 이 대목에 오자 갑자기 통곡을 하셨다. 그리고 아예 병원에 와서 상담을 받으라고 하셨다.

나는 내친김에 아내와 함께 병원을 찾았다. 접수를 하고 차례를 기다리는데 이름만 대면 알 수 있는 개그우먼이 원장실에서 나왔다. 개그우먼의 정신과 상담이라니, 목사의 정신과 상담만큼이나 어울리지 않는 풍경이었다. 하지만 그것이 보이는 것의 이면에 숨겨진 진실인지도 몰랐다.

"어떻게 해서 목사님이 되셨나요?"

이미 전화 통화를 했기 때문인지 원장님의 어투는 친숙했다.

나는 첫사랑의 시련에서부터 이야기를 시작했다. 그것이 내가 목사가 되게 한 첫 실마리라고 생각하고 있었기 때문이다.

"네, 제가 사랑하던 여인에게 버림받고 방황하면서 밤마다 신길동 거리를 배회하고 있었는데 어느 날 교회 사람들이⋯⋯ 그래서 크리스천이 되었고 아내를 만났습니다. 신혼 초부터 오감을 잃은 듯한 아내와 심한 갈등을 느꼈습니다. 한때는 아내에 대한 연민도 있었지만 그건 잠깐이고 '지금 내가 사는 것이 사는 것일까' 하는 회의와 침체에 빠져들었습니다. 결국 목회자의 옷을 벗고 여기까지 왔지만 아내와의 근본적인 문제는 해결되지 않았습니다. 요즘 들어서는 개 짖는 소리가 그렇게 요란한데도 코를 골며 자는 아내가 한편으로는 부럽고 한편으로는 원망스러웠습니다. 주변에서 어떤 일이 벌어지든 남편이 잠을 자든 말든 아랑곳없이 잘 자는 아내가 너무나 무딘 사람, 나와는 전혀 상관없는 사람처럼 느껴져 참을 수가 없습니다. 그래서 아내에게 뭔가 경각심을 주려고 처음에는 옷을 찢고 책을 찢었는데 아무런 반응이 없습니다. 아내가 무덤덤할수록 저는 점점 열이 오르고 미칠 것만 같았습니다. 결국 어제는 연필꽂이를 집어던져 얼굴이 찢어지기까지 했습니다."

그러자 원장님이 이번에는 아내에게 물었다.

"살아오신 과정을 유년기 때부터 말씀해 주십시오."

"저는 어려서부터 착하다는 말만 듣고 살았습니다. 부모 형제에게 사랑을 많이 받으며 자랐고 학교에서도 늘 칭찬받는 모범생이었습니다. 제가 가장 많이 들은 말이 '착하다'였기 때문에 저는 그런 평가에 어긋나지 않으려고 노력했습니다. 다소 내가 손해를 본다 해도 착하다는 평가에 걸맞게 살아서 계속 칭찬받는 사람이고 싶었습니다. 아주 작은 일에라도 사람들을 실망시키고 싶지 않았습니다……. 저는 하나님께 제 모든 삶을 의존합니다. 남편과 사는 것이 너무 힘들지만 그것 역시 하나님께서 제게 허락하신 십자가라고 생각합니다. 쉽지 않은 삶이었지만 여기까지 온 것도 온전히 하나님의 은혜라고 생각합니다."

나와 아내는 성장 과정부터 사춘기 시절, 결혼 그리고 그 이후의 부부생활까지 할 수 있는 이야기를 다 했다. 우리 이야기를 끈기 있게 듣고 난 원장님이 말씀하셨다.

"문제는 목사님께 있습니다. 유아기 때 받아야 할 사랑을 제대로 받지 못하고 자란데다 어린 동생의 죽음과 무력한 아버지로부터 받은 상처와 증오심이 성인이 되어서도 목사님 자신과 주변 사람들을 무의식적으로 괴롭히고 있는 것 같아요. 무의식 속에 깊이 자리잡고 있는 어두운 그림자를 끊어내기 위해서는 결사적인 기도가 필요합니다. 일단 제가 지어드리는 약을 드시되 너무 약에만 의존하지 마시고 기도를 하세요."

원장님이 신앙을 가진 분이어서 그런지 치유의 방법도 약에 의존하기보다 신앙적인 힘을 더욱 강조하셨다. 정신과도 서양의학이기 때문에 합리적이고 과학적인 처방법을 공부하셨겠지만 그분은 현대 정신의학으로는 풀 수 없는 영적인 부분이 있다는 걸 인정하는 분 같았다. 우리는 함께 기도했다. 그분의 기도가 얼마나 간절하고 절실했는지 기도가 끝났을 때 우리 두 사람의 얼굴은 눈물로 범벅이 되어 있었다.

정신과 의사와의 상담은 결국 자기 안에 있는 화약고의 불씨의 찾아내 터뜨리는 것이란 생각이 들었다. 이미 알고 있다고 생각한 것은 남 앞에서 인정하고, 자신이 미처 모르고 있던 것은 스스로 발견해 내는 작업이 상담의 기능인 것 같다.

그 날 이후 나는 아버지에 대해서 생각했다. 정말 내 마음속에는 아버지에 대한 보이지 않는 증오심이 있었던 것 같다. 동생의 죽음을 본 후로 '자신의 콤플렉스와 아들의 목숨을 맞바꾼 비정한 아버지' 라는 의식이 마음 깊은 웅크리고 있었다.

성인이 된 후에는 장애인으로 살았던 당신의 삶이 얼마나 한스러웠으면 그리 했을까 하며 아버지를 이해하려 노력했지만 한 번 가슴 깊이 그어진 상처는 통증이 사라진 후에도 선연한 자국으로 남아 있었던 모양이다. 그 상처의 뿌리가 내 무의식 깊은 곳에 어두운 그림자로 남아 내가 이해할 수 없는 것, 내 마음대로 되지 않는 것들에 대한 분노로 표현되었는지도 모르겠다.

과연 그 쓴 뿌리가 완전히 뽑힐 수 있을까.

아직도 확신할 수 없다. 하지만 나는 내 문제를 인정하고 있으며 치유받기를 원한다. 이렇게 우리 부부의 생활을 대중들에게 드러내는 것 역시 그 치유의 한 방법인지도 모른다. 그것만으로도 나에게는 희망이 있다고 믿는다.

31번의 이사가 끝나다

정신과에 다녀온 이후에도 개짖는 소리는 계속되었다. 견디다 못해 주인에게 개집을 치워달라고 하소연도 해 보고 애원도 해 보았지만 들어주지 않았다. 동네에서도 아주 내놓은 개에, 내놓은 집이었다. 결국 두 손을 든 것은 우리였다.

우리는 이사를 가기로 하고 가진 돈에 맞는 집을 찾아 다녔다. 며칠을 돌아다니다 겨우 찾은 곳이 오래된 집들을 다 허물고 근사한 빌라가 들어선 은행동이었다. 물론 우리가 짐을 푼 곳은 옛날 달동네의 유물로 달랑 한 채 남은 허름한 집이었다.

짐이 들어오는 날인데도 주인은 오지 않고 연탄 보일러는 고

장이 난 상태였다. 아무리 전화를 해도 오지 않는 주인을 더 이상 기다릴 수 없어 이삿짐을 날랐다.

계약을 한 건 우선 집세가 싸서였기도 했지만 따로 쓸 수 있는 빈 공간 때문이었다. 연탄광 자리가 비어 있어서 이발 의자를 하나 놓아도 괜찮겠다는 생각이 들었던 것이다. 제대로 영업을 할 수는 없겠지만 누군가의 머리를 만져줄 수 있는 공간으로는 충분했다. 그 동안 묵혀 두었던 손을 쓸 수 있다는 사실만으로도 나는 만족스러웠다.

이사를 하고 나서 벼룩시장에 광고를 냈다. '무료커트'를 해준다는 광고였다.

먹고 사는 데도 한 푼이 아쉬운 이웃들이 꽤나 많이 찾아왔다. 나에겐 사람이 찾아온다는 것 자체가 복음이었다. 나는 그들에게 복음을 전하는 심정으로 정성스럽게 그리고 신나게 그들의 머리칼을 다듬었다. 그들은 내가 섬겨야 할 예수이자 성도들이었다.

그런데 그 집은 오직 빈 연탄광 하나만 쓸모가 있었을 뿐 집으로서의 기능은 거의 없는 공간이었다. 처음 집을 둘러볼 때는 몰랐는데 창이 없어 방안은 낮에도 캄캄하였고 원래 없던 부엌을 설치해 놨다고 하더니 물이 빠지지 않았다. 하수구가 없는 집이었던 것이다. 계속해서 물이 차 올라 주기적으로 퍼내지 않으면 안되었다. 주인에게 몇 번이나 전화를 했지만 그때마다 차가운 목소리로 "알았다"고 말만 할 뿐, 한 달이 지나도 얼굴 한 번 내비치지 않았다.

머리 깎으러 오신 분 중에 용케 전문가를 만나 바닥을 파보았더니 배수구 자체가 아예 없었다. 단지 집을 빼기 위해 배수구가 있다고 꾸민 것이었다. 곧 드러날 거짓말을 그렇게 천연덕스럽게 하다니. 셀 수 없이 이사를 다녔지만 이 집 주인처럼 악독한 사람은 처음이었다.

"정말 돼지도 이런 곳에선 추워서 살 수 없겠다."

아내의 말처럼 그 집의 벽은 허술하기 짝이 없었다. 합판을 간신히 대서 벽 구실을 하고 있는데 바람이 숭숭 새어들었고 어떤 곳은 스티로폼으로 가려만 놓았다. 그나마 덕을 본 게 있다면 구멍을 뚫기가 어렵지 않아 벽에 구멍을 뚫고 배수관을 사다 끼워 겨우 물을 흘려보낼 수 있게 된 것이었다.

그뿐이 아니었다.

밤이면 쥐들이 천장에서 댄스파티를 벌이고 어떤 용감한 놈들은 방바닥으로 드나들며 기승을 부렸다. 바람이 불면 비를 막기 위해 지붕을 감은 루핑 위에 얹어둔 벽돌들이 지축을 흔들며 떨어지기도 하고, 쥐오줌이 마를 날이 없었다.

어느 날이었다. 부엌에 하도 쥐가 들락거려 끈끈이를 곳곳마다 설치해 놓았다. 저녁에 퇴근해 부엌 문을 열고 보니까 어렴풋이 무언가 꿈틀거리고 있었다. 강아지 같기도 하고 무언가 살아있는 생명체임은 틀림없었다. 그런데 불을 켜자마자 얼마나 놀랐는지!

족제비였다!

커다란 족제비 한 마리가 끈끈이에 들러붙어 바닥을 헤매고 있었던 것이다. 불쌍한 족제비. 끈끈이에 들러붙은 털을 떼어내려 애를 써봤으나 허사였다. 결국 그 족제비는 죽고 말았다.

그러나 그 모든 것을 다 합한 것보다 더 심한 고통을 주는 것은 비였다.

어느 날, 장대같이 비가 퍼붓고 천둥이 쳤다. 지붕에 매어 둔 돌멩이들이 우당탕탕 떨어져 내렸다.

"하나님! 살려주세요. 이 집 무너지지 않게 해 주시면 하나님께 약속한 대로 더 착하게 살게요."

우리는 폭풍우처럼 밀려오는 공포감을 떨치기 위해 기도했다. 그런데 갑자기 창문이 덜컹거리더니 바람이 방안으로 물줄기를 몰고 왔다. 방안에 금방 도랑처럼 물이 흘렀다.

세 사람의 눈에도 눈물이 흘렀다.

밖에는 주민들이 내다버린 쓰레기 더미가 산더미처럼 쌓여 있었는데 이젠 그게 문제가 되질 않았다. 다만, 이 비바람에 집이 무너지지만 않았으면 하는 바람뿐. 주인이 벽 대신 가려 놓은 부엌의 스티로폼이 날아갔다. 쏴아쏴아 빗물은 스며드는데 눈이 새까만 아이가 울면서 물을 퍼내고 있었다.

"하나님! 아파트로 이사가게 해 주세요."

울먹이는 슬기의 기도 소리는 비바람 소리에 파묻혀 갔다. 정말 처참한 밤이었다. 다시 기억하고 싶지 않은 악몽 같은 밤. 그러나 그것은 집 때문에 하는 고생이 막바지에 이르렀음을 알리는 것이었다.

그로부터 얼마가 지나 '성남에 마지막 남은 공공임대주택 신청'이 있다는 말을 들었다. 자세히 알아보니 성남에 5년 이상 거주하고 있는 사람이 재산세 증명서 등등의 조건을 갖추면 접수를 할 수 있었다.

서둘러 서류를 넣고 받은 것이 예비 당첨 11번이었다.

아직 가능성이 있으니 기다려 보라는 담당자의 말을 듣고 마음을 졸여가며 기다렸다. 나는 전원주택에 살아보았으면 하는 희망을 가져본 적은 있었지만 아파트는 꿈도 꾸어본 적이 없었다. 그런데 발표를 기다리는 동안 나는 원래부터 아파트를 간절하게 바란 사람처럼 변했다. 게다가 나는 최고로 전망 좋은 집을 달라는 기도까지 덧붙였다.

"드디어 입주하시게 되었습니다. 하얀마을 육백칠동 천삼백일호입니다."

그 소식을 듣는 순간 우리 세 식구 얼굴에 눈물이 도랑을 이루었다. 하나님은 그 동안 집 때문에 받은 설움을 한꺼번에 씻어 주시려는 듯 전망 좋은 집을 달라는 기도까지 이루어 주셨다. 그 많은 아파트 중에서도 불곡산이 훤히 내다보이고 사시사철 계절을 느낄 수 있는 최고의 자리를 주신 것이다.

은행동, 그 비 새고 바람 새는 서러운 집에서 3년을 나면서, 아이를 가운데 눕혀 놓고 시린 귀를 서로 부비며 잠을 청해야 했던 그 겨울이 이제 지나간 것이다.

밤에 출근하는 아내

아내가 일을 얻었다. 동대문의 옷가게였다. 하루에도 두 번씩 제 살을 파 치료해야 하는 그 몸으로 성남에서 동대문까지 일을 다니는 것이다. 모든 것이 경제적으로 무능한 남편 때문이었다. 당시 청원경찰 월급으로는 세 사람 입에 풀칠하기도 벅찼다.

손아래 처남이 옷가게를 시작하는데 밤부터 새벽까지 가게 보는 일을 도와주면 80만 원의 봉급을 주겠다고 한 것이다. 그것은 당시 내 봉급의 거의 두 배에 가까웠다. 아내는 쾌히 승낙했고, 나는 할 말이 없었다.

그 날부터 아내는 밤에 출근하고 아침에 퇴근하는 여자가 되었다. 언뜻 들으면 무슨 유흥업소에 나가는 사람처럼 들리겠지만, 단 유흥업소가 아니라도 밤낮을 거꾸로 사는 사람들이 꽤나 많다는 것을 아내를 통해 알았다. 다른 사람들이 잠든 시각, 거센 밤 공기를 가르고 밤 열 시부터 새벽 다섯 시까지 어둠 속에서 꿈을 일구는 사람들, 정말 열심히 사는 사람들이었다.

첫 출근을 하던 날 아내는 짠지 한 접시, 멸치볶음 한 종지 그리고 애호박을 썰어 넣은 된장국을 콩기름 절은 신문으로 덮어놓고 일을 나갔다. 엄마를 걱정하는 아들의 손을 꼬옥 잡아주며 알전등을 꺼보았지만 잠이 오지 않는 것은 내게도 마찬가지였다.

안 올 줄 알면서도 아이는 매일 눈이 쑥 들어가도록 엄마를 기다리다 잠이 들었고 나 역시 몸을 뒤척이며 새벽을 기다렸다. 설핏 잠이 들 새벽녘이면 터벅터벅 올라오는 아내의 발자국 소리가 들렸다. 아내의 발자국 소리는 멀리서도 알 수가 있었다. 속도가 느리고 반보씩 반보씩 내딛는 특유의 발자국 소리…….

문을 열면 소처럼 순한 눈을 가진 아내가 한 손에는 쇼핑백을, 한 손에는 한시도 손에서 놓지 않는 성경책을 들고 서 있었다. 쇼핑백 속에는 팔리지 않아 재고가 난 옷이 들려 있었다. 따로 옷을 살 여유가 없었기 때문에 아내는 그런 것들로 자기 옷을 해결했다.

와락 아내의 여린 어깨를 껴안아 주고 싶었지만 "생각보다 일찍 왔네" 하고 얼버무리면서 돌아누워 버리고 말았다. 내일 일을 알 수 없는 세상살이 속에서 퇴근길에 다시 된장국을 끓이며 밥을 차리는 아내의 손길 위로 새벽 별빛이 무수히 쏟아져 내리곤 했다.

그런데도 아내는 불평이 없었다.

웬만한 사람 같았으면 몸 불편한 사람을 한밤중의 생활전선으로 내몬 남편을 원망이라도 하련만, 아내는 아무 말이 없었다. 처음에는 그런 그녀의 무던함이 신앙에서 오는 것이라고 생각했다. 그러나 함께 오랜 시간을 지내보니 그것은 천성이었다.

신앙의 모습도 천성대로 나타난다.

베드로는 베드로의 천성대로, 도마는 도마의 천성대로 그리고 바울은 바울의 천성대로 신앙을 갖는다. 신앙을 가지면 판단의 기준과 우선 순위와 생활 방식이 변하기는 하지만 그 사람의 천성까지 변화시키기는 어렵다. 그래서 나는 내가 타고난 천성대로 아내는 아내가 가진 천성대로 신앙 생활을 한다.

아내와 내가 가진 신앙관의 차이도 사실은 천성의 차이에서 비롯된 문제일 것이다. 신앙으로도 변화시킬 수 없는 것이 천성이기 때문에 서로를 인정하고 맞추어 나가기가 더욱 어려운 것인지도 몰랐다.

부드럽고 유순하면서도 내면 깊은 곳은 그 누구보다 강한 사람, 그 사람이 바로 아내였다.

화려한 가난의 빛

창이 없는 방은 캄캄하여도
칼라진 시멘트 벽 사이로 이끼가 돋는다 이끼가 돋고

스티로폼 사이로 족제비가 넘나든다 족제비가
족제비를 개로 알고 나자빠지는
낮이 되고 밤이 되는 세상 쪽제비가

온종일 기다리다
눈 빠진 엄마를 그려 놓고
설핏 잠이 들 무렵

온다. 저 언덕을 기어서
일 끝내고 검은 비닐 보자기 힘겹게
교통사고에 후줄그레한 엄마가 올라온다 올라온다
절뚝이는 발자국 소리, 문이 열리고
얼비치는 달 그림자 아아, 달 그림자
찬이슬 맞으며 네 엄마가 왔다
동대문 시장에서 성남의 숨찬 동네
그 숨찬 동네에서 숨차게

검은 비닐 보자기를 풀면
교통사고에 후줄그레한 엄마가
절뚝이는 발자국의 네 엄마가
얼비치는 달 그림자 속의

찬이슬 맞으며 숨찬 네 엄마가
네 엄마가
얼비치는 달 그림자 속에
달 그림자처럼
당당(堂堂)히

왔다!

사람이 그리운 이발소

나는 하루 꼬박 일하고 하루 꼬박 쉬는 격일제 근무, 아내는 밤낮을 거꾸로 사는 생활, 그렇게 인간의 기본적인 생체 리듬을 거스르는 불안정한 생활이 마냥 계속되기는 어려웠다.

나는 신경쇠약과 심한 변비에 시달리며 하루하루를 연명하듯 살았고, 아내 역시 골수염이 악화되어 동대문 가게 일을 그만두어야 했다.

아침마다 내 몸은 감전된 것처럼 저리고 아파 잠자리에서 꼼짝할 수가 없었다. 저린 온몸을 아내가 정성 들여 꼭꼭 밟아 근육을 풀어 주지 않으면 일어나기가 어려웠다. 정말 이렇게 밟혀 가며 시작하는 하루하루를 언제까지 지속할 수 있을까. 나는 바닥에 눌러붙은 것처럼 엎드린 채 묻고 또 물었다. 매일 아침마다 성치 않은 다리로 남편의 온몸을 밟아야 하는 아내 역시 같은 마음이었을 것이다.

이런 삶을 더 이상 지속시키기 힘들었다. 이제 내가 생각할 수 있는 길은 하나였다. 손에 가위를 드는 일. 이발소를 여는 것이었다. 생각 같아선 미용실을 하고 싶었지만 나처럼 나이 든 남자가 하는 미용실에 손님을 끌어들일 자신이 없었다. 규모를 생각해도 이발소가 제격이었다.

우리가 가진 돈은 달랑 5백만 원이었다. 장소도 물색해야 하고 인테리어와 기구들도 들여놓아야 했기 때문에 생각보다 돈이 많이 필요했다.

큰일을 하는 데는 역시 아내가 담대했다. "여보, 이런 가게가 나왔어요"라며 내게 지역정보지를 내밀었다. 보증금 5백만 원에 월세 20만 원짜리 가게였다. 그런데 그 장소가 경기도 광주 오포 능골이라는 산골 마을이었다. 산골 마을에 이발소라니!

나는 자리가 좋지 않아 망설이는데 아내는 꼭 가야 한다고 했다. 하나님이 보여주신 자리라는 것이었다. 게다가 모든 인테리어가 되어 있어 그냥 들어가기만 하면 되니 적격이라고 흡족해했다.

소개한 지역정보지에 "500-20만 원. 시설은 다 되어 있습니다"로 나왔으니 당시 인테리어 비용으로 고심했던 우리로선 적격진 셈이었다. 그러나 나는 어쩐지 그곳이 싫었다. 왠지 뚝 떨어진 섬처럼 보이고 을씨년스럽기까지 했다.

그런데 아내와 마지막으로 한 번 더 가게를 둘러보러 갔다가 우연히 주인을 만났다. 그때 그와 마주치지 않았으면 계약까지 하지는 않았으련만……. 주인과 눈이 마주치고 인사를 나누자 그물에 걸린 고기처럼 덜컥 계약을 하고 말았다.

그런데 막상 이발소 문을 열려고 가 보니, 분명 계약서를 쓸 때는 있었던 냉장고와 싱크대가 보이질 않았다. 계약을 하기 위한 전시용이었던 것이다. 명백한 약속 위반이었지만 달리 해결할 방도가 없는 상황이었다. 결국 집기들을 모두 우리가 설치했다.

가게 구석구석에는 날파리와 모기들이 걸린 거미줄투성이였고, 곰팡이가 얼룩덜룩하게 피어 있었다. 파리똥이 군데군데 앉은 바랜 국화꽃 벽지만이 오래된 이발소의 전설을 말해주고 있었다.

나는 가능한 이전의 흔적을 다 떼어내버리고 인테리어를 다시 하고 싶었다. 아무리 산골 마을이어도 이발소는 깨끗하고 산뜻해야 했다.

마침 정지용, 서정주, 백석 시인과 함께 일본에서 문예 활동을 했던 외조부님이 문우들과 함께 찍은 사진 한 장이 눈에 들어왔다. 1920년대의 사진임에도 불구하고 감탄하지 않을 수 없는 헤어스타일들을 보여주고 있었다. 유행이란 게 돌고 도는 것이란 것을 실감할 수 있었다. 그 사진 중에는 나중에 개그맨 신동엽 씨가 HOT의 강타 머리라고 표현한 백석 시인의 더블 컷트 형태를 비롯해 사람마다 다양한 개성을 지닌 헤어스타일들을 하고 있었다.

다만 사진이 너무 작고 낡아서 그대로 쓸 수가 없었다. 장식용으로 쓰자면 초상화로 크게 그리는 수밖에 없었다. 그래서 15만 원을 주고 초상화로 크게 그려 가게의 인테리어를 했다. 이 초상화는 수

원, 능골, 하얀마을을 거쳐 느티마을로 이어지는 고달픈 이발소 이주 사 속에서도 액자의 틀 하나 다치지 않고 따라다니고 있다.

처음으로 이발소 문을 여는 날, 설레는 마음으로 손님을 기다렸다. 누가 첫 손님이 될까?

드디어 첫 손님이 문을 열고 들어왔다. 주인집 아들이었다.

얼마나 반가웠는지 나는 혼신의 힘을 다해 머리를 깎았고 그러느라 시간이 좀 많이 걸렸다. 그런데 그 혼신의 노력이 부담스러웠던 것일까. 아니면 머리 모양이 마음에 안들었거나 시간이 너무 많이 걸렸던 것일까. 그 아이는 우리가 그곳을 떠날 때까지 두 번 다시 오지 않았다.

이튿날은 옆집 야채 가게 주인이 찾아왔다.

"아이쿠 머리 깎으러 나가려면 귀찮았는데 이발소가 들어서서 좋네. 머리 좀 깎아 주세요."

나중에 알고 보니 그는 주인의 이종사촌 동생이었다. 그런데도 그때 가게에 앉아 있던 주인과 아는 체를 안 했다. 면도까지 해주고 받은 돈이 7천 원, 그 날 수입의 전부였다. 더 이상 손님이 없었다.

셋째 날은 생활보호 대상자라는 할아버지 한 분과 꼬마아이가 다녀갔다. 그렇게 해서 가장 많이 온 날이 2명, 삼 일간은 1명, 공친 날도 있었다. 그렇게 첫 주가 갔다.

서러웠다.

세상에 그 어떤 이발사보다 더 정성을 다해 애정을 가지고 머리를 만질 생각이었는데 그 기회를 얻기가 이렇게 어렵다니.

가장 근본적인 문제는 장소가 너무 외진 데 있다는 것이었다.

어떤 가게든 목이 중요한 법인데 이 자리는 사람들의 발길이 닿는 곳이 아니었다. 하루종일 사람을 기다리다 보니 어쩌다 손님이 한 명 올라치면 반가움에 빗이 떨어지고 마음이 떨려 손을 베이기도 했다.

그런데 어느 날 이발소 문을 벌컥 밀치고 들이닥친 사람이 있었다. 삼거리에서 이발소를 경영하는 이발사였다. 그는 다짜고짜 반말에 삿대질을 하며 고함을 질렀다.

"왜 미용사 면허증으로 이발을 하는 거야, 엉?"

"이것도 법에 걸리는 겁니까? 그렇다면 파고다 공원 옆에서 이발하는 미용사 아줌마들은 다 잡혀가야잖습니까?"

상대가 예의 없이 나오는데야 나도 무서울 것이 없었다. 그는 할말이 없었는지 씩씩대더니 "하여튼 두고보자"며 상기된 얼굴로 돌아갔다.

밥그릇 싸움이었다. 손님이 와야 하루 한두 명씩인데 그것도 밥그릇 싸움이라고 이렇게 무례한 행동을 하다니, 일주일에 서너 명 정도 오는 손님을 가지고 목에 핏대를 세우며 다퉈야 하다니…… 정말 비참한 기분이 들었다.

사람 만나는 게 두려워졌다. 라디오에서 최백호, 이동원 씨의 노래가 나와도 눈물이 주체할 수 없을 만큼 흘러내렸다. 나중에는 '이거 우울증 아닌가?' 하는 생각까지 들었다.

하지만 그대로 주저앉아 있을 수만은 없었다. 내가 할 수 있는 한 최선을 다해야 한다. 더 이상 물러설 곳이 없었다.

나는 이발소 안내문을 만들어 5백 장씩 복사를 했다. 그리고 한 달에 한 번씩 이 동네, 저 동네를 돌며 우편함에 꽂았다. 어느 날은 산길을 잘못 들어섰다가 딸기 섶에 긁히기도 하고 넘어지기도 하면서 걷고 또 걸었다. 산을 넘고 다리를 건너며 걸어서 갈 수 있는 곳이라면 안 간 동네가 거의 없었다. 어떤 집에선 개가 거품을 문 채 달려나와 혼비백산한 적도 있었다. 그러나 반응은 냉담했다.

머리를 만지는 일에 최선을 다하겠다는 간절한 마음을 담은 안내문이었지만 사람들의 발길을 움직이지는 못했다. 사람들의 이동이 적은 시골의 인심은 복잡한 도시의 인심보다 오히려 더 매섭고 냉랭하기 짝이 없었다.

사람 하나 오지 않는 쓸쓸한 가게에서, 하루종일 가스 히터 앞에서 시린 손을 쬐다 돌아오는 날, 집으로 돌아오는 길에 지하철 출구로 몰려나오는 사람들을 보면 반가웠다. 손님이 아니라도 좋았다. 많은 사람들 속에 있다는 것이 그저 좋았다. 어떤 방법을 써서라도 사람들 속에서 사람들과 함께 살고 싶었다.

거리로 나서다

이발소를 열 때는 세 식구 생활비와 아이 학비 정도만 해결되었으면 했는데, 손님이 없으니 돈을 벌기는커녕 월세를 무는 일이 너무 힘겨웠다.

그런데 옆집에 살다가 이사가는 분이 이런 귀띔을 해 주었다.

"이 집 주인은 글자도 제대로 모르는 분이지만 가게 빼는 데는 대단한 사람이에요. 일단 그물에 걸렸다 하면 그때부터 아예 월세를 받을 생각을 하는 게 아니라 보증금에서 까나갈 생각부터 하고 있는 사람이니까요."

그리고 보니 맨 처음 은행 온라인 계좌를 물었을 때 "아이, 월세 때문에 크게 신경쓸 거 없어. 원금에서 까나가면 되지. 뭐"라고 했던 말이 떠올랐고, 우리와 계약을 하기 위해 냉장고 싱크대 따위를 설치해 두었던 것이 생각났다.

사실 이 자리도 이발소를 하기에는 여건이 좋지 않았다. 무엇보다 물이 제대로 나오지 않는다는 게 큰 문제였다. 손님 머리를 감겨야 하는 이발소에서 물이 나오지 않으니 불편이 심했다. 세탁기 안에 물을 받아놓고 가스레인지를 설치하여 물을 데워 손님 머릴 감겨야 했다. 또 어쩌다 물이 잘 나온다 싶으면 꼭지를 잠궈도 새어나와 순식간에 바닥이 한강을 이루고는 했다. 손님의 발길이 뜸한 이유 중에는 이런 불편한 구조도 영향이 있었을 것이다.

집에서 오리 역까지는 자전거를 몰고 가야 하는데 자전거 도둑들이 우글거려 단속을 잘 하지 않으면 도둑맞기 십상이었다. 어떤 때는 자물쇠마저 잘라내고 몰고 가버리는 일도 있었다. 결국 버스를 타고 다녔는데, 30분에 한 대씩 오는 버스가 한 대 빠지게 될라치면 오슬오슬 떨며 한 시간을 기다려야 했다. 그나마 오는 버스도 그냥 지나치는 일이 많았다. 사람이 손을 흔들고 방방 뛰는데도 운전자들은 왜 그렇게 매정하게 달아나 버리는지.

어쨌거나 4개월째까지는 꼬박 월세를 물었다. 손으로 일해서 번 깨끗한 돈이 아니었다. 어떤 달은 아들의 장학금을 빼서 물고, 어떤 달은 신용카드로 현금서비스를 받아 물기도 했다. 그러나 5개월째부터는 어쩔 수 없이 두 손을 들었다.

"이제 보증금에서 까 나가십시오."

정말 나로서는 더 이상 아무런 대책을 세울 수가 없었다.

하지만 나를 찾는 손님이 없어도 머리를 깎지 않고는 살 수가 없었다. 생각 끝에 벼룩시장에 광고를 다시 냈다.

> IMF! 어려운 시절에 결식아동, 소년소녀 가장, 지체부
> 자유자(방문 가능) 등을 무료 커트해 드립니다.
> 저희의 우선 순위는 불우한 이들의 영혼에 묻어 있는 어
> 둠을 깎아내며 아픔을 나누는 것입니다.
> 몸으로 가진 재능이 미용이기에 이를 활용하여 후미진
> 곳에서 분량껏 자비량으로 목회를 하는, 아직은 어린 목
> 동에게 따뜻한 권면과 후원의 손길을 기다립니다.

광고는 효과가 있었다.

직접 찾아오는 손님은 집에서 깎았고 와서 깎아달라는 사람은 찾아갔다. 한솔마을, 목련마을, 은행1동……. 장애인, 생활보호 대상자, 노인……. 대부분 삶이 고단한 사람들이었다.

청솔마을 복지관과 성남 외국인 노동자의 집은 날짜를 정해 두고 정기적으로 찾아갔다. 특히 외국인 노동자의 집을 찾아가면 마음이 편했다. 왠지 나 자신이 그들과 같은 처지인 것만 같고 얘기를 나누면 따뜻한 정이 흘렀다.

다른 어떤 것보다 내가 손으로 하는 일을 통해 외국인 노동자들을 섬길 수 있다는 것이 너무 감사했다. 그곳은 나의 선교지였다. 생김새가 다르고 머릿결이 다른 그 외국인 노동자들의 머리를 만지며, '이분은 중국에서 오신 예수, 이분은 방글라데시에서 오신 예수'

라 생각하며 정성을 다해 머리를 깎았다.

그들도 나를 좋아했다.

중국 교포 할아버지 한 분은 더블백 가장 깊은 밑바닥에서 웅담을 꺼내어 잘라 주시며 말했다.

"이건 제 성의입니다. 꼭 받아주셔야 합니다. 사모님과 함께 드십시오. 제가 객지에서 병이라도 나면 먹으려고 가져온 것인데 절반을 잘라 드리겠습니다. 이건 하나님이 그렇게 하라고 제 속에서 시키시는 것이니까 어쩔 수가 없습니다."

나는 절대 사양이라고 손사래를 치며 뛰어나왔으나 할아버지는 어느새 헉헉거리며 따라와 주머니에 비닐에 싼 웅담을 넣어주셨다.

온종일 이발을 하고 나면 방글라데시, 몽골, 파키스탄, 중국 동포 등 각 나라마다 다른 독특한 문화를 볼 수 있었다. 방글라데시인들은 밀가루를 뿌려가며 장기 비슷한 것을 두었다.

그리고 그들 특유의 음식도 맛볼 수 있었다. 방글라데시인들은 카레에 닭고기를 넣고 그 나라에서 따온 독특한 향이 나는 나뭇잎과 모양은 해바라기씨 비슷한데 씹어보면 톡 쏘는 듯한 맛이 나는 것을 넣은 음식을 자주 만들었다. 몽골인들은 양고기로 빚은 만두라며 "우리 만두 마니마니 맛있어요우"라는 어눌한 발음으로 정겹게 말하곤 했다. 중국 동포들도 마찬가지로 "밥 많이 드십시오" 하며 밥을 권했다. 모두 저마다 자기 나라 음식을 먹어 보라고 권하고 식사에 초대하길 즐겼다.

나는 손님 없는 가게를 지키기보다 깎아야 할 머리를 찾아나서는 쪽으로 마음을 바꾸었다. 과감하게 가게 문을 닫고 내 가위손을 필요로 하는 사람들을 찾아다녔다. 서울 남산이나 수원 팔달산에 올라가 노인들의 머리를 깎아 드리는 것이다.

빛 바랜 플라타너스 나뭇잎이 뒹굴던 어느 늦은 가을날 남산 벤치에서 이발을 하고 있는데 어떤 분이 아이스크림을 내밀며 말을 걸어왔다.

"나는 용산역 뒤에서 복덕방을 하고 있는 사람입니다. 여기보다 용산 역전으로 오셔서 봉사해 주시는 게 어떻겠소. 거기야말로 예수 머리를 한 사람들이 얼마나 득실거리는지 모릅니다. 꼭 오세요."

그리고 무슨 일이 있으면 전화하라며 명함을 한 장 쥐어 주었다. 예수 머리를 한 사람들이란 노숙자들을 지칭하는 것이었다.

용산역 광장은 굉장한 일터였다. 의자가 없어 중간중간 세워 놓은 돌을 의자로 삼고 가위를 잡았다. 하나 둘씩 사람들이 붙더니 줄이 길어져 만리장성이 되었다. 거기다 사진을 전공한다는 학생들이 웬 셔터를 그렇게 눌러대는지……. 정신없이 머릴 깎고 나면 그 어려운 노숙자들이 빵을 사오고 우유를 사오기도 했다. 나는 행복한 거리의 이발사였다.

서울역! 세상에서 가장 자유로운 얼굴로 땅바닥을 침대 삼아 하늘을 이불 삼아 자는 사람들. 긴 머리 긴 수염이 아무렇게나 헝클어진 행색으로 태연히 우유를 마시며 온몸으로 시를 쓰는 노숙자들. 이들의 모습에서 시(詩)의 씨가 가슴에 무수히 떨어져 왔다.

수원 팔달산 공원은 주로 노인들이 많았다. 나는 그분들의 시선을 모으기 위해 재주를 부렸다. 어줍잖게 부르는 진도아리랑과 성주풀이였다.

"문경새재는 웬 고갠가 구부야 구부후 구부가 눈물이 나안다~~"

내가 한 목청 뽑으면 "어허, 웬 소리가 그렇게 좋아, 뭐하는 분이유?" 하시며 노인들께서 한 분, 두 분씩 모여드셨다.

"네. 저는 이발사입니다."

그리고 곧 이발이 시작되었다.

할아버지들께선 이발료 대신 막걸리를 권했고 나는 그때마다 고사했다. 그러면 "세상에 공짜가 어딨수? 막걸리 안 드시려거든 계란이라두" 하시면서 행상 아주머니들이 파는 계란을 사서 손에 꼭 쥐어주곤 하셨다.

돈을 벌지는 못했지만 그보다 더 아름다운 일을 했던 시절이었고 그래서 행복했던 시절이었다.

나팔꽃

너희들이 짓밟은 것들을
미워하고 돌아서고 울고불고하는 것들을
나 별과 함께 끌어안았다
털면 다칠세라 불면 날아갈세라
하나하나 품에 안고 밤을 세워 쓰다듬으며
이겨진 곳 약 바르고 떨어진 곳 수술하여
오늘 아침
부시게 피어올랐다

들여다보아라
냄새나는 너 생애여
추악하고 너절한 사랑이여.

아내에게 말할 수 없는 여인들

한 여자와 한 남자가 만나서 평생을 함께 한다는 것은 결코 쉬운 일이 아닌 것 같다. 아내와 나처럼 기질이 다른 사람들이 서로 맞추어 가는 것도 힘들지만, 둘 사이에 느닷없이 끼어드는 사람이 생기기도 하기 때문이다.

아내 외의 다른 여성에게는 관심이 없었던 나에게도 내 의지와는 무관하게 그런 여성들이 있었다.

처음 나에게 관심을 보인 여성은 미용학원 강사였다. 그분은 내가 시를 쓴다는 것에 호감을 가졌던 것 같다.

내가 틈틈이 시를 쓴다는 건 그 학원 동료들이 다 알고 있었다.

그런데 어느 날 수업을 한참 진행하던 강사가 불쑥 말했다.

"자 10분간 휴식! 오늘 시인 아저씨께서 시 한 편을 낭독해 주시겠습니다."

나는 어리둥절했다. 나에게는 한 마디 말도 없이 제안한 것이기 때문이다. 강사의 갑작스런 제안에 다른 수강생들도 놀랐는지 분위기가 술렁거렸다. 나는 '청보라빛 연가' 라는 시를 낭독했다.

청보라빛 연가

여기는
청보라빛 향수가 먼
지상의 어느 거리
가뭄에 지쳐
고달픈 하루에도
내 의지하는 님이 있어서

내일은 오늘보다 푸르고
메마른 들판도
바다처럼 출렁인다

어쩌면
기다림으로
흘러온 세월이라도
그러나 아 거리는
청보라빛 향기

꽃 사연들 술렁이는
사연 마디마다
내 님의 집에 흐르고 있는
청보라빛 날들이여

그런데 그날 오후 한 동료가 "선생님이 삼 층으로 좀 올라오시라는데요"라고 말했다. 무슨 일인가 싶어 올라가 문을 연 나는 그 자리에 얼어붙은 듯 서고 말았다.

청보라빛 투피스, 청보라빛 아이섀도, 청보라빛 볼터치 그리고 청보라빛 립스틱까지 짙게 바른 그녀가 청보라빛 종이꽃, 청보라빛 양초 가운데 소피아 로렌 같은 포즈로 팔짱을 끼고 서 있었다.

들어가야 할지 그냥 문을 닫고 돌아나와야 할지 잠시 망설이던 나는 일단 안으로 들어섰다. 그리고 멋쩍게 머리를 긁으며 말했다.

"이러다가 선생님과 스캔들 뿌리겠어요."

내 말에 그녀는 큰소리로 웃음을 터뜨렸다. 특별한 뜻이 있어서가 아니라 그냥 그렇게 청보라빛 연출을 해 놓고 나를 놀려주고 싶었던 모양이었다.

그녀는 그 후로도 종종 도발적인 행동으로 나를 당황케 했다.

비가 내리는 날에는 "시인 아저씨, 오늘 비오는데 우산 없이 걸어야죠" 하며 내 팔짱을 끼었고, 어떤 때는 에어로빅을 가르쳐 준다며 아주 관능적인 동작을 취해 보이고는 따라해 보라고 손을 끌어당기기도 했다.

그녀는 감성적인데다 의사 표현이 분명해서 다른 사람들의 눈

같은 것은 별로 신경을 쓰지 않는 사람이었다. 다른 수강생들이 보는 앞에서도 노골적으로 "나는 시인 아저씨가 좋아요" 하며 따라다녔다.

이성에 마음이 이끌리는 것이 인간의 어쩔 수 없는 본성인지, 그녀의 적극적인 구애에 잠시 마음이 흔들리기도 했다. 그러나 그럴 때마다 나를 지켜준 것은 부부의 연은 하늘이 맺어 주시는 것이므로 하늘이 떼어놓지 않은 한 깨서는 안 된다는 신앙관이었다. 물론 나도 한때는 이혼을 생각한 적이 있었지만 그것은 서로가 너무 달랐기 때문이었지 여자 문제는 아니었다. 아내가 정서적으로 맞지 않는 것 때문에 늘 고통스러웠지간 그럼에도 불구하고 아내 외에 다른 여자에게 마음을 준 적이 한 번도 없었다.

그런데 공적으로든 사적으로든 그 강사와 만나는 횟수가 많아질수록 '아, 이것이 바로 한눈을 파는 게 아닌가' 하는 의심이 들었다. 한 번 의심이 들자 그것이 점점 마음의 짐이 되었다. 결국 얼마 후 그녀에게 이제는 사적인 어떤 만남도 갖지 않겠다고 일방적으로 선언했다. 내 선언이 전에 없이 단호하게 느껴졌는지 그녀도 순순히 따라주었다.

지금 생각해 봐도 그녀는 다른 여성보다 감정이 풍부하고 표현이 적극적인 여성이었다. 그래서 남의 눈을 의식하지 않고 도전적인 행동을 할 수 있었을 것이다. 또한 그런 만큼 감정을 정리하는 데도 빠르지 않았을까 싶다.

두 번째 유혹은 문방구를 닫고 잠시 동사무소 도우미 일을 할 때 있었다.

나처럼 임시로 드우미 일을 하고 있는 여성이 있었다. 모습은 갓 결혼한 새댁처럼 앳되 보였지만 아이가 둘이라고 했다.

그런데 어느 날부터 그녀가 내 뒤를 따라다니기 시작했다. 처음에는 식사를 할 때마다 같이 먹자고 따라다니는가 싶더니 어떤 날은 "아이 칡냉면 먹고 싶어. 제가 살 테니 함께 가실래요?" 하며 등을 떠밀기도 했다. 얼떨결에 그녀에게 점심을 한 번 얻어먹으면 그것도 빚인데 싶어 다음에는 내가 사곤 했다.

그렇게 주거니 받거니 하며 밥을 먹다보니 편해지기 시작했고, 편해지다 보니 낯을 붉힐 만한 이야기가 아무렇지도 않게 나왔다. 이를테면 이런 것이었다.

"주인 아저씨, 여기 쇠간이 나오지 않나요? 저번에 왔을 때 주시던데……."

"아, 그건 잡수신다고 해야 나옵니다."

그렇게 해서 쇠간이 나오자 얼른 하나를 집어 주며 말했다.

"이거 정력에 좋다던데…… 난 하나만 먹을 테니 나머진 모두 잡수세요. 제가 참기름에 비벼 드릴테니……."

그래도 여기까진 참을 만했다.

어느 날인가부터 비디오방 이야기를 꺼내기 시작했다.

"혹시 비디오방 가보셨어요?"

"비디오방이요? 처음 듣는데요."

"그럼 한 번도 안 가 보셨다는 말이에요?"

"네."

그녀는 처음에는 놀랍다는 표정이더니 이내 은근히 유혹적인 눈매를 지어 보이며 말했다.

"비디오방에 가면 의자도 푸근하고 보고 싶은 영화도 많이 볼 수 있어요. 오늘 일 마치고 함께 가지 않을래요?"

"오늘은 약속이 있어서 못 갑니다."

그것은 그 자리를 피하려고 했던 말이 아니었다. 실제로 그 당시 나는 일을 끝내고 나서 청솔마을 사회복지관에서 무료 커트를 해 주고 있었다.

그런데 그날 이후 그녀는 틈만 나면 옷섶이 활활 날리도록 부채를 부쳐대며 "아이, 비디오방 가고 싶어"를 연발했다. 나는 그 비디오방이라는 데가 도대체 뭐하는 곳인지 동료에게 물어보았다.

"비디오방이요? 그 아줌마 정말 이상한 사람이네. 비디오방이라는 데는 유부남 유부녀가 단 둘이 갈 만한 데가 아니에요. 좁고 어두컴컴한 데서 원하는 비디오 보는 데거든요. 그런 데 가서 어떤 비디오 볼 것 같아요? 마음 내키면 한 번 가 보시든지요. 하지만 그곳이 어떤 곳인지는 정확히 알고 가세요."

그 설명을 들은 다음부터 나는 그녀를 피해 다니기 시작했다. 하지만 행동 반경이 빤한 공간에서 피해 다니는 것이 쉽지는 않았다. 식사를 할 때도 혼자 숨어서 하는데도 어떻게 알았는지 용케 찾아와서 곁에 앉곤 했다. 그리고 그때마다 비디오방 이야기를 꺼냈다.

나는 줄곧 피해 다니고 그녀는 줄곧 쫓아다니는 숨바꼭질이 한동안 계속되다 마침내 그 이야기가 동사무소 소장 귀에까지 들어가게 되었다. 결국 그녀가 권고 사직 당하는 것으로 가보지도 못한 '비디오방' 사건은 끝을 맺었다. 나로서는 정말 감당이 안될 만큼 황당한 해프닝이었다.

그리고 마지막으로 기억에 남는 또 한 사람의 여인이 있다.

"이동녘 선생님이시죠?"

사람의 그림자 보기가 힘들었던 오포 이발소에 낯선 여인이 전화를 걸어왔다. 아주 조심스러운 목소리였다.

"그렇습니다만……."

"저는 신문에서 선생님 이야기를 읽고 선생님 시집을 사서 읽고 있는데요, 시의 울림이 제 가슴에 파장을 일으킬 만큼 크네요. 그래서 한 번 만나 뵙고 싶은데……."

"그렇게 하시지요. 저는 항상 가게를 지키는 사람이니……."

그렇게 전화를 하고 나서 얼마 되지 않아 그랜저 한 대가 우리 가게 앞에 섰다. 우리 이발소는 물론이고 그 동네에서 좀처럼 볼 수 없는 차였다. 바로 전화의 주인공이었다.

겨울이었는데 한 사람이 딸기와 참외를 잔뜩 사 가지고 들어섰다. 세련된 옷차림에 화장을 곱게 한 여인이었다.

오라고는 했지만 막상 만나니 시를 잘 읽어 줘서 고맙다는 말 외에는 할 말도 별로 없고 계면쩍기만 했다. 그때 공교롭게도 카세트에서 이동원의 노래 '또 기다리는 편지'가 흘러나왔다. 그녀는 그 노래의 분위기에 젖은 듯 노래가 끝날 때까지 말이 없었다.

"여기까지 왔으니 식사를 한 끼 대접하고 싶어요. 잠깐 드라이브나 할 수 없을까요?"

그녀가 침묵을 깨며 조용히 물어왔다.

"가게를 지키는 건 손님과의 약속이기 때문에 손님이 있건 없건 가게를 비울 수는 없습니다."

“그럼 주변에서 시켜 먹는 건 괜찮겠지요.”

나를 찾아 온 손님인데 그것까지 말릴 수는 없었다. 그녀는 가게에서 함께 밥을 먹고 과일을 씻어 놓고 돌아갔다.

그 날 이후로 부담이 되지 않을 만큼 이따금씩 가게에 들렀는데 그때마다 그 계절어는 구하기 힘든 과일들이 들려 있었다. 겨울어 딸기나 배, 여름에 사과 배를 사오는 식이었다. 어디서 구하는지 과일들이 크고 싱싱했다.

그런데 어느 때부터인가 그녀가 자신의 감정을 직접적으로 드러내기 시작했다.

“이렇게 꽃이 피는데 선생님은 항상 이발소에 갇혀 지내시니 너무 안타까워요. 세상이 얼마나 아름다운지 함께 느낄 수 있으면 좋을 텐데……. 저는 집 담장 밑에 냉이꽃만 보아도 가슴이 설레요. 아직도 저한테 소녀 같은 감정이 남아 있나봐요.”

그렇게 말하는 모습이 정말 가랑잎 구르는 소리에도 울고 웃는 소녀 같았다.

어느 여름날이었다. 비가 촉촉하게 내리는 날이었는데 그녀가 아들을 데리고 와 머리를 깎아 달라고 했다. 그런데 그 날 따라 옷차림과 몸가짐이 다른 날과 달랐다. 그녀는 무릎과 무릎 사이에 단추가 달려 있고 그 단추를 풀면 앞트임이 길게 나는 스커트를 입고 있었는데, 걷기 편하게 하기 위해서 단추를 몇 개 풀어 놓은 상태였다. 그런데 그 트임을 따라 손가락이 계속 움직였다. 그 모습이 마치 단추를 풀어야 할지 말아야 할지 망설이는 것처럼 보였다. 아이의 머리를 다 깎은 후에도 그녀는 한참을 그렇게 앉아 있었다.

뭔가 심상치 않은 분위기에 어색해진 나는 조심스럽게 말을 꺼냈다.

"집의 선생님께서 기다리시겠어요. 이제 가 보셔야지요."

"그인 지금 집에 없어요. 그리고…… 남편과 한 침대에 든 지도 오래 됐어요."

아찔한 대답이었다. 그 말을 어떻게 받아야 할지 난감했던 나는 겨우 핑계거리를 찾아냈다.

"죄송합니다. 문을 닫아야 할 시간이라서……. 오늘이 제가 봉사하는 날이거든요."

그렇게 헤어진 후로 그녀에게서 연락이 없었다. 다시 봄이 오고 여름이 가고 가을이 왔지만 과일 바구니를 든 그녀는 다시 나타나지 않았다. 그 날 모욕을 당했다고 생각했는지도 모를 일이었다.

정말 다행스러운 일이었지만 한편으로 은근히 섭섭하기도 했다. 그녀는 내가 만난 어느 여인보다 중후하고 분위기가 있는 여성이었다. 세련된 매너에 섬세한 감성까지 갖추어 어느 한 곳 나무랄 데가 없어 보였다. 그런데도 남편과 관계가 원만치 못하다니 정말 남녀 관계는 알 수 없는 노릇이었다.

만일 그녀가 더 가까이 다가왔다면 어떻게 되었을까. 어쩌면 내 의지와 상관없이 흔들렸을지도 모른다. 그래서 가끔씩 그녀의 약간은 창백한 듯한 얼굴이 떠오르는지도 모르겠다.

그러나 여전히 나에게 여자는 오직 한 사람밖에 없다. 나와는 너무 다른 여자, 아내 이영숙이다.

밤편지 15
-나무

당신이 나를 만나던 그 순간부터
나는 당신 앞에 비바람을 몰고 와 서 있는
한 그루 나무였다
철철 애간장을 다 녹이며
당신을 노예처럼 묶어 놓고 가지를 꺾는
몸 채로 휘어진 내 곁에서
피흘리는 나를 바라보며
낮이나 밤이나 바람 앞의 등불처럼
흔들리고 있어야 했다
붙어 있던 뜨릅매미들의 이파리 떨어져 날아가고
병든 몸 허우적거리며 앓고 있던 날
당신은 살을 찢고 내 줄기 속을 찾아 들어와
온 몸에 수액을 바르며
온통 수고로움 뿐인 삶이여
내가 하늘을 향해 뻗어 갈수록
가장 낮고 어두운 곳에서부터
별을 불러 모아 들이는 당신,
당신의 느낌표 하나
오늘도 내 몸에 불타오르고 있다

4

날개가 하나뿐인 비익조

아내와 함께 쿠르는 사랑노래 ▶

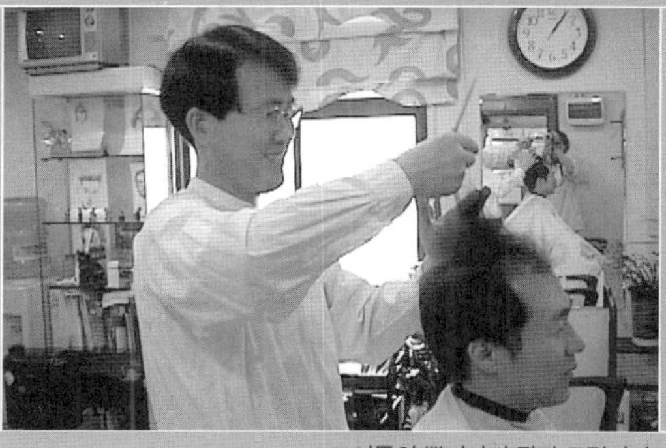

▲ 어둠의 뿌리까지 잘라 드립니다

이동녘, TV 주인공 되다

내가 가위를 들고 용산역, 남산, 팔달산 할 것 없이 여기저기 떠돌던 그 시절, 아내는 내가 방치한 밥벌이를 하고 있었다. '한국능률학습'이란 조그만 회사의 경리 일이었다.

몸이 약한 아내에게 짐을 지우는 것이 미안했지만 별 수 없었다. 그런데 하루는 오려낸 신문 기사 쪽지를 내밀며 말했다.

"국민일보에 이런 기사가 났어요. 우리도 여기 한 번 신청해 보면 어떨까요?"

〈생의 벼랑 끝에 선 사람들을 돕자〉라는 제목의 그 기사는 "신동엽의 신장개업"이라는 TV 프로그램을 소개한 것이었다. 자세히 읽어보니 지금 우리가 처한 상황이 그 프로그램의 방송 조건에 딱 맞아떨어졌다. 방송만 된다면 '개점 휴업' 상태인 이발소를 살릴 수 있을 것 같았다.

나는 일단 편지를 한 통 써 보냈다. 그간 우리 이발소의 사정을 있는 그대로 설명한 편지였다. 그러나 한 달이 지나도 아무런 연락이 없었다. 왜 연락이 없을까 생각하다가 편지 내용이 사실임을 보여주는 자료가 필요할지도 모른다는 생각이 들었다. 우리처럼 방송에 나가기 위해 편지를 한 사람이 한둘이 아닐텐데 그 중에서 선택을 하려면 진실성이 중요한 기준이 될 것이었다. 우리는 영구 임대 아파트 계약서, 재산증명서, 500만 원 생계자금 대출받은 통장, 가게 계약서 사본을 각각 한 통씩 떼고, 지금 가게를 문 닫고 떠돌고 있는 사연 등을 다시 세세히 적었다.

"날개 다친 두 다리의 비익조가 인생의 벼랑 끝에서 끼룩끼룩 울고 있습니다. 피디님 치료해 주세요. 우리의 날개를. 박차고 한번 이 세상 날아보는 게 스윈입니다"라는 글을 적어 넣은 시집 한 권도 동봉하여 보냈다.

그런데도 아무 소식이 없었다. 서류를 보내고 나서 한동안 전화벨 소리만 나도 혹시 방송국인가 싶어 가슴이 뛰었지만, 기다림이 한 달, 두 달을 넘어가자 자연스럽게 체념이 되었다.

그런데 편지를 브내고 거의 일 년이 다 되어갈 무렵, 편지 보낸 사실조차 거의 잊고 있었던 10월 어느 날, MBC에서 연락이 왔다.

"그 동안 많이 기다리셨지요? 신청자가 워낙 많이 밀려 순서대로 하다보니 이렇게 늦어졌습니다. 이번 주에 한 번 찾아뵙겠습니다."

　　기다리고 기다린 일이었지만 막상 전화를 받고 보니 너무 갑작스럽고 반갑고 가슴이 떨려왔다. 그리고 한편으로는 은근히 걱정이 되기도 했다.

　　먼저 그 프로그램의 기획자 중 한 분이신 '스타트 비즈니스'(창업 컨설팅)의 김상훈 실장이 찾아오셨다.

　　"이번 주제는 '시를 쓰는 이발사' 로 정했습니다. 이제 공인으로서의 출발이신데 승낙을 해 주시겠습니까?"

　　나도 내심 걱정이 되었던 부분을 털어놓았다.

　　"보셔서 아시겠지만 여기는 시골마을 끝자락입니다. 이 황폐한 곳에서 방송을 해도 효과가 있겠습니까?"

　　그러나 실장님은 자신있는 표정으로 말했다.

　　"특별한 지역인 만큼 시청률이 높아서 광고 효과도 무시 못할 것입니다."

　　막상 결정이 되자 나는 여러 가지로 걱정스러운 것이 많았지만 아내는 아주 적극적이었다.

　　연이어 피디와 작가가 찾아왔다. 그런데 피디의 얼굴에 그늘이 드리워져 있었다. 프로그램을 만들기 위해서 미리 한 사전 조사 결과가 별로 만족스럽지 않았던 모양이었다. 나에 대한 객관적 평가를 내리기 위해 전 날 온 동네를 다니며 나에 대한 평판을 알아보았던 것이다.

　　"사람은 더없이 좋은데 이발 기술에는 좀 문제가 있다."

　　이것이 방송국 사람들이 들은 내용이었다. 그분들은 신장개업이 효과를 보려면 내 기술이 관건이 된다고 여기는 것 같았다. 다시 한 번의 회의를 거쳐 방송을 하기로 마음을 굳힌 뒤 피디가 말했다.

"신장개업 역사상 단 한번도 이런 산골마을에서 방송을 내보낸 일이 없습니다. 엠비시로서는 최상 최고의 모험을 걸고 촬영에 들어가기로 했습니다."

우리 이발소를 방송하는 데 다른 곳보다 위험 요소가 있다는 것을 느낄 수 있었다.

첫 촬영을 하는 날 신장개업 진행자인 신동엽 씨가 스태프들과 함께 가게로 왔다. 텔레비전에서만 보던 사람을 실제로 보니 내가 텔레비전에 출연한다는 것이 실감이 났다.

"그럼 사장님께서 머리를 직접 깎아보도록 하겠습니다. 여기 누구 모델 없습니까?"

신동엽 씨가 그 특유의 가볍고 통통 튀는 듯한 말투로 물었다 순간 다들 시선을 외면했다. 나는 당황했다.

'내 실력이 그렇게 미심쩍어 보이나? 기술에 좀 문제가 있다는 동네 사람들의 말 때문인가.'

아무도 나서는 사람이 없자 스태프들과 출연진은 가위바위보를 해서 지는 사람이 머리를 깎기로 했다. 몇 번의 가위바위보 끝에 마지막으로 남은 사람이 신동엽 씨와 보조 피디 두 사람이었다.

신동엽 씨가 보조 피디에게 말했다.

"나는 보자기를 낼 겁니다. 믿으시든 믿지 않으시든 보자기를 낼 겁니다. 무엇을 낼 겁니까?"

보조 피디가 말했다.

"가위요."

그러나 결과는 신동엽 씨의 승리였다. 보조 피디는 진 것이 억울한 듯 돌아서서 벽을 치는 제스처를 취했고 둘러선 사람들은 재밌다는 듯 키득거리며 웃었다.

그런데 알고 보니 그 모든 것이 각본에 있었던 모양이었다. 피디가 "벽을 치는 장면을 다시 찍자"고 했다. 내가 볼 땐 그 장면이 그 장면 같은데 여러 번 되풀이하여 다시 찍었다.

드디어 그 보조 피디가 모델이 되고 나는 신장개업 최초의 이발사로서 가위를 잡았다. 늘 하던 일인데도 긴장이 되었는지 빗이 바닥에 떨어졌다.

"긴장되었나? 빗이 떨어지네."

순간적으로 중얼거린 말이었는데 나중에 보니 그 소리까지 그대로 방영이 되었다.

다음 날부터는 함께 차를 타고 이른 아침부터 밤까지 여기저기 다니면서 무수한 카메라 세례를 받았다. 30여 분짜리 프로그램 하나를 만드는 데 얼마나 많은 사람들과 시간과 노력이 필요한지 알았다. 그리고 보다 극적인 장면을 만들어내기 위해 실제보다 과장된 연출이 필요하다는 것도.

처음 우리 가게를 방문한 날에는 괜히 벽에 여러 가지 사진을 덕지덕지 붙여놓으라고 했다. 아마 구질구질한 시골 이발소 분위기를 내기 위한 연출인 것 같았다. 또 이발 기술을 전수받기 위해 안정근 선생님을 만났을 때도 납득할 수 없는 주문들이 있었다.

노태우 전 대통령의 전용 이발사였던 안정근 선생님은 참 겸손하고 인품이 훌륭한 분이었다. 모든 사람들을 '선생님'으로 불러

주시고 인격적으로 대해 주셨다. 그런데 그 호칭 때문에 피디로부터 불호령이 떨어졌다.

"지금 두 분은 기술을 배우고 가르치는 스승과 제자 관계입니다. 짧은 시간이지만 기술 향상을 위해 피나는 훈련을 하는 것을 보여주어야 합니다. 잘못하는 것이 있으면 적나라하게 지적하고 꾸짖을 때는 혹독하게 꾸짖으세요."

그것은 나를 위해서라기보다 시청자를 의식한 말인 것 같았다. 화면을 통해 내가 창피와 수모를 당하는 모습이 보다 적나라하게 비춰지면 시청자들의 심금을 울릴 것이기 때문이다.

그뿐이 아니었다. 내가 가져간 빗들도 깨끗이 닦아 소독함에서 꺼내간 것인데도 피디는 빨리 가서 머리카락을 가위나 빗에다 묻혀 놓으라고 했다. 일부러 꾸며서라도 좀더 서툰 모습을 보여야 했기 때문이다.

내 의견 같은 건 비집고 들어갈 틈이 없었다. 내 모습 그대로를 보여주고 싶었는데 내 의지와 상관없이 진행이 되니 갈등이 생기기도 했다. 하지만 '없는 사실을 만들어내는 것이 아니라 좀더 큰 감동을 선사하기 위해 과장하는 것'이라고 생각하고 피디 선생님의 지시에 착실히 따르기로 했다.

그 다음은 극기훈련이었다. 어떤 상황에서도 버텨내는 인내심과 강한 의지를 기르기 위해 거쳐야 하는 심신 단련 과정이었다. 많은 시청자들이 보면서 눈시울을 적시고 가슴 찡해 하는 순서이기도 했다. 내게 주어진 건 산악자전거를 타고 가파른 고개를 넘는 것이었다.

나는 입에 거품을 문 채 산악자전거를 타고 주어진 코스를 달렸다. 자전거로 산을 오른다는 것이 체력과 정신력을 동시에 요구하는 것이어서 한 번 해볼 만하다 싶었다.

그런데 산 중턱에 있는 가파른 고개 앞에서 나는 맥없이 미끄러져 내렸다. 이른바 '껄떡고개' 였다. 있는 힘을 다해 이를 악문 채 페달을 밟고 또 밟았지만 난공불락이었다.

미끄러져 내리면 다시 오르고, 오르다가 또 미끄러져 내리고, 미끄러져 내리면서 이리 넘어지고 저리 넘어지고, 다시 오르고 다시 넘어지고…….

정말 수없이 넘어지고 엎어졌다.

정강이는 흙바닥에 긁혀서 까지고 호흡은 가빠오고, 입에서 침은 줄줄 흘러나오고…… .

급기야는 자전거를 내던지고 바닥에 누워버렸다. 그리고 그저 한없이 서러울 뿐인 허공에서 어머니의 얼굴을 찾았다. 나는 그냥 모든 걸 팽개치고 땅으로 꺼져 들어가고만 싶었다.

'내가 지금 무얼 하고 있는 걸까? 어쩌다가 내가 여기에 있게 된 걸까? 왜 내 삶이 이래야 하는가?'

막다른 벽 앞에서 자기 자신을 유기한 듯한 처절하고도 애처로운 내 얼굴이 브라운관 가득히 담겼다. 그 모습을 본 사람들은 어떤 마음이었을까…….

내 딴에는 살아 보려고 한 일이었지만, 그렇지 않아도 어눌한 인간이 텔레비전까지 나가 만인들 앞에서 바보가 되었다는 부끄러움이 밀려 왔다. 그러나 후회해도 이미 늦은 일이었다.

사실 껄떡고개 장면 뒤에는 숨겨진 이야기가 있다.

원래 피디와 작가는 이 장면의 극적 효과를 위해 아들 슬기를 출연시킬 계획을 가지고 있었다. 한창 사춘기로 예민했던 고2의 아들은 촬영을 완강히 거부했다.

"아들인 나에겐 알리지도 않고 왜 이런 일을 하셨어요? 우리가 거집니까? 꼭 이런 프로에 나가야 돼요?"

슬기의 항변은 전에 없이 강하고 거셌다. 그리고 일리가 있었다. 그 강한 자존심에 아버지의 무능함과 궁핍함을 전국적으로 방송하는 데 찬성할 리가 없었다. 한참 예민할 나이고 반항적인 시절이 아닌가. 처음부터 의견을 묻지 않은 것이 결정적인 실수였다. 아내는 설움에 겨워 울음을 터뜨렸다.

급기야는 피디가 나서서 슬기를 설득했다. 젊은 사람이었지만 방송을 하면서 어려운 일을 많이 겪어서인지 차분하고 인내심도 많은 사람이었다.

"알았습니다. 나는 상관하지 않을 테니 알아서 하세요. 단, 나는 이 일에서 빠지겠습니다. 촬영은 물론이고 이름도 나오지 않게 해주세요. 그 조건만 지켜준다면 아무 말 않겠습니다."

네 시간이 넘는 끈질긴 설득에 슬기가 한 발짝 뒤로 물러났다. 나와 아내는 물론이고 다른 스태프들까지 안도의 숨을 내쉬었다. 그러나 방송의 생리를 누구보다 잘 아는 피디의 계획은 끝난 것이 아니었다.

그는 이미 껄떡고개에서 내가 쓰러지리라는 걸 예상하고 있었고, 그것을 빌미로 슬기를 텔레비전으로 끌어들일 생각을 하고 있었

다. 아버지가 쓰러졌다는 소식을 들으면 슬기가 달려나올 것이라고
여긴 것이다.

예측대로 나는 극기훈련 중 쓰러졌고 그 틈을 타 스태프 중 두
사람이 슬기의 학교로 찾아갔다. 그러나 슬기는 단호했다.

"지난번에 약속하지 않으셨어요? 저는 일체 관여하지 않겠습
니다. 알아서 응급조치를 해 주세요."

일언지하에 냉정한 거절이었다.

힘없이 돌아오는 두 사람을 보자 모든 스태프들의 입에서 똑
같은 한 마디가 흘러나왔다.

"실패다!"

'아버지가 껄떡고개를 넘다 지쳐 쓰러졌을 때 갑자기 그토록
촬영을 반대하던 아들이 나타난다. 그래서 쓰러진 아버지를 부축하
여 일으키고 다시 한 번 최후의 도전을 하게 한다. 혹은 아버지를 대
신하여 아들이 고개를 넘는다.' 피디가 생각하고 있던 이런 그림이
무산된 것이다.

물론 그랬으면 보는 사람들의 코끝은 더욱 시큰해지고 더욱
찡한 감동이 브라운관 밖으로 흘러나왔을 것이다. 그러나 결코 사람
들 앞에서 자신의 아픈 부분을 드러내거나 연출하고 싶지 않았던 슬
기의 자의식을 카메라가 깰 수는 없었다. 그 아이는 그 아이대로의
세계와 진실을 지키는 방법이 있는 것이다.

나는 다시 일어나 힘겹게 껄떡고개를 넘었다. 긴 시간은 아니
었지만 정말 정신적으로나 육체적으로 극한 고통을 느끼게 한 훈련
이었다. 비록 아름다운 모습으로 비치지는 않았겠지만 나는 극한에

서 있는 한 인간의 모습을 조금의 가감도 없이 드러낸 것이 만족스러웠다.

그런데 정작 개업식 날 아침에 생각지도 않은 일이 터졌다. 난데없이 이발협회 사람들이 들이닥친 것이었다. 발단은 프로그램을 진행하시는 분들이 광주 이발협회에다 건 전화였다.

"이번 방송은 사양길에 있는 우리 나라 이용실의 이미지를 쇄신시키는 데 도움이 될 것입니다. 그러니 협회 차원에서 한번 찾아와서 격려해 주십시오."

그러나 이발협회 측의 반응은 차가웠다.

"그 말 많은 이발소, 미용사 면허증으로 이발하는 곳을 우리가 왜 도와줍니까?"

내가 처음에 이발소를 낼 때 미용사 자격증으로 냈던 것이 심히 못마땅했던 모양이었다. 촬영 당시 나는 미용사 면허증과 이용사 면허증을 모두 가지고 있었는데도, 그들의 인식은 여전히 미용사 면허증에 머물러 있었다.

나는 무안하기도 하고 미안하기도 하고, 정말 어떻게 해야 할지 몰라 쩔쩔 매고만 있었다. 그런데 역시 관록이 있는 분은 달랐다.

당사자인 나도 방송국 피디도 당황해하고 있는데 안정근 씨가 나섰다. 기왕 일이 이렇게 되었으니 묵은 감정은 씻고 방송을 돕는 것이 서로에게 좋지 않겠느냐고 설득을 한 것이다. 이발협회 측에서도 안정근 씨의 설득에 가늠을 바꾸었다.

"협회비 삼십만 원만 낸다면 참석하겠습니다. 이것은 협회원이 되기 위한 절차이니 지켜 주십시오. 그러면 힘 닿는 데까지 돕겠습니다.”

　　그러나 당시 우리에겐 협회비 30만 원을 낼 돈이 없었다. 할 수 없이 아내가 신용카드로 현금 서비스를 받았다.

　　그 다음부터 정신없이 일이 진행되었다. 사방에서 카메라가 돌아갔고 나는 쉴새없이 가위질을 했다. 기다리는 손님들을 위해 틀어놓은 비디오에선 ‘바람과 함께 사라지다’ 의 비비안 리가 왈츠를 추느라 빙빙 돌아가고 있었다. 가게 주변에는 온 동네 사람들이 다 나온 듯 빽빽이 둘러서 있고, 그 사이에서 아이들은 빽빽 울고……. 정말 북새통이었다.

　　그리고 마침내 클라이맥스의 순간이 왔다.

　　금고를 여는 순간.

　　많은 돈을 벌기 원했던 것은 아니었지만 얼마나 가슴이 두근거렸는지 모른다. 신동엽 씨가 한 장 한 장 돈을 헤아릴 때 심장이 콩닥콩닥 뛰었다.

　　“스물 아홉, 서른! 서른, 삼십만 원입니다. 딱, 삼십만 원.”

　　그랬다. 30만 원이었다. 29만 원도 31만 원도 아닌 딱 30만 원! 그 날 아침에 이발협회에 신용카드로 대출해 내준 30만 원이 고스란히 들어있었다.

　　그런데 수입 액수를 확인하는 순간 담당 피디의 표정이 어두워졌다. 신장개업 프로그램 방송 사상 이렇게 수입이 적은 예는 한 번도 없었던 것이다.

　　“이거 이렇게 방송이 나가서 될까? 기운이 빠지는데 우리가 돈을 걷어서라도 좀더 넣는 게 어떨까?”

그러나 신동엽 씨의 생각은 달랐다.

"이런 시골 마을에서 삼십만 원이 나온 게 기적입니다. 돈을 얼마나 벌었나 보려고 이 프로그램을 방송하는 것이 아니잖아요. 좀 더 진솔한 모습을 보여 주는 것이 차라리 낫지 않겠어요."

다른 스태프들도 신동엽 씨의 의견에 동의했다.

이렇게 해서 정말 특별한 경험이었던 〈신동엽의 신장개업, 시인 이발사〉편이 대단원의 각을 내렸다. 그리고 우리 이발소는 '멋지군' 이라는 새 이름을 얻었다.

나는 왜 가게를 바꾸었나

방송의 위력은 대단했다.

신장개업이 방송된 이후 우리 이발소를 찾는 손님들의 발길이 끊이지를 않았다. 주변 마을은 물론이고 멀리 광주 읍내에서까지 차를 몰고 오는 사람들도 많았다.

그분들은 나를 보자마자 방송 이야기를 했다. 시청자들에게 가장 인상이 깊었던 장면은 역시 극기훈련이었다.

"그 산악자전거 타는 거 보며 얼마나 코끝이 찡했는지 몰라요."

"그때 정말 얼마나 힘드셨어요. 힘에 겹기도 하고 서럽기도 한 표정이 화면 가득 나오는데 정말 나도 가슴이 아프더라구요.”

어른들만이 아니었다.

내가 구연 동화를 자주 들려 주었던 수지와 수연이라는 동네 아이들 반응 역시 대단했다.

“아저씨! 산악자전거 타실 때 나도 몰래 눈물이 나서 울었어요. 우리 엄마 아빠도요.”

산악자전거 장면이 단연 화젯거리였다. 내가 머리를 잘 깎을 것 같아서라기보다 그 장면을 보고 연민의 정으로 찾아오는 손님이 더 많은 것 같았다.

전화도 빗발쳤다.

부산에서도 전화가 왔고 대전에서도 전화가 왔다. 모두 앞으로 잘해 보라는 격려성 전화였다. 사촌누님도 울면서 전화를 했고, 그 동안 연락이 끊겨 있었던 친척들과 지인들의 전화가 밀려들었다.

방송에 나간 이후 가게는 살아나기 시작했고 그 동안 월세를 무느라 야금야금 빼먹고 있던 보증금도 되찾았다. 한동안은 정말 신나게 머리를 깎았고 하루가 어떻게 가는지 모르게 바쁘게 살았다.

그러나 어려움이 아주 사라진 것은 아니었다. 가장 문제가 되는 것은 집에서 너무 멀리 있다는 것이었다. 유명해진 만큼 전보다 훨씬 더 성실한 자세로 손님을 대해야 하는데 그렇지가 못했다.

다른 교통 수단이 없고 30분에 한 대씩 오는 버스를 타야 하는데, 그 차마저 시간을 지키지 않거나 그냥 지나가는 경우가 많았다. 한 대를 놓치고 나면 한 시간을 기다려야 했다. 손님이 오든 안 오든 가게 문을 여는 시간은 손님과의 약속인데 시간을 지키지 못하는 게 너무 안타까웠다.

　　교통 문제를 해결하는 유일한 방법은 차를 사서 몰고 다니는 것인데 우리 형편에 자가용은 무리였다. 이리저래 대책이 없다는 생각이 들 때마다 이렇게 어렵게 출근을 하는 방법밖에는 없는가 하는 회의가 들기도 했다.

　　그런데 이런 내 마음을 알기라도 한 듯 변화를 줄 수 있는 기회가 찾아왔다.

　　어느 날 이발소를 찾아온 분이 이런 이야기를 꺼냈다.

　　"사실 저도 이발소를 하는 사람인데 얼마 전에 이 곳으로 이사를 왔습니다. 가게는 분당인데 교통이 워낙 불편하여 고생스럽습니다. 선생님은 댁이 분당인 걸로 알고 있는데 우리 서로 가게를 바꾸면 어떨까요?"

　　그 말에 나는 무릎을 쳤다.

　　"지금 계시는 곳은 보증금과 월세가 얼마입니까?"

　　보증금은 우리 가게와 같았고 월세만 5만 원 더 비쌌다.

　　서로 가게를 바꾸면 아침마다 버스를 잡느라 애태우지 않아도 되고 집에서 가까운 곳에서 편하게 일할 수 있을 터였다. 마음에 걸리는 게 있다면 그 자리가 방송을 통해 알려진 곳이라는 것과 디자이너가 직접해준 내부 인테리어를 포기해야 하는 것이었다.

　　하지만 일단은 분당의 이발소를 보기로 했다.

　　그 가게 역시 손님들의 발길이 닿기 힘든 자리에 위치해 있었다. 한나절 이상 그 가게에 앉아서 이야기를 나누었지만 손님이 한 명도 오지 않았다. 한마디로 돈 벌기 어려운 이발소라서 시골 이발소와 맞바꾸어도 별로 손해볼 것 없는 자리였던 것이다.

그런데 이상한 것은 내 마음이었다. 그곳에 앉아 있으니 마음이 아주 편했다. 지금 있는 능골은 오래 정이 들었음에도 불구하고 앉아 있으면 외딴섬에 홀로 있는 것처럼 을씨년스럽고 낯설어 마음이 편하지 않았는데, 이곳은 처음 와본 곳이고 손님이 오지 않는 가게라는 부정적인 판단에도 불구하고 마음이 참으로 편했다.

나는 가게를 바꾸기로 용단을 내렸다. 그는 두말 없이 동조했다. 그로서는 손해볼 일이 없었다. 이 가게가 손님도 별로 없고 내부시설도 미비한데 비해 우리 가게는 주변에 많이 알려져 손님도 꽤 있었고 무엇보다 인테리어가 훌륭하게 되어 있어 몸만 옮기면 손볼 일이 없었다.

아마 객관적인 조건에 비추어 본다면 이런 내 결정은 아주 어리석어 보였을 것이다. 다른 것도 아니고 방송을 통해 나라는 사람의 약점과 치부를 적나라하게 드러냈고, 그 덕분에 유명세를 얻게 해준 가게를 떠난다는 데, 그것도 거의 손님이 없는 것 같은 자리로 옮겨 앉겠다는 데 동의할 사람은 별로 없을 것이다.

그러나 나는 옮기기로 결정했다. 아무리 사연이 깊고 장사가 되는 곳이라 하더라도 더 이상은 조바심을 치며 버스를 기다리고, 그러느라 늦어버린 시간 때문에 우울한 마음으로 가게를 여는 나날을 반복하기 싫었다. 나는 한 사람이라도 편안한 마음으로 맞고 그에게 최선을 다한 봉사를 하고 싶었다. 아무리 남들이 어리석다고 질책한다 해도 그게 바로 나였다. 누구도 바꿀 수 없는 나.

틀림과 다름

이발소를 옮기는 것은 처음 개업을 하는 것과 같았다. 사실 가게를 바꾸면서 가장 아쉬웠던 것이 알려진 자리보다 인테리어였다. 인테리어 전문가가 해준 것만큼은 아니어도 내 마음에 들게, 내 취향대로 하고 싶었다.

옮긴 곳은 창문 쪽에 이발실용 거울을 빽빽하게 붙여 놓아서 햇빛 한 줄 들지 않았고, 복도 쪽 유리창에는 썬팅이 되어 있어 숨막힐 듯 답답했다. 게다가 문을 열고 들어서면 담배 냄새며 곰팡이 냄새가 진동을 했다. 양쪽 창을 모두 막아 버렸으니 냄새가 나는 건 당연했다.

나는 이사오자다자 썬팅을 모두 제거했다. 창쪽에 있는 거울도 치웠고 벽과 집기의 색깔도 아이보리와 잿빛 블랙으로 통일시켰다. 고급스럽진 않더라도 전체적인 분위기를 단순하면서도 깔끔하게 만들려고 나름대로 애를 썼다.

신장개업에서 허준 인테리어가 마음에 들었기 때문에 부분적으로는 그곳의 인테리어를 재현했다. 외조부님과 친구분들의 초상화는 여전히 인테리어의 한몫을 톡톡히 해냈다. 그리고 그 외에는 가능하면 별다른 디자인을 하지 않고 심플하게 두고 싶었다.

그런데 문제가 생겼다. 어느 교우가 우리를 돕겠다며 황톳빛 커튼에 레이스를 달아 가져온 것이다. 내가 락카를 사러 모란장에 다녀온 사이 아내는 재빠르게도 그 커튼을 모두 달아 놓았다. 들어오자마자 눈에 확 들어오는 황톳빛 커튼이 심하게 눈에 거슬렸다.

전혀 어울리지 않은 커튼이 걸려 있는 데 당황한 나는 발을 동동 굴렀다.

"빨리 떼요. 어서. 난 잿빛 블라인드를 하려고 했지 이런 음습한 커튼을 달려고 생각해 본 적 없어요. 어서 떼요."

아내가 난감한 표정으로 말했다.

"우리를 위해 밤을 지새워 만들어 온 거예요. 성의를 봐서라도 일 년만 그냥 달아놓읍시다."

아무리 봐도 거슬렸지만 밤을 새워 만들었다는 아내 말에는 내 주장을 굽힐 수밖에 없었다. 하지만 늘 그 커튼이 걸린 쪽에 신경이 쓰였다. 우리 분위기에 어울리지 않는다는 것이 나만의 생각인지 아니면 다른 사람도 그런지 알아보고 싶었다. 그래서 오시는 손님마다 붙잡고 "저 커튼이 어떻습니까?" 하고 물어봤다. 사람들은 반응은 "좋은데요"였다. 내가 미심쩍어 하며 재차 "정말로 좋습니까?" 하고 물으면 "왜 못 믿으세요? 제가 거짓말 하는 것처럼 보이나요?" 하고 되물었다.

내 생각에 동조하는 사람보다 좋다는 사람이 많으니 그냥 둘 수밖에 없었다. 마침 겨울이 다가오고 있고, 잿빛과 아이보리만 있으면 너무 차가운 이미지를 줄 수도 있는데 황톳빛이 있어 따뜻해 보인다는 말도 들었다.

하지만 누가 뭐래도 커튼에 달린 레이스만큼은 도무지 내 생리에 맞지 않아 결국 레이스를 다 떼어냈다.

또 한 가지 내 신경을 거슬리는 게 있었다. 바로 이발소의 상징물인 사인볼이었다. 이 이발소에는 사인볼이 무려 여덟 개나 달려 있었다. 저렇게 사인볼을 많이 돌려야 장사가 잘 될까. 좋은 기술과 친절한 태도로 사람을 끌어야지 사인볼 수가 많다고 장사가 잘 되는 건 아니라고 생각했다. 그래서 사인볼을 모두 철거하고 세 개만 깔끔하게 새로 달았다.

그런데 이것 역시 사람들의 생각과 내 생각이 달랐다. 많은 손님들이 사인볼 수가 적어서 아쉽다고들 했다. 그 전보다 눈에 잘 띄지 않는 모양이었다. 가게 광고 측면에서는 좋지 않은 것 같았다. 그래서 이 일만큼은 지나치게 내 생각에만 치우쳤다는 반성을 했다.

사람들은 눈은 모두 같은 듯하면서도 모두 다른 것 같다. 나는 참으로 눈에 거슬리는 것도 다른 사람들 눈에는 좋게 보이고, 나는 참 좋게 보이는데도 사람들은 좋게 생각하지 않으니 말이다. 내가 판단하는 기준과 다른 사람의 판단 기준도 다르다. 살면서 생기는 모든 문제들이 아마 이런 차이 때문에 생기는 것인지도 모르겠다.

그런데 중요한 것은 그걸 잘 알면서도 실제로 받아들이기가 어렵다는 것이다. 아내가 어떤 성품을 가진 사람인지, 어떤 감성을 가진 사람인지 너무나 잘 알고 충분히 이해는 하면서도 아내와의 갈등은 아직 끝나지 않은 전쟁으로 남아 있으니 말이다. 그리고 그것은 비단 우리 부부만의 문제는 아닌 모양이었다. 아이러니하게도 그때문에 우리는 뜻하게 않은 유명세를 타게 되었다.

아내는 나에게 무엇인가

"저는 케이비에스 아침마당 작가 김기정인데요, 진짜 작가 선생님께 제 자신이 작가라고 하니까 쑥스럽네요. 아침마당이란 프로를 보신 적 있으세요?"

느닷없이 방송 작가에게서 전화가 걸려왔다.

"네, 본 적은 있습니다만 아침마당이 어떤 성격의 프로그램인지 잘은 모릅니다."

"저희 프로그램은 요일마다 다른 주제를 가지고 방송하는데, 선생님을 목요일 방송에 모시고 싶어요. 선생님께서 내신 시집과 신문 기사들을 아주 인상 깊게 읽었거든요."

"제가 신동엽의 신장개업이라는 프로그램에 나간 적은 있습니다만 솔직히 말씀드리견 저는 지나치게 감성적이고 말도 어눌한 편이라 방송에 부적합할 겁니다."

나는 방송에 정말 자신이 없었으므로 솔직하게 말했다.

"그건 너무 걱정하지 마시구요, 이번 목요일 아침 프로를 보시고 일단 한 번 뵈었으면 합니다."

김 작가는 내가 낸 시집 『휘어진 십자가』를 읽고 목사이자 이발사이자 시인으로 살아가는 내 삶에 호기심이 일었던 모양이었다. 평범하지 않은 이력이니 다른 사람들에게 들려줄 이야깃거리가 되겠다고 생각할 수도 있겠다 싶었다.

이튿날 아침 〈아침마당〉을 보기 위해 다른 날보다 서둘러 일찍 가게에 도착했다. 그 날은 송길원 목사님이 강의를 하셨다. 그런데 워낙 말씀을 잘하셔서 '와 저렇게 달변가가 나오는 프로그램에 어떻게 내가 나갈 수 있을까' 하는 생각이 들어 더욱 자신이 없어졌다.

오후에 다시 김 작가에게서 전화가 왔다.

"프로그램을 보셨습니까?"

"네, 봤습니다만 그렇게 말 잘하시는 분들께서 나오는 프로에 제가 어찌……. 도통 주눅이 들어 자신이 없습니다."

"그분은 워낙 강의를 많이 다니신 분이라 그러신 거구요, 선생님은 선생님의 모습대로 진솔하게 하면 됩니다. 또 선생님께서 출연하실 코너는 강의를 하는 게 아니고 사회자들과 편안하게 이야기를 나누면 되는 거니까 너므 걱정하지 않으셔도 돼요."

김 작가는 노련한 섭외가답게 아주 편안하게 나를 설득했다.

일단 작가와 피디를 만나 구체적인 이야기를 해 보기로 했다.

일주일 후 단발머리에 큰 눈을 가진 김기정 작가가 찾아왔다.

"임대배 피디 님은 지금 오고 있는 중이에요. 그냥 편하게 듣고 싶어요. 사모님과 살아오시며 겪은 드라마틱한 얘기가 세간에 떠돌기에 몹시 궁금했어요. 두 분께서 살아온 얘기를 들려주시겠어요?"

그렇게 시작된 이야기가 세 시간 반 동안 굽이굽이 이어졌다. 이야기 도중에 임대배 피디가 왔고 다행히도(?) 그 네 시간 가까이 되는 취재 시간 동안 손님이 없었다.

"감사합니다. 말씀 잘 들었습니다. 곧 연락을 드리겠습니다."

"팩스로 질문 사항 등을 미리 보내드릴 테니 읽어보시고 가능한 한 그 범주에서 말씀해 주세요. 너무 사변적으로 흐르는 일이 없었으면 좋겠습니다."

작가는 나와 대화를 나누면서 너무 사변적이라는 느낌을 받은 모양이었다. 생방송이기 때문에 길게 말한 것을 편집할 수도 없고 다시 녹화를 할 수도 없어서 미리 대강의 방송 내용을 짜놓고 시작하는 것 같았다.

다시 가슴이 두근거렸다. 그 동안 라디오 방송 출연은 더러 한 적이 있었지만 텔레비전에 나간 것은 지난번 〈신장개업〉밖에 없었다. 더구나 그건 다시 찍고 연출하는 것이 가능한 녹화방송이었는데 이번에는 생방송으로 나간다니, '말은 어떻게 하지? 표정 관리는? 그렇잖아도 눈물이 많은데 아침부터 눈물을 보이진 않을까?' 등등 생각이 많아졌다.

그런데 나와 달리 방송 자체에 대해서는 두려움이 없었던 아내는 다른 문제로 고민하고 있었다.

"아무리 그래도 방송인데 입을 옷이 하나 없으니……."

정말 그랬다. 아내에게는 예를 차릴 자리에 만만하게 입고 나갈 겨울 정장 한 벌이 없었다. 내 옷장과 아내 옷장을 뒤져 이것저것 찾다보니 지난 여름에 벼룩시장에서 5천 원을 주고 샀던 카키색 정장 한 벌이 나왔다. 입어 보니 원래 키가 훤칠하고 살이 찌지도 그렇다고 마르지도 않은 몸매여서 썩 괜찮아 보였다. 결국 "이걸로 입자"고 결정했다.

2001년 2월 8일, 드디어 방송을 하는 날이다.

한겨울 새벽 공기는 매서웠다.

원래 몸이 찬 체질인 아내는 찬바람 속으로 나서는 게 겁이 나는 모양이었다.

"날씨가 추우니 일단 모자를 쓰고 가겠어요."

"모자를 쓰면 머리가 눌릴 텐데."

방송을 통해 우리 모습이 생생하게 나간다고 생각하니 나는 옷차림이나 머리 모양 등에 은근히 신경이 쓰였다. 그러나 아내는 역시 외모보다 내실이었다.

그런데 막상 작가와 피디 선생을 만났을 때는 내 우려가 현실로 드러났다. 잔뜩 눌러쓴 모자 때문에 착 들러붙은 머리가 문제였다. 가뜩이나 머리숱도 없는데 그것마저 수건 쓴 것처럼 붙어 버렸으니 난감할 수밖에.

"그 스타일로는 도저히 안되겠습니다. 앵커들 전문 담당 미용사가 있는데 그분께 부탁해보지요. 방송인 전문 미용사가 일반 게스트의 머리를 만지는 것은 좀 예외적인 경우이긴 하지만 시간도 없고 하니 어쩔 수가 없네요."

모자 덕분에 아내는 방송인들 머리만 전문적으로 만지는 미용사에게 머리를 하게 되었다. 얼마 후 내 앞에 나타난 아내의 모습을 보고 나는 입이 쩍 벌어졌다.

"와! 완전한 변신이다. 힐러리 스타일이네."

빠른 시간에 전혀 다른 사람을 만들어 놓다니, 정말 전문가다운 솜씨였다.

"모르겠어요. 내 모습이 아닌 것 같아 어색한 느낌이에요."

감탄하는 나와는 달리 아내는 자기 모습이 무척 쑥스러운 모양이었다.

방송이 시작되기 전에 잠시 방송 내용에 대한 의견을 나누었다. 생방송이기 때문에 되도록 미리 준비된 내용 안에서 움직이는 게 안전했다.

"방송은 누구보다 시청자를 고려해야 하니 교육적 측면을 삼십 프로 생각하고 칠십 프로는 웃을 수 있는 이야기로 합시다."

사회자인 이상벽 씨도 내가 너무 내 감정에 빠져들까 봐 걱정이 되는 모양이었다.

역시 알고 있는 것과 행동하는 것은 달랐다. 아내를 만나게 된 과정을 얘기하다 보니 대본에는 빠졌던 옷 얘기가 나왔다.

"옷이 올라 신학교 등록금을 탕진한 채 터덜터덜……." 내가 옛 감상에 빠져 이야기가 여기에 이르렀을 때 이상벽 선생이 매우 난감한 표정을 지었다. 그것을 눈치챈 아내가 이야기를 짧게 거들었고 질문이 다른 쪽으로 유도되면서 순발력 있게 다음으로 넘어갔다.

방송에만 나가면 그렇잖아도 어눌한 말이 더 어눌해지고 몸이 떨리다 못해 굳어져 버리는 나에 비해 아내는 담담했다. 일거수 일투족을 놓치지 않고 담아내는 카메라 앞에서도, 코앞에서 우리를 뚫어져라 쳐다보는 방청객들 앞에서도, 쟁쟁한 두 사람의 사회자 앞에서도 아내는 떨지 않았다.

정말 아내는 나와 다른 사람이었다. 불의의 사고, 처음 우리가 만난 이야기, 목회, 오방떡 장사, 이발사 등으로 이어진 삶의 구절구절마다 목이 메인 나와 달리 아내는 차분하게 이야기를 해 나갔다. 특히 오방떡 리어카에 매달려 가는 장면을 이야기할 때는 나는 차마 말을 못 잇고 있는데 아내는 잊지 못할 추억 이야기하듯 웃으면서 마무리했다.

처음에 〈아침마당〉에서 나를 섭외한 것은 내 인생 역정이 남달랐기 때문이겠지만, 아내와 함께 이야기를 하면서는 오히려 부부 문제에 초점이 맞추어졌을 것이다. 그리고 오히려 그것이 드라마틱한 한 남자의 인생을 재미 삼아 듣는 것보다 훨씬 더 유익했을 것 같다. 사실 결혼을 한 사람이라면 부부 문제가 곧 삶의 문제일 테니 말이다.

사실은 나 역시 아침마당이 주부 대상 프로그램이라는 데 신경을 썼다. 이 프로그램에서는 아내 쪽이 초첨이 맞춰져도 좋을 것 같았고 '아내는 나의 구원의 여인'이란 제목도 마음에 들었다. 그런데 그 때문에 방송을 잘못한 것 아니냐는 전화를 받기도 했다. 평소

친분이 있는 목사님의 전화였다.

　"아니, 목사님! 어떻게 목사님을 베짱이의 이미지로 그렸습니까? 반죽은 사모님이 팔에 힘이 없어 목사님이 할 수밖에 없었던 것인데, 마치 사모님은 리어카를 끄는 힘든 일을 하고 목사님은 집안에서 편안한 일을 한 것처럼 되어 버렸잖아요. 그리고 사모님이 고생한 만큼 목사님도 고생하지 않으셨습니까? 심지어는 청원경찰까지 하셨으면서 왜 사모님만 고생하신 것처럼 보이게 하셨어요?"

　목사님의 지적은 정확한 것이었다. 방송중에 아내가 리어카에 매달려 끌려갈 때 내가 그 자리에 없었던 것에 대해 이상벽 씨도 이상하다는 듯이 물었었다. '그때 선생님은 무얼 하고 있었느냐' 고. 그리고 집에서 반죽하고 있었다는 내 대답에 고개를 갸우뚱했다. 힘 없는 아내는 리어카를 끌고 밖으로 나가고 힘 있는 남편은 집에서 반죽을 하다니, 뭔가 이상하지 않은가 하는 표정이었다. 반죽을 하는 게 얼마나 어려운지, 내가 왜 반죽을 해야만 했는지를 이해하지 못하면 당연히 나올 수 있는 반응이었다.

　그러나 나는 굳이 그 상황이나 나 자신의 행동을 강변하지 않았다. 아마 그 때문에 나를 아주 무능한 남편으로 보고 아내를 딱하게 생각하는 시청자들도 많았을 것이다.

　그러나 나는 목사님께 당당하게 말했다.

　"주부 대상 프로에서 내가 주인공이 될 수는 없잖습니까? 그리고 그 동안 나에 대해서만 이러쿵저러쿵 이야기를 했지 아내에 대해서는 말해본 적이 없었습니다. 그래서 아침마당에 나간 김에 아내의 마음도 헤아려 주고 싶고, 속된 말로 좀 띄워 주고도 싶었습니다."

"그럼 다른 사람들한테는 별다른 연락이 없었습니까?"

목사님은 다시 걱정스러운 투로 물어오셨다.

"처갓집에서 이 프로를 보고 많이 웃었다는 말을 들었어요. 그 외엔 '두 분 모두 참 귀하신 분들'이라며 격려하는 전화정도였습니다."

그제야 목사님은 안심을 하신 듯 전화를 끊으셨다.

방송이 나가고 나서 나를 알아보는 사람들이 많았다.

병원에 가도 약국엘 가도 심지어 휴대폰 충전기를 사러 가도 사람들은 반색을 하며 "혹시 텔레비전에 출연하시지 않았습니까?" 하고 물었다.

그럴 때마다 나는 반갑거나 자랑스럽기보다 위축되고 긴장된다. 괜히 '좋은 사람'을 강요받는 느낌이 들기 때문이다. 누가 그러라고 시킨 것도 아니고 꼭 그래야 한다는 법도 없는데, 괜히 어색해지고 말이나 행등이 자유롭게 되지 않는다. 어떤 땐 위선자가 되고 있다는 느낌까지 받는다.

어쨌든 유명한 방송 프로에 출연한 것은 행운이고 멋진 경험이었다. 그러나 결국 지금까지 마음에 남아 있는 것은 방송중에 이금희 씨가 나에게 한 질문이다.

"남편께서는 서로 잘 맞는 부부라고 생각하시는지요?"

그때 나는 이렇게 대답했었다.

"그렇다는 걸 긴 과정을 통과하며 알게 되었죠. 그 세월이 참 길었죠."

그런데 다시 그 질문이 주어진다면 이렇게 대답하고 싶다.

"여전히 잘 맞지 않습니다. 서로의 감정이 공유되지 않는데
어찌 삐그덕거리질 않겠습니까? 그러나 서로 다른 두 사람이 만나
살게 하신 하나님의 섭리를 생각하게 될 때 행복을 찾을 수 있다고
생각합니다."

물가에 선 아담

당신과 내가 하나되지 못하였을 때
아무리 보아도 반쪽이었습니다
결혼은 했으나 느낌은 반쪽
사랑하고 미워하고 세월이 흘러가다
나의 삶은
하나를 보기 위한 그림자임을 깨달았습니다
어느 날 호숫가를 서성일 때
물에 비친 제 모습을 확인했습니다
비로소
당신과 나는 하나되어 있었습니다

아버지는 딸의 손을 놓지 않는다

지금은 남산, 용산역, 수원 팔달산으로 봉사를 다닐 때와는 달리 많은 것이 변했다. 길다면 길고 짧다면 짧은 그 시간들 동안 세 권의 시집을 묶어서 출판하였다. 그 덕분에 방송 출연도 몇 차례 하게 되었다. 잡지사나 신문사와 인터뷰도 많이 했고 거리에서도 나를 알아보는 사람들을 만날 수 있게 되었다.

그러나 무엇보다 가장 큰 변화는 늘 절박하기만 했던 생활에서 벗어난 것이다. 작지만 아담한 내 가게가 있고 이곳은 세상 어느 곳보다 내 마음을 편안하게 한다. 물론 아직까지 손님이 많지는 않다. 적으면 하루에 다섯 사람, 많을 때에 열 사람 정도가 전부다

그러나 이 분들이 나에게는 얼마나 고마운 분들인지 모른다. 적어도 나에게는 왕 같은 분들이다.

아침에 출근을 하면 나는 먼저 바닥을 닦고 가윗날을 점검한다. 때로 가위가 무디어 있을 땐 가위갈이에 가윗날을 간다. 누가 버린 선풍기 모터를 떼어다 만든 것이다. 바리깡에 머리카락이 많이 묻어 있을 땐 종이컵에다 뜨거운 물을 받아 1~2분간 세척한다. 이렇게 하면 바리깡이 더없이 깨끗해진다. 그리고 날이 상할 우려도 한결 적어진다. 경험을 통한 나만의 비법이다.

이렇게 손님을 맞을 준비가 끝나면 오늘 만날 사람들을 위해 다시 한번 마음을 가다듬는다. 손님을 대할 때는 항상 내 마음이 아니라 그분의 마음에 들게 하는 것이 먼저다. 그래서 이렇게 묻는다.

"손님, 어떻게 다듬어드릴까요?"

그러면 간혹 이렇게 말하는 손님이 있다.

"아이구, 이 얼굴에 뭘……. 그냥 아무렇게 깎아 주십시오."

그럼 난 펄쩍 뛰며 말한다.

"무슨 말씀이십니까? 손님 얼굴은 지상에 단 하나밖에 없는 고귀한 얼굴이십니다. 전 손님의 얼굴에 어울릴 때까지 최선을 다할 것입니다."

그렇다. 인간은 누구나 자기만의 왕국을 가지고 산다. 그래서 나는 왕을 대하듯 손님을 대한다.

하지만 내게도 고쳐야 할 부분이 있다. 미소가 부족하고 말이 없는 것이다. 처음에 이렇게 몇 마디 대화를 나누고는 그 다음부터 무거운 침묵으로 일관한다. 손님과 유대관계를 끈끈하게 하려면 머리를 깎는 중에도 이런저런 이야기를 나누는 것이 좋은데 한 번 꾹 다문 내 입은 좀처로 열리지 않는다.

아내에게 여러 번 지적을 받고 내 나름대로는 고쳐보려고 무척 애를 써 보았으나 잘 되지 않는다. 아무리 의식을 하고 있어도 천성을 바꾸기는 어려운 모양이다. 그래서 지금은 말이 없더라도 손님이 앉은 자리를 편안한 휴식공간처럼 여기도록 애를 쓴다.

다행히 아내는 나브다 싹싹하게 손님들을 대하고, 이런저런 이야기를 잘 나눈다. 그러나 나는 아내가 손님이 들어서자마자 "교회 나가세요?" 하고 묻는 게 못마땅하다. 아내는 전도를 하기 위해 그런다지만 내 생각은 다르다. 크리스천이건 아니건 간에 이발사는 일단 이발 기술이 탁월해야 한다. 그래야 그 사람의 말도 설득력을 가질 수 있기 때문이다.

나는 감히 내 기술이 탁월하다고 말하기는 어렵지만 손님을 생각하는 마음은 누구보다 지극하다고 말할 수 있다.

우리 가게에는 손님들을 향한 또 하나의 연서가 붙어 있다. 고드름이 허옇게 맺힌 수염, 애타게 누군가를 찾는 애절한 눈동자! 바로 영화 닥터 지바고에서 오마샤리프가 눈 덮인 시베리아 벌판을 헤매며 '토냐'를 찾는 장면 사진이다. 그 아래 "닥터 지바고가 토냐를 찾는 마음! 그것이 멋지군의 마음입니다"라는 글귀가 박혀 있다. 그리고 그 옆으로 좀 긴 글이 덧붙여져 있다.

닥터 지바고의 마지각 장면은 무척 인상적입니다. 장군
과 토냐의 대화 장면인데, 장군이 토냐에게 "어떻게 아

버지와 헤어지게 되었느냐"고 묻습니다. 토냐는 대답하
고 싶지 않은 질문이었기 때문에 말을 얼버무립니다.
"혁명의 와중이고 거리는 불이 나고 복잡해서 그저 도
망치는 중에……." 그때 장군이 다그쳤습니다. "헤어진
진짜 이유는 무엇이지?" 그러자 토냐는 입 밖에 내고 싶
지 않았던 말을 실토합니다. "사실은…… 아버지가 내
손을 …… 놓아버렸어요." 이때 장군이 토냐에게 뭐라
했습니까? "내가 사실을 가르쳐 주마. 코마로프스키는
네 친아버지가 아니었어. 너의 아버지는 닥터 지바고야.
만일 그가 네 친아버지였다면 아무리 거리에 불이 나고,
혁명의 와중이라도 절대로 너의 손을 놓지 않았을 거
야."

　－ 진짜와 가짜의 차이가 여기에 있습니다.
　진짜 아버지는 절대로 결코 딸의 손을 놓지 않습니다.

이 문구를 읽은 크리스천은 얼굴이 달라진다. '진짜 아버지'
라는 말에서 언제나 변함없는 하나님을 읽을 수 있기 때문이다. 꼭
크리스천이 아니어도 이 글을 읽고 대화를 청해오는 사람도 있다. 그
런 분을 만나면 이 글을 주제로 이런저런 대화를 나누기도 한다.
　하루는 느티마을 416동에 산다는 손님이 오셨는데 첫인상이
학교 선생님 같기도 하고 목사님 같기도 했다.
　"선생님 같기도 하고 목사님 같기도 하신데 어느 쪽인지 딱 꼬
집어 맞추기가 어렵네요."

내가 먼저 말을 꺼내자 그분이 깜짝 놀라셨다.

"어쩜, 그렇게 사람을 정확히 보십니까? 전 그 두 가지 일을 다 하고 있습니다."

그분은 고등학교 체육 선생을 하며 순복음 신학교를 졸업한 후 학교 교목을 겸하고 계신 분이었다. 어쩌면 나와 비슷한 이력을 가졌다고도 볼 수 있었다.

그것을 인연으로 우리는 자주 만났고 서로 형제처럼 지냈다. 그분은 사람들의 가려운 곳을 찾아 긁어주는 달란트를 가진 분이었다. 우리 '멋지군'을 활성화시키려면 적극적으로 광고를 해야 한다며 발벗고 나선 것도 그분이었다.

방송에 출연한 우리 부부의 사진과 광고 문구를 넣은 포스터를 느티마을 곳곳에 붙여 주시는가 하면, 가게 한쪽 벽면에도 방송 관련 사진과 신문 기사 등을 코팅해 붙여 주셨다. 약간은 낯설게 보이는 내 사진과 기사들이 눈에 들어올 때마다 치기 어린 상장들을 걸어놓은 것 같아 낯간지럽기도 하지만, 준비하신 분들의 정성을 생각하면 고맙기만 하다.

어둠의 뿌리까지 자르고 싶다

아들은 아내에게는 신앙이, 나에게는 시가 없었으면 삶을 지탱하기 어려웠을 거라고 말한다. 맞는 말인 것 같다.

나는 머리 깎다가도 시상(詩想)이 떠오르면 손님께 "잠깐 양해를 구합니다" 하고는 메모를 해 둔다. 손님들도 처음엔 이상한 눈으로 쳐다보곤 했는데 이젠 "아, 저분은 시를 쓰는 사람이지" 하고 자연스럽게 받아들이는 것 같다.

내가 시를 쓴다는 것을 손님들이 알게 된 것은 가게 벽면에 붙어 있는 기사와 사진 때문이다. 간혹 그 기사들을 보며 "이발하시기 전에 무엇을 하셨습니까?" 하고 묻는 손님이 있다. 그러면 내가 뭐라고 하기도 전에 아내가 "전에는 목회를 하셨는데 지금은 시를 쓰고 있습니다"라고 냉큼 대답한다. 그때마다 얼마나 겸연쩍은지 모른다.

손님이 가고 나면 나는 아내에게 당부한다.

"제발 방송에 나왔던 일이라든지 시인이라든지 하는 말은 되도록 삼가하세요."

손님들에게 내가 어떤 사람인지를 알리는 것이 그리 중요하지 않다고 생각한다. 기사를 보고 알 사람은 아는 것이고 모르는 사람은 모르는 채로 있어도 상관없다. 어떤 분이 되었든 우리 집을 찾은 손님에게는 이발사로서 최선을 다하면 되는 것이다. 전직 목회자였고 지금 시를 쓰는 사람이라는 것이 이발과 무슨 그리 큰 상관이 있단 말인가.

다만 내가 시를 쓴다는 것이 손님들과의 인간적인 대화에 도움이 되는 것은 사실이다. 일반적으로 머리를 깎으며 나누는 말과 조금은 다른 대화를 나누기 때문이다.

어떤 분은 문을 열고 들어오며 말한다.

"지붕 개량하러 왔습니다."

"네, 알았습니다. 지붕 개량하신 지 한 달이 조금 넘어섰군요, 선생님."

"어, 어떻게 정확히 그걸 맞추셨습니까?"

"그걸 못 맞추면 어떻게 지붕 개량을 잘해 드릴 수가 있겠습니까?"

"머리만 깎을 게 아니라 내 머릿속에 웅크리고 있는 어둠의 뿌리들도 팍팍 깎아 주세요."

이런 이야기가 나올 땐 좀더 속 깊은 대화가 필요하다. 지나가는 말인 듯하지만 이런 말을 하는 사람은 상처가 있는 사람임을 체험으로 알기 때문이다. 그래서 이런 손님에게는 "일과가 끝난 밤 아홉 시 이후에 다시 이곳으로 와 주십시오"라고 말한다.

이렇게 해서 다시 만났을 때는 이발사와 손님이 아니라 삶의 아픔을 가진 인간으로서 이야기를 주고받는다. 서로 이야기를 나누다 보면 공통점도 찾아지고 공감대도 형성된다. 그리고 자신의 이야기를 하면서 또 남의 이야기를 들으면서 마음의 어느 한 부분이 서서히 치유된다. 누가 무슨 해결책을 주어서가 아니라 자신이 자신의 마음을 드러내고 들여다봄으로써 치유하는 것이다.

우리는 많은 말을 하고 사는 것 같지만 정작 하고 싶은 말을 하면서 사는 건 아닌 것 같다. 처음엔 손님과 이발사로 만났지만 나중에는 나이와 환경을 초월한 인간 대 인간으로 만나 나누는 대화는 너무나 소중하다. 하지만 가까운 사이일수록 대화를 자주 나누지도 못하고 제대로 대화가 되는 것 같지도 않다. 서로를 이미 잘 안다고 생각하고 더이상 자신을 이해시키려고도 상대방을 이해하려고도 하지 않는다. 상대방을 소외시킴으로써 자신도 소외되는 것이다. 나와 가장 가까운 이들과의 대화가 잘 이루어진다면 전문 상담가가 필요없을지도 모른다. 결국 모든 문제의 해결책은 나를 알고 남을 이해하는 데서 출발하기 때문이다.

나는 웃자라 필요 없는 머리칼을 자르고 정리하는 데 기쁨을 느끼는 이발사지만, 정말 할 수만 있다면 내가 든 가위로 사람들의 머리뿐 아니라 그 사람 마음속의 어둠과 갈등의 뿌리까지 '싹둑' 잘라 줄 수 있었으면 좋겠다. 공허하게 울리는 꽹과리 같은 말씀 대신 고뇌의 뿌리를 자르는 가위를 든 이발사, 그것이 진정한 목회자의 모습이 아니겠는가.

재두루미 부부의 금가락지

최근 신문에 난 사진 한 장이 눈길을 끌었다. 눈 주위에 붉은 빛과 잿빛 아이섀도를 바른 것처럼 아름다운 재두루미 두 마리가 날개를 부채처럼 펴고 날고 있었다. 특이한 것은 두 마리 모두 발레리나의 다리처럼 날씬하게 쭉 뻗은 다리에 가락지를 달고 있다는 것이다. '10년을 함께 난 재두루미 부부' 라는 제목이 붙어 있고, 좀 긴 사진 설명이 붙어 있다.

"다리에 가락지를 단 재두루미(천연기념물 제203호) 한 쌍(앞쪽이 암컷)이 강원도 철원에서 발견됐다. 이 가락지는 이들이 최소 네 살 이상이던 1995년 1월에 일본 이즈미의 조류 연구가들이 매단 것으로, 지금까지 최소 10년 이상을 다정한 부부로 지내고 있음을 증명하는 것이라고 윤무부 경희대 교수는 말했다. 십장생 중 하나로 꼽혀온 두루미는 한 번 맺은 부부의 연을 소중히 하는 것으로 알려져 있다."

가락지를 매단 채 10년을 함께 난 재두루미 부부라…….

저들은 어떤 여정을 떠돌았을까. 일본, 중국, 우수리, 몽골……. 어디서부터 어디까지가 그들의 삶의 자리였는지 모르지만 먹이를 찾아 떠돌아다니는 삶이 쉽지는 않았을 것이다. 먹이를 찾아 낯선 땅 늪 지대를 헤맬 때 서러움에 북받쳐 울지는 않았을까. 추운 시베리아 벌판에서는 발이 시려 한 쪽 다리를 들었을 것이고, 머리를 뒤로 꺾고 목을 굽혀 등 깃털 사이에 파묻고 지냈을 것이다.

혹시 본성을 거스르고 한 곳에 머물러 살고 싶은 유혹을 느끼지는 않았을까, 제짝 의에 다른 두루미에게 마음이 흔들린 적은 없었을까, 한 마리가 아프건 다른 한 마리의 마음은 또 얼마나 고통스러웠을까, 잘못해서 다리나 날개를 다친 적은 없었을까. 철을 따라 이동해야 하는 떠돌이 생활 속에서도 10년을 이어온 부부의 연을 지속하고 있는 저들은 어떤 인연이 있었던 걸까.

산다는 게 뭘까…… 부부라는 건 뭘까…….

이런 상념들이 두루미의 동물적 생태를 무시한, 전적으로 내 감정을 두루미에 투사한 것임을 안다. '동백 아가씨'를 듣고 눈물을 흘리는 감상적인 눈으로 재두루미를 보고 있는 것이다. 어쩌면 백년 가약을 맺은 아내와 이리저리 옮겨 다니는 재두루미의 고단한 삶이 내 삶과 너무 흡사하게 느껴져 더욱 감상적이 되었는지도 모른다.

목회자의 옷을 벗고 난 이후 삶에의 여정이 어쩜 저 철새의 이동과 이리도 닮았는지.

> 삼십대 이후의 내 주민등록 초본은
> 마음 바쁜 발길과 황급한 이주사
> 개미떼처럼 삶의 몸부림으로 출렁이고 있다
> 아내여
> 우리는 발 큰 사람끼리 만났는데
> 디딘 자리가 너무도 많았다
> 진주 서울 목포 전주 잠시 찍고
> 할 틈도 없이
> 진눈깨비를 맞으며 무안을 떠나온 지도 십여 년
> 안 돌아보아도 여기 가파른
> 성남의 언덕은 물처럼 흘렀다
> 가장의 역마에 끼어
> 그대의 교통사고 후유증도 껴안지 못한 채
> 세상이 주는 모든 훈장을 내려 놓고
> 한 평짜리 방안에서 오늘도 곤한
> 칼잠을 자는 아내여, 아내여
>
> ─「임대 APT로 흐르며」 중에서

새가 됐든 인간이 됐든 부부로 산다는 것은 환경의 문제가 아니라 보이지 않는 유대감인 것 같다. 사랑하고 이해하고, 싸우고 미워하고 증오하면서 두 사람 사이에 생긴 질기고 끈끈한 끈. 보이지 않는 이 끈은 마음대로 끊을 수도 억지로 이을 수도 없다. 하늘의 섭리와 인간의 불가해한 감정으로 짜여져 있기 때문이다.

나는 창가에 놓인 춘란과 선인장을 바라본다.

처음 청잣빛 화분에 담겨 있던 춘란을 창가에 두고 마음으로 아끼고 있었는데 그만 화분이 깨져 버렸다. 가게 간판 달 때 일하시는 분이 발을 잘못 딛는 바람에 바닥에 굴러 떨어진 것이다. 모란장 날 흰 화분을 사와 다시 심고 선인장 화분 옆에 놓았다.

춘란과 선인장, 전혀 어울리지 않을 것 같지만 서로 다른 모습 그대로 마주보며 의지하는 것이 여간 보기 좋은 것이 아니다. 마치 우리 부부처럼.

기후도 토양도 다른 땅에서 살아야 하는 춘란과 선인장을 억지로 한 화분에서 키우려는 건 무리다. 하지만 서로 자랄 수 있는 공간을 마련해 주고 때로는 마주보고, 때로는 같은 방향을 바라보며 사는 것이 부부다. 어쩌면 우리 부부는 마음을 모아 한 방향을 바라볼 때보다, 서로 다른 방향으로 시선이 흩어지거나 성난 눈빛으로 마주보며 시선이 얽힐 때가 더 많다. 20여 년을 함께 살았으면서도 우리는 아직 완전히 하나가 되지 못한 부부다.

이것은 해결되지 않은 고통일 수도 있지만 한편으로는 삶을 경외하게 하고 생을 진지하게 바라보게 하는 이유가 되기도 한다. 아내는 아무리 살아봐도 미래를 모르기 때문에 인생이 흥미롭다고 말한다. 나 역시 그렇게 생각한다.

　　세월이 흐르면서 팽팽하게 당겨져 있던 우리 부부 사이에 탄력이 생기고 많이 느슨해지긴 했지만, 그럼에도 불구하고 우리는 여전히 해결되지 않은 문제를 가지고 계속 씨름할 것이다. 백년 가약의 징표인 가락지를 달고 가볍게 훨훨 날고 있는 재두루미 부부처럼 멋지게 날 수 있는 그 날까지 말이다.

아 • 내 • 이 • 야 • 기

나는 '하늘이 정해준 짝'이라는 믿음을 가지고 남편과 결혼했다. 우리의 만남이 필연적이라고 여길 만한 여러 가지 신호가 있었기 때문이다.

나는 그를 충분하진 않지만 어느 정도는 안다고 생각했다. 그는 진지하고 감성적이었으며 무엇보다 목회를 할 사람이었다.

그런데 어찌 된 셈인지 부부가 된 그 순간부터 그는 내가 생각했던 그 남자가 아니었다.

나는 도무지 이해할 수 없는 그로 인해 깊이 상처받았고 기도하며 탄식했다. "아, 나는 이상한 사람과 결혼하였다!"

그러나 정금의 담금질 같은 오랜 연단을 거쳐 내 앞의 생을 흥미롭게 바라볼 수 있게 된 지금, 지난날의 나를 담담히 되짚어본다.

"나는 그에게 어떤 사람이었나?"

1

우리가 어느 별에서 태어났기에

드라마 같은 내 청춘

 1976년 11월 9일 토요일, 오후 5시 30분.

"쾅~" 하는 소리와 함께 중국집 벽이 무너졌다. 그리고 마침 그 순간 중국집으로 들어서던 나도 그 자리에 맥없이 주저앉고 말았다.

무슨 일이 일어난 거지? 마치 찰나의 순간에 딴 세상에 넘어온 것처럼 잠깐 동안은 무슨 일이 일어난 것인지 알 수가 없었다.

문득 정신을 차려보니 눈앞에 빵 배달 트럭이 보였고 나는 꼼짝도 할 수가 없었다.

'아, 트럭이 나를 들이받았구나. 다리가 부러진 걸까' 하고 정신을 추스르려는데 트럭이 움직이는 게 보였다. 그런데 뒤로 슬금슬금 가는가 싶던 트럭이 다시 나를 향해 굴러오기 시작했다.

'아니, 이게 어떻게 된 거야. 아, 하나님!' 내 입에서 비명이 터져 나오는 순간, 차바퀴의 둔중한 압력이 전해졌다. 그리고 다시 한 번의 충격. 트럭은 세 번째 내게 달려들었다.

'세상에 이럴 수가 두 눈을 똑바로 뜨고 있는 사람한테 트럭을 밀고 들어오다니…….'

그랬다. 처음엔 사고였지만 두 번째와 세 번째는 분명 운전 기사가 의도적으로 나를 향해 차를 몬 것이었다.

나는 도무지 정신을 차릴 수가 없었다. 주저앉은 자리에 선혈이 낭자했다. 아침에 차려 입은 바바리와 바지가 너절하게 찢겨져 나갔고 튀어나온 다리뼈는 수습하기 힘들 만큼 으스러져 있었다. 그래도 숨이 붙어있던 나는 속으로 '하나님, 하나님……' 만 부르고 있었다. 그 외에는 아무것도 할 수가 없었다. 내 눈앞에 벌어진 일을 도무지 믿을 수가 없었다.

그때서야 중국집 안에서 동료들이 밖으로 몰려나왔다. 나보다 먼저 음식점 안으로 들어가 있던 그들은 벽이 무너지는 순간 우왕좌왕하느라, 내가 채 따라 들어오지 못했다는 사실을 나중에서야 안 것이었다.

무너진 벽과 트럭 사이에 끼어 있던 나를 발견한 동료들은 참혹한 광경에 비명을 질렀다.

"아니, 어떻게 이럴 수가! 빨리 택시를 불러요."

"다리가 부러져 뼈가 밖으로 튀어나왔어요. 조심해서 옮겨요. 빨리 적십자병원으로 갑시다."

그때서야 비로소 안도감이 들어서인지 격심한 통증이 느껴지기 시작했다. '하나님, 어떻게 이런 일이……' 나는 온몸을 찢는 듯한 고통 속에서 기도인지 탄식인지 모를 소리를 중얼거렸다.

그것은 내 나이 스물세 살 가을의 일이었다. 하지만 25년이 지난 지금도 어제 일보다 더 생생하게 기억난다. 그 사건은 시골에서 순박하게 자라 평범한 회사원으로 살고 있던 내 삶이, 곡절 많고 굴곡 심한 여정에로 접어드는 신호탄 같은 것이었다.

그 날은 지금 생각해도 이상한 날이었다. 토요일이라 일찍 퇴근해 집으로 가는 버스를 탔던 나는 중간에서 내렸다. 볕 좋은 가을 하늘이 마음을 심란하게 해서인지 그 날 따라 그냥 집에 가기가 싫었다. 썰렁한 자취방에 가봐야 반겨줄 사람도 없었고 혼자 밥을 먹기도 처량했다.

나는 무작정 걷다가 문득 회사에서 일하고 있는 사람은 없을까 하는 생각이 들어 회사로 전화를 걸었다. 마침 전화를 받은 옆방의 동료가 막 회식을 하러 나가려던 참이니 회사 쪽으로 오라고 했다. 쓸쓸하고 허전하던 참에 반가운 소리였다. 나는 길을 건너 회사 쪽으로 가는 버스를 탔다. 그것이 내 운명의 방향을 어떻게 바꾸어 놓을지 전혀 알지 못한 채로.

동료들과 회식을 하기 위해 간 중국음식점. 다른 사람들은 먼저 들어가고 조금 떨어져 걷던 내가 마지막으로 음식점 문턱을 넘어서려는 순간 사고가 난 것이었다.

지금 생각해 보면 그 모든 일이 우연은 아닌 것 같다. 그 날따라 평소에는 느껴보지 못한 묘한 기분에 휩싸였던 것, 무턱대고 버스에서 내려 걷다가 회사에 전화를 한 것, 다른 부서의 회식에 따라간 것, 다른 사람들은 두사히 안으로 들어간 후 하필 나만 사고를 당한 것, 그것도 완벽하게 뺑소니를 치기 위해 살아있는 사람을 죽이려고까지 한 악한 사람에게.

마치 멜로드라마 각본처럼, 조금은 억지스럽게 느껴질 만큼 짜맞추어 놓은 듯한 비극적인 사건이 왜 나에게 일어난 것일까.

"오로지 신만 아신다"

"6개월 진단이 나왔습니다. 마음 느긋하게 가져야겠습니다."

6개월이면 교통사고로서는 최장기 진단인 셈이었다. 하지만 나는 일단 의사 선생님의 말을 긍정적으로 받아들였다. 사실 정말 6개월이면 회복될 수 있을까 의심스러운 상황이었기 때문이다.

수술 직후의 내 모습은 처참했다. 다친 곳이 허벅지였기 때문에 가슴에서부터 깁스를 해야 했고, 혼자서는 옴쭉달싹도 할 수 없는 상황이었다. 정말 6개월 후에는 정상적으로 걷게 될 수 있을지 확신할 수 없을 만큼 불안했으므로, 6개월이면 된다는 의사의 말을 그대로 믿고 싶었다. 그리고 어차피 병원에서 지내야 할 시간이라면 조급

하게 생각하지 말자고 스스로를 타일렀다. '이 춥고 어두운 겨울이 지나고 꽃 피는 봄이면 내 발로 병원문을 나설 수 있겠지. 단지 걸을 수 있으면 된다. 지금으로선 그게 최선이니까.'

하지만 모든 일이 계획처럼 되지는 않았다. 상처는 또 다른 상처를 낳았고 병원 생활은 계속 늘어났다. 처음 수술을 하고 깁스를 한 자리에 염증이 생겨 합병증이 생겼고, 그로 인해 6개월이면 된다고 했던 병원 생활이 한 달 한 달 계속 늘어나기만 했다. 시간이 지날수록 뼈 사이에 고름이 생겨서 잘 붙지 않는데다 이런저런 문제들이 상처 부위를 계속 악화시켰다. 왼쪽 옆구리 뼈를 떼어다가 이식을 하고 또 붙지를 않아 오른쪽 옆구리 뼈를 이식하고……정말 기억조차 하기 싫은 끔찍한 과정들이 끝없이 이어졌다.

한 가지 문제를 해결하면 다른 또 한 가지 문제가 생겼다. 마지막 깁스를 풀었을 때는 모든 것이 해결될 줄 알았다. 그러나 이번엔 무릎 관절에 살이 올라 전혀 구부려지지가 않았다. 물리 치료실에 가서 뜨거운 수건과 모래주머니를 대고 찜질을 한 후 다리를 구부리는데 얼마나 아픈지 숨이 끊어지는 것만 같았다. 걸음 연습은 또 얼마나 어려운지 일어서기만 하면 땅이 푹푹 아래로 꺼지는 것 같아 발을 뗄 수가 없었다. 마치 돌 지난 아이가 걸음마를 배우는 것처럼 수없이 넘어지고 주저앉았다.

어느 정도 걸을 수 있게 되자 기다렸다는 듯이 골수염이 다시 재발했다. 골수염은 예정된 것이었다. 염증이 생기는 곳을 다 긁어내면 뼈가 부러질 것 같아 완전히 긁어내기가 어려웠고, 그 때문에 늘 재발할 수밖에 없는 상황이었다. 정말 힘든 일들을 겪을 때 뼈를 주는 고통이라고 말하는데 나는 그 말이 어떤 상태를 일컫는 것인지 온몸으로 체험했다.

문제는 그뿐만이 아니었다. 다섯 번의 수술을 하는 동안 전신마취, 허리 부분 마취를 반복했다. 그러는 사이 몸도 많이 힘들었지만 기억력이 현저하게 감퇴되었다. 도저히 잊을 수 없는 일들까지도 깜빡깜빡하는 데는 나 자신도 이해가 가지 않을 정도였다. 그리고 그런 증상은 일상에서 끊임없이 크고 작은 문제들을 일으키는 불씨가 되곤 했다.

세월은 가차없이 흘렀다.

6개월 후, 꽃 피는 4월이면 나갈 수 있을 거라고 했지만, 6개월을 여섯 번이나 지내고, 꽃 피는 4월을 네 번이나 보내고도 나는 환자복을 벗을 수 없었다. 아무런 기약도 없이 일주일만 더 지켜보자는 것이 한 달이 되고 열 달이 될 때는 정말 미칠 것만 같았다. 이러다가는 영영 병원 복도를 빠져나가지 못할 것 같은 생각이 들기도 했다.

어떻게 해서든 이번만은 확답을 듣겠다고 마음먹은 나는 원장 선생님을 찾아가 물었다.

"원장님, 제가 언제까지 병원에 있어야 할까요?"

원장 선생님은 한 마디로 딱 잘라 말했다.

"갓 온리 노우스!"(God only knows!)

'오로지 하나님만 아신다.'

원장 선생님의 대답을 듣는 순간 겨우 지탱하고 있던 엷은 벽이 와르르 무너지는 듯한 느낌이 들었다. 하지만 그것은 내심 막연하게나마 짐작하고 있던 대답이기도 했다. 잠시 후 나는 결정을 내렸다. '그래, 퇴원하자. 하나님만 아시는 일이라면 이렇게 기약 없이 병원에서 시간을 보낼 필요가 없지 않은가.'

나는 곧 퇴원 수속을 밟았다.

햇수로 5년, 만 3년 4개월만의 퇴원이었다. 스물셋에 입원해서 스물여덟에 퇴원했으니, 한참 어여쁠 나이에 입원을 해서 꽃 같은 이십대 중반을 병원을 돌며 보낸 셈이었다.

일반적으로 생각하면 아주 불행한 이십대였다고 할 수 있었다. 그러나 하나님께서 하시는 모든 일에는 뜻이 있다고 믿는 나는 그 시간들이 단지 불행한 시간이라고 생각하지는 않았다. 쓰디 쓴 고통 뒤에는 반드시 단 열매가 있으리라는 믿음 때문이었다.

그는 **나의 인연**이 아니었다

퇴원을 강행하긴 했지만 모든 것이 막막했다. 목발을 짚어야 할 정도는 아니었지만 걷는 것은 여전히 불편했고, 골수염 때문에 다리에 계속 고름이 흘러 하루에 한 번씩 소독을 해야 했다. 그때마다 이를 악무는 고통이 따랐다. 이런 상태로 일자리를 찾기는 힘들었다. 더구나 곧 서른을 바라보는 나이여서 결혼 문제 또한 심각하게 고민해야 할 상황이었다.

나는 정말 결혼을 해야 할지 말아야 할지 알 수가 없었다. 아니 좀더 정확히 말해 이런 몸으로 결혼 생활을 제대로 해낼 자신이 없었다. 하지만 그렇다고 아예 결혼을 포기하고 싶지도 않았다. 현실

적으로 보면 결혼 생활이 거의 불가능해 보였지만, 나는 결혼이 '나
의 선택'이 아니라 '신의 결정'이라고 믿었다.

　사실 나는 사고 직후 오랫동안 사모했던 사람으로부터 애틋하
고도 슬픈 청혼을 받은 적이 있었다. 착하고 순정적이었던 그 남자는
여고시절부터 7년을 사귀어 온 나의 첫사랑이었다.

　그와의 만남은 엉뚱하게 시작되었다. 여고 일학년이었던 어
느 날 전혀 모르는 초등학교 4학년 여자애로부터 편지를 받았다.

　새로 오신 담임 선생님이 칠판에 내 주소를 적어주며 '편지를
잘 쓰는 착한 언니가 있으니 편지를 해 보고 싶은 사람은 해 보라'고
했다는 이야기로 시작해서, 자기는 오빠는 많은데 언니가 없으니 내
게 언니가 되어줄 수 있느냐는 내용이 꾹꾹 눌러쓴 글씨체로 또박또
박 씌어 있었다. 정말 재미있는 인연이었다. 그 아이가 말한 새로 오
신 담임 선생님은 내가 중학교 때 위문 편지를 보냈던 분이었다. 내
가 보낸 편지에 꼬박꼬박 답장을 해 주어서 제대한 후까지도 편지가
오갔는데 초등학교에 부임하자마자 나를 자기 반 아이들에게 펜팔
언니로 소개한 것이었다.

　학교 교사가 꿈이었던 나는 그 아이의 천진함이 마음이 들어
정성스레 답장을 해 주었고, 그 이후로 몇 번 편지가 오갔다.

　그런데 몇 달 후 이번에는 낯선 남자 이름이 적힌 편지 한 통이
배달되었다.

　"이영숙 씨, 안녕하세요.

　저는 ○○○의 오빠입니다. 얼굴도 모르는데 이렇게 불쑥 편

지를 해서 미안합니다. 용서하세요. 평소 제 여동생에게 많은 관심을 가져 주시고 따뜻한 격려의 편지를 해 주셔서 정말 감사합니다……."

놀랍기도 하고 신기하기도 한 일이었다. 군인 아저씨의 위문편지가 빌미가 되어 전혀 모르는 초등학생의 편지가 오더니 이번에는 그의 오빠라니. 마치 누군가 계획해 놓은 것처럼 느껴지는 사건이었다.

그런데 그 사람의 편지는 한 번으로 그치지 않았다. 처음엔 그냥 인사치레려니 했는데 그게 아니었다. 편지는 자주 왔고 내용은 점점 깊어졌다.

사흘이 멀다 하고 오는 편지에는 깨알같은 글씨로 자신의 집안 얘기며 장래 문제, 그리고 속깊은 고민까지 속속들이 적혀 있었다. 얼마나 할 말이 많았는지 매번 갱지로 서너 장을 접어 넣은 편지봉투는 두툼한 두께 때문에 터질 것만 같았다. 일주일에 두어 번은 우리 집을 찾게 되는 우체부 아저씨도 뭔가 눈치를 챘는지 "애인한테 편지 왔네" 하며 놀려대곤 했다.

언제부턴가 나도 답장을 하게 되었고, 그와의 편지가 계속되면서 나는 장래 문제를 진지하게 생각하게 되었다. 그 당시 여고생들에게 결혼은 먼 일이 아니었다. 시골에서는 고등학교를 졸업하면 곧바로 결혼을 하는 경우가 많았다. 대학 진학을 하거나 직장을 구하기가 어려웠기 때문이다.

나는 꼭 크리스천과 결혼할 생각이었지만 그를 알게 되면서 차츰 마음이 흔들렸다. 그는 고시 공부를 해서 법관이 되는 것이 꿈이었고, 나는 과연 내가 법관의 아내가 될 수 있을까 생각했다. 내세울 것 하나 없는 배경 때문에 겁이 나기도 했지만, 한편으로는 그렇게 높은 지위의 사람과 결혼해 편안하고 행복한 삶을 살고 싶기도 했다. 그와의 미래를 생각하면 하룻밤에도 장래의 빛깔이 열두 번도 더 변하곤 했다.

그런데 그렇게 무지갯빛으로 부풀기만 했던 마음을 잿빛으로 변하게 한 사건이 터졌다. 그가 어느 날 불쑥 우리 집에 찾아왔던 것이다. 첫번째 편지가 왔던 것처럼 그렇게 느닷없이 내 앞에 나타났다.

그의 출현에 나도 무척 놀랐지만 나보다 더 놀란 사람은 아버지였다. 누구보다 얌전하고 순진한 자식이라고 믿고 있던 딸에게 사귀는 남자가 있었다니.

"공부하라고 어렵게 학교를 보내놨더니 공부는 안하고 이게 무슨 짓이야!"

나는 아버지께서 그렇게 심하게 화를 내는 걸 본 적이 없었다. 아버지는 내게 전에 없이 호된 손찌검을 하셨다.

아버지의 엄한 꾸지람과 종교적인 문제로 갈등하던 나는 결국 그에게 헤어지자고 일방적으로 통보했다. 그와 내가 편지를 주고받은 지 7년만이었다. 결별 선언 이후에도 그는 계속 편지를 보내왔지만 나는 더 이상 답하지 않았다.

그렇게 헤어진 그를 다시 본 것은 결별 선언을 하고 2년이 지난 후, 병원에서였다. 입원을 하고 얼마 되지 않은 때였는데, 그가 병실문을 열고 환상처럼 걸어 들어왔다.

몇 년 전 우리 집을 찾아왔을 때처럼 또다시 그렇게 불쑥 문을 열고 들어서는 그를 보았을 때, 나는 심장이 멎는 듯했다. 하지만 그 다음 순간 나도 모르게 벽 쪽으로 돌아누웠다. 온몸에 붕대를 감은 처참한 모습을 그에게 보이기 싫었다.

"어떻게 이런 일이……."

그는 차마 말을 잇지 못했고 힘주어 감은 내 두 눈에선 눈물이 주르르 흘러내렸다. 비록 냉정하게 결별을 선언하긴 했어도 그의 기억 속에 죽을 때까지 청순한 여고생으로 남고 싶었는데 이렇게 석고 붕대를 뒤집어쓴 미라 같은 몰골을 보여야 하다니……. 마지막 남은 자존심까지 무참하게 짓밟히는 느낌이었다.

한동안 말을 잇지 못하던 그가 냉정을 되찾은 듯 입을 열었다.

"마지막으로 한 번 더 물어보려고 왔어요. 나와 결혼해 줄 수 없나요?"

"제 대답은 이미 했어요. 그리고 내 몸이 이렇게 망가져 있는데 어떻게 결혼할 생각을 하겠어요. 전 언제 퇴원을 할지도 알 수 없는 상태예요."

"아버님이 중풍으로 쓰러져 병원에 입원하셨어요. 나는 영숙 씨가 퇴원할 때까지 얼마든지 기다릴 수 있지만, 아버님은 자꾸 죽기 전에 날 결혼시켜 놓고 눈을 감겠다고 성화시니 정말 어떻게 해야 좋을지 모르겠어요. 아버님을 보면 빨리 결혼을 하지 않으면 안 되는 상황이고, 영숙 씨는 이렇게 누워 있으니……."

그는 한참을 말없이 앉아 있다가 돌아갔다. 그 뒤로 그의 아버님 병세가 점점 위독해진다는 소식이 들려왔다. 그리고 마침내 그의 결혼 소식을 들었다.

　육체적으로 받는 고통도 극심했지만 그의 결혼 소식을 들었을 때는 그야말로 가슴이 찢어지는 것 같았다. 깨끗이 포기했다고 생각했었는데 남녀간의 정이란 결심으로 맺고 끊는 게 아니라는 걸 그때서야 깨달았다.

　하지만 이제는 모두 끝난 일이었다. 나는 그와의 만남도, 풋풋했던 사랑과 고통스런 이별도 모두 하늘의 뜻으로 받아들이기로 했다.

　그리고 그로부터 5년이 지난 후에야 나는 하늘이 허락한 짝을 만났다. 그는 내가 원하던 크리스천이었으며 훤칠한 키와 선비 같은 외모를 가진 사람이었으나, 더불어 나와는 전혀 다른 기질과 성격을 가진 이동녘이라는 남자였다.

반듯한 남자, 이동녁

옛날 중매 결혼에는 두 집안을 오가며 서로의 의중을 전해주는 매파가 필요했다. 그런데 내 경우는 언제나 편지가 매파 역할을 대신했다. 남편과의 만남도 첫사랑처럼 편지로 시작되었기 때문이다. 그리고 남편의 편지 역시 얼굴 한 번 본 적 없는 상태에서 아무런 예고도 없이 불쑥 날아왔다.

퇴원을 한 후 장래 문제로 고민이 많았던 나는 금식기도원에 들어갔다. 기도는 그 당시 내가 할 수 있는 유일한 일이었다. 그리고 기도중에 결혼과 장래에 대한 하나님의 응답을 들었다. 나는 결혼하는 모습을 환상으로 보았고, 앞으로 목회 쪽의 일을 하게 될 것이라는 확신을 갖게 되었다.

기도원에서 돌아온 나는 곧장 고향으로 내려갔다. 부모님 곁에서 요양하며 하루라도 빨리 건강을 되찾아야겠다고 생각했다. 신학이든 결혼이든 일단 건강해야 가능한 일이었다. 그런데 한 남자의 편지가 나보다 먼저 고향집에 도착해 있었다.

집에 도착하자마자 어머니가 벌써 며칠 전에 내 앞으로 온 거라며 편지 한 통을 내밀었다.

'이동녘……. 나는 전혀 모르는 이름인데, 나를 어떻게 알고 편지를 보냈을까?'

혹시 잘못 온 편지가 아닐까 했는데 받는 사람에 '이영숙'이라는 내 이름 석자가 뚜렷하게 적혀 있었다. 이상한 일이라고 생각하며 편지를 읽어가던 나는 놀라움에 숨이 막힐 것 같았다.

"……놀라셨을 줄 압니다. 저는 자매님과 이웃한 동네인 안의 사람으로 신학생입니다. 앞으로 목회를 할 것이며……자매님께 띄우는 이 편지는 결혼을 전제로 한 것입니다……."

다른 것은 눈에 들어오지 않았다. '목회를 할 것이며' 라는 구절을 읽는 순간, 나는 뭔가로 머리를 치는 듯한 충격을 받았다. 그 한 구절이 마치 내 기도에 대한 응답의 물증처럼 느껴졌다. 전혀 모르는 사람의 편지였기에, 더구나 내가 기도하는 사이에 나보다 먼저 고향집에 도착한 편지였기에 그 확신은 더욱 굳어졌다.

'이것은 하나님의 각본이야. 그렇지 않다면 어떻게 이렇게 놀라운 일이 벌어질 수 있단 말인가.'

마음을 가라앉힌 나는 아주 신앙적인 답장을 했다. 앞으로 편지를 주고받으며 서로에 대해 좀더 알아가는 것이 좋겠다는 말과 하나님의 뜻이 어디에 있는지 기도해 보자는 내용이었다. 그렇게 몇 번의 편지가 오간 후 그로부터 이런 내용의 편지가 왔다.

"당신은 주의 종을 키울 의무가 있습니다⋯⋯."

짧지만 아주 강력한 의지가 들어 있는 말이었다.

'내가 정말 목사의 아내가 될 수 있을까. 지금으로선 내 한 몸 추스르기도 어려운데 어떻게 다른 사람에게 도움이 될 수 있을까⋯⋯. 하지만 이것이 하나님의 뜻인지도 몰라. 그렇지 않다면 이런 일이 일어날 수 없을 테니까⋯⋯.'

한편으로는 하늘의 부르심이라는 생각을 하면서도 다른 한편으로는 미심쩍어 마음의 갈피를 잡지 못하고 극과 극을 오락가락했다. 결국 나는 이렇게 기도할 수밖에 없었다. '이 모든 것을 하나님께 맡깁니다. 당신이 알아서 하십시오.'

"한 번 만나고 싶은데 시간이 되시겠습니까?"

그가 편지로 물었을 때 나는 마침내 올 것이 왔다는 생각에 흔쾌히 대답했다.

"좋습니다."

우리가 처음 만난 날은 화창한 일요일이었다.

적당하게 큰 키에 약간 짧은 듯한 바지, 세련된 색상의 양복을 입고 하얀 피부에 안경을 쓰고, 한 손에 책을 들고⋯⋯그는 한마디로 아주 반듯한 남자였다.

"어서 오십시오. 집이 이리 누추합니다."

그의 훤칠한 외모에 반했는지 아버지는 연신 싱글벙글하셨다. 아직 몸이 온전치 않은 딸을 보러 온 총각이 있다는 것만으로도 반가운데, 거기다가 외모까지 준수하니 얼마나 좋으셨으랴.

어머니와 난 부엌에서 상을 보느라 분주했다. 있는 것 없는 것 다 동원해서 정성껏 차렸지만 그래봐야 푸성귀 가득한 전형적인 시골 밥상이었다. 좀 다른 게 있다면 상 중앙에 특별한 날이 아니면 올라오지 않는 계란 프라이가 놓인 정도였다.

계란 프라이는 그 사람에게도 귀한 음식이었는지 제일 먼저 손이 갔다. 그런데 이상한 건 노른자만 쏙 빼먹고는 흰자는 그대로 남기는 것이었다. 나는 입맛이 꽤 까다로운 모양이구나 하는 생각과 함께, 아무리 그래도 이렇게 어려운 자리에 어른들도 계시는데 노른자만 쏙 빼먹고 말다니, 자기 스타일이 아주 강한 사람이라는 느낌이 들었다. 나중에 알았지만 그 느낌은 정확한 것이었다.

식사를 끝낸 후 우리는 시내로 나와 조용한 찻집을 찾아 들어갔다. 집에서 만났고 밥까지 같이 먹긴 했지만 그의 얼굴을 자세히 본 것은 찻집에서였다. 처음엔 그저 윤곽이 뚜렷하고 준수한 인상이었는데 자세히 보니 아주 사려 깊고 예리한 눈을 가지고 있었다. 감성적인 단어로 넘쳐나던 편지의 글귀들과 그의 인상이 아주 조화롭게 겹쳐졌다.

나는 그에게 지금 내가 처해 있는 상황을 숨김없이 말했다. 퇴원은 했지만 몸이 다 낫지는 않았으며, 골수염은 평생을 끼고 살아야 할지도 모른다고. 그는 나와의 결혼을 생각하고 있다면서도 온전치 못한 내 몸에 특별히 신경을 쓰는 것 같지는 않았다.

"좀더 기도해 봅시다."

그것이 우리 두 사람의 공통적인 생각이었다.

편지 교환은 계속되었다. 한 번 얼굴을 보았기 때문인지 편지의 내용은 훨씬 구체적이 되어갔고 만남도 빈번해졌다. 그를 자주 만날수록 하나님께서 맺어준 내 짝이라는 생각이 들었다. 그는 매사에 사려 깊어 보였고 항상 손에서 책을 놓지 않는 것도 마음에 들었다.

사실 내 처지를 생각한다면 결혼 상대로 이런저런 조건을 따지기도 어려운 상황이었다. 그런 나를 필요로 하는 사람이 있다면 그 사람이 바로 하나님께서 짝지워 주신 사람이라는 확신이 점차 굳어져갔다.

신부는 괴로워

마침내 1981년 4월이 되었다.

그 날도 진주에서 나를 만나러 온 그와 나는 함께 동네 논둑길을 걸었다. 잔디와 풀이 새파랗게 깔려 있고 하늘에는 흰구름이 간간이 흘러가는 상쾌한 4월의 오후는 정말 아름다웠다. 한참을 걷다가 시냇가 잔디밭에 앉은 우리는 네잎클로버를 찾기 시작했다. 네잎클로버는 그가 가끔씩 편지 속에 넣어 보내주던 정표 같은 것이었다.

"유레카!"

먼저 네잎클로버를 찾은 그가 목욕탕에서 뛰쳐나온 아르키메데스처럼 소리를 질렀다. 매사에 나보다 감상적이고 극적인 표현들 좋아하는 그 사람다운 행동이었다. 뜻밖의 발견을 기뻐하는 그의 외침을 들으면서 이젠 우리도 서로를 짝으로 발견한 기쁨을 확인해야 할 시점이 되었다는 생각이 들었다. 내가 먼저 말을 꺼냈다.

"……아시는 것처럼 내 몸도 성치 않은데다, 앞으로 살아가려면 어렵고 힘든 일이 많을 텐데 그것을 다 이겨낼 수 있으시겠어요?"

갑작스런 물음이었지만 그는 내 말이 무얼 뜻하는지 곧 이해했다.

" '내게 능력 주시는 자 안에서 내가 모든 것을 할 수 있으리라' 는 말씀처럼, 주님이 능력 주시면 다 할 수 있습니다."

그는 성경 말씀을 인용하며 강한 어조로 대답했다. 나는 평소와 다르게 담대해 보이기조차 한 그 모습이 정말 마음에 들었다.

"우린 하나님께서 중매해 주셨나봐요. 자격도 없는 나 같은 사람을 필요로 하시는 분이 계시니……."

그것으로 우리의 결정은 끝났다. 사실 결혼을 하기로 결정하는 것 외에 우리가 할 수 있는 것은 아무것도 없었다. 그에게 목회지가 있다는 것 이외에 결혼에 필요한 돈도 없었고, 아무런 대책도 없었다. 그러나 일단 결혼을 결정하고 나니 모든 절차가 급속도로 진행되었다.

사주단자가 오가고 예단을 준비하고, 살림살이를 사고, 옷을 장만하느라 동대문시장을 쏘다녔다. 시가의 형편이 별로 좋지 않아 예물을 간단히 하기 원했고 형편이 어렵기는 우리도 마찬가지였다. 나는 간단한 십자가 금목걸이와 짙은 청색 알이 박힌 반지 하나를, 남편은 잘 맞는 시계 하나를 서로 예물로 나누었다.

결혼식 전날 나는 미용실에서 난생 처음 마사지를 받았다. 얼굴에 오이를 잔뜩 얹고 누워 있는데 그가 불쑥 들어왔다.

"여기 계셨네요. 보고 싶어서 왔습니다."

지금은 남자들이 미용실을 이용하는 게 아무렇지도 않은 일이지만 당시 시골 미장원은 남자들이 거의 드나들지 않는 장소였다. 그런데 이렇게 연락도 없이 불쑥 여자만 있는 공간에 들어올 수 있다니, 나는 놀랍기도 하고 한편으로 조금 창피하기도 했다. 하지만 아주 섬세하고 따뜻한 사람이라는 생각이 들어 기분이 나쁘지는 않았다.

1981년 5월 18일. 들판에 보리가 파랗게 이삭을 내고 아카시아 향기가 우리를 축복하던 그 날, 우리는 결혼을 했다. 바로 집 앞의 구세군 안의 영문에서였다. 친지들과 가까운 이웃들이 참석한 아주 조용하고 조촐한 결혼식이었다.

내가 입은 드레스는 웨딩드레스 치고 별로 볼품이 없었다. 시골 예식장에서 빌린 것이라서 그렇기도 했지만 한 번 입을 드레스에 돈을 들일 형편도 안 되었다. 부케는 카네이션 몇 송이로 만들었다. 나는 사람의 외형에 그다지 신경을 쓰는 타입은 아니지만 평생 가장 아름다운 모습으로 기억되어야 할 신부의 모습으로는 사실 너무 초라했다. 대신 얼굴 화장은 정성을 들여서 했다. 그 덕분인지 식장에 오신 분들은 다들 "신부가 대단한 미인이다"라고 하셨다. 특히 시아버님이 "저렇게 예쁜 신부는 평생 처음 본다"고 하셨을 때는 기분이 좋았다.

결혼식 날은 신부가 주인공인 날이지만 정작 나는 번거로운 절차를 따라다니느라 정신을 차릴 수가 없었다. 예식을 마치고 밖으로 나가 기념 사진을 찍고 부랴부랴 다시 폐백 옷으로 갈아입었다. 폐백을 드리는 일은 다리가 불편한 나를 몹시 힘들게 했다. 예법에 맞게 제대로 양반다리를 못하니 큰절을 하는 모양새가 이상했지만 어쩔 수가 없었다. 시어머님은 "꼭 아들을 낳거라" 하시며 치마폭에 밤 대추를 두 손으로 듬뿍 던져 주셨다. 손녀는 넷인데 손자가 없으니 손자가 소원일 수밖에 없었다.

그렇게 어설픈 절을 몇 차례 올리고 다시 사진을 찍고 나서야 결혼 절차가 끝났다. 거추장스러운 폐백 옷을 벗고 신혼여행복인 한복을 갈아입고 나자 정말 모든 기력을 다 소진한 느낌이었다. 새벽부터 일어나 미장원으로 달려가 신부화장이네 머리 손질이네 하느라고 아침도 못 먹은데다 오후 시간까지 이런 저런 절차와 옷 갈아입기로 시달리니 장사라도 지치지 않을 수 없을 것 같았다. 배가 너무나 고팠지만 신혼여행 버스 시간에 맞추려니 잠깐 요기할 시간도 나지 않았다. 이것저것 챙기느라 마음은 바쁘고 몸은 그만큼 움직여주지 않고…….

그렇게 북새통을 치른 후에 신혼여행 버스에 오르자 맥이 다 풀렸다. 몸은 젖은 솜처럼 무겁고 다리도 아팠지만 이제 모든 게 끝났다는 생각에 팽팽하게 당겨져 있던 긴장이 일순간에 풀리는 듯했다. 그래서였을까, 자리에 앉아 머리를 등받이에 기대는 순간, 나는 방금 결혼식을 마친 신부라는 생각을 할 겨를도 없이 곯아떨어지고 말았다. 그리고 그 모습은 남편에 의해 두고두고 이야깃거리가 되었다.

"5월의 철쭉이 경호강에 비치는데 얼마나 아름다운지 옆에 있는 신부에게 말을 하려고 하는데 이 신부가 신랑이고 철쭉이고 아랑곳없이 잠을 자고 있는 거야……."

　　'막 결혼식을 올린 신랑 옆에서 코를 골고 자는 신부.' 남편은 그때 일을 평생 잊지 않고 시시때때마다 꺼내곤 했다. 특히 감성적인 그에 비해 내가 얼마나 무디고 무감각한 사람인지를 선명하게 대비시키고자 할 때 빠지지 않는 레퍼토리로 등장했다.

　　무방비 상태로 잠에 곯아떨어져 있는 모습, 그것도 막 결혼식을 마친 신부의 모습으로서 아름답지 못하다는 것은 나도 안다. 하지만 내게도 할 말은 있다.

　　5년 동안 환자로 있다가 몸도 제대로 추스르지 못한 채 부랴부랴 결혼식을 준비하고 치러내느라 나는 너무도 힘들었다. 우리 나라 신부들이 얼마나 힘들게 결혼식을 치러야 하는지 해본 사람들은 다 알 것이다. 그런데 남편은 자신의 감상에만 빠져 그런 나의 어려움을 전혀 이해해 주지 않았다. 그는 자신의 목회를 위해 결혼을 서둘렀고, 오직 경호 강변의 진달래에 함께 감탄하지 못한 것이 두고두고 안타까울 따름이었다.

　　들기 좋은 노래도 한두 번인데, 처음 들을 때는 그냥 쑥스럽게 웃고 넘어갔지만 시도 때도 없이 '코고는 신부' 이야기가 반복될 때는 속이 상했다. 하지만 이것은 우리가 가진 근본적인 문제를 단적으로 보여주는 작은 사건에 불과했다.

2

끝이 보이지 않는 *전쟁*

◀ 구세군 안의교회 돌담 양지녘
▼ 신혼 초 가을 들녘에서

◀ 신혼살림을 하던 천막교회

뼈를 팔아 집을 사다

내가 남편과의 결혼을 결심한 데에는 그가 목회자라는 사실이 크게 작용했다. 하나님의 종을 돕고 키우는 것이 내가 할 일이라고 믿었기 때문이다. 신체적인 여건이나 경제적인 상황이 만만치 않은 어려움을 예고하고 있었지만, 나는 사랑에 빠져 결혼을 강행하는 여자들이 그렇듯이 두 사람의 사랑과 신앙으로 충분히 이겨낼 수 있으리라 생각했다. 그러나 현실은 각오했던 것 이상으로 힘겨웠다.

우리가 신혼 살림을 시작한 곳은 남편이 목회를 하고 있던 시골 교회였다. 교회라고 해야 남의 집 앞마당에 천막을 쳐 놓은 가건물이었고 바로 그 맞은편 방이 신혼방이었다.

가난한 사람들이 모인 시골 교회는 자립적으로 운영되기 어려워서 매달 총회에서 보내오는 8만 원으로 생활을 꾸려가야 했다. 80년대 초이기는 했지만 그것으로는 두 사람의 기본적인 생활을 해결하기도 어려웠다. 성경에 나오는 하나님이 보내신 까마귀처럼 필요한 순간에 돕는 손길이 없었다면 도저히 버틸 수 없었을 것이다.

그 까마귀 중에는 '하나님께서 시키시니 자매님께 헌금을 합니다……' 라는 편지와 함께 매달 일정액을 보내시는 고마운 분도 있었고, '너에게 진 빚을 갚는다' 며 돈을 부처주신 오빠도 있었다. 하나님의 이름으로 헌금을 하는 사람은 병원에서 함께 지내면서 친해진 분이었고, 오빠가 말하는 '너에게 진 빚' 이란 사고 합의금을 말하는 것이었다.

교통사고에 대한 보상금 문제가 합의되지 않아 퇴원을 할 무렵까지 법원 소송중에 있었다. 나는 그 결과를 보지 못하고 기도원에 들어갔었고, 기도원에서 돌아와 보니 판결이 나 있었다. 소송에 대한 문제는 모두 큰오빠가 맡아서 처리했다.

"오빠 합의금은 어떻게 했어요?"

"그게…… 집을 샀다. 우리가 나중에 돈을 벌면 네게 집 한 채 사 주마……."

순간 돌던 피가 멈추는 듯한 느낌이었다. 두 다리에 힘이 쫙 빠졌다.

"아니 나한테 한마디 상의도 없이 그 돈으로 오빠 집을 사다니…… 그 돈이 어떤 돈인데 마음대로 그렇게……."

더이상 말이 안 나왔다. 너무 어처구니가 없는 일이라 말문이

막혔다. 아니 당사자인 내가 없는 사이에 어떻게 그 돈을 쓸 수 있단 말인가. 아무리 생각해도 세상에 이럴 수는 없다 싶었다. 돈 앞에는 동기간의 우애도 경우도 없단 말인가. 근 5년간의 암흑 같은 청춘과 바꾼 그 돈, 내 손으로 한 번 쥐어보지도 못한 채 오빠 집 대들보가 되고 만 것이다.

몸이 완쾌된 것도 아닌데다 마음에 상처까지 입으니 한동안은 정말 견디기가 힘들었다. 그러나 시간이 지나면서 마음이 바뀌었다. 아니 마음을 바꾸었다.

'돈의 노예가 되지 말자. 어차피 그 돈은 내 돈이 될 게 아니었나보다. 돈 때문에 동기간의 우애를 저버려서야 되겠는가……'

이미 모두 끝난 일인데 이렇게 마음 상한 채로 있어 봐야 아무 것도 변할 것이 없다는 것을 깨달았던 것이다. 상황이 바뀌지 않는다면 마음을 바꾸는 수밖에 없었다.

'그래도 우리집 장남인 오빠가 자리를 잡고 잘 살아야 하지 않겠는가. 나중에 부모님도 모시고 살아야 하는데 빨리 자리를 잡아야지. 큰오빠가 잘 살아야 동생들 보기에도 좋고 부모님도 장남이 잘 사는 게 든든하고 안심이 되시겠지. 지금 이렇게 어려울 때 나라도 도움이 되면 좋지 않은가.'

그렇게 마음을 비우니 많이 편해졌다.

오빠 내외는 약속을 잊지 않고 돈을 조금씩 갚아 나가기 시작했다. 목회를 하면서 생활이 어려울 때마다 오빠가 보내주는 돈은 큰 힘이 되었다.

하지만 나도 사람인지라 '그 돈'에 대한 생각을 완전히 정리

하긴 어려웠다. 모든 계산이 끝났다고 여기면서도 때때로, 내 삶이
너무 궁핍하고 힘들 때는 사라진 목돈에 대한 미련이 되살아나곤 했
다. 그때 그 돈을 내가 가질 수 있었더라면 그 돈으로 뭔가 할 수 있지
않았을까, 그랬으면 적어도 내 삶이 지금보다 낫지 않았을까……. 받
긴 받았지만 푼돈으로 써 버리고 만 것이 안타깝기도 했다. 그러나
모두 지난 일이다. 이지 더이상은 생각하지 않는다.

나와는 너무 다른 당신

우리 부부는 한마디로 여자 같은 남편과 남자 같은 아내가 만난 부부였다.

감성적인 남편과 이성적인 나.

매사에 꼼꼼한 남편과 작은 일에 별로 신경 쓰지 않는 나.

마침표 하나 쉼표 하나까지 구분해 가면서 쓰는 남편과 정확한 의미 전달만 되면 된다고 생각하는 나.

우리는 매사에 일치하는 것이 없었다.

그릇 하나를 사도 남편은 디자인 예쁜 것을, 나는 쓰기 편한 것을.

포크 하나를 사도 남편은 문양이 예쁜 것을, 나는 포크 역할만 할 수 있는 것이면 되었다. 중요한 것은 음식의 영양이나 칼로리지 어떤 도구로 먹는가는 그리 중요한 게 아니었다.

남편은 식탁에 꽃 한 송이 꽂는 것이 뭐 그리 어려운 일이냐고 하지만 내게 식탁은 그저 밥을 먹을 수 있는 공간이면 된다.

남편이 분위기파라면 나는 실속파였다.

듣거나 보는 취향 역시 극과 극이었다.

음악을 들어도 나는 '향수'를, 남편은 '명태'나 '말렝카'를 좋아했다.

나는 이미자의 '동백아가씨'나 장사익의 '찔레꽃'이 청승맞아 싫은데 남편은 감동에 젖어 눈물을 흘렸다.

나는 뉴스나 다큐멘터리 같은 넌픽션을 즐겨 보는데 남편은 연속극이나 감상적인 픽션에 푹 빠지곤 했다.

남편은 모든 일상에 지나치다 싶을 만큼 꼼꼼했고 나는 털털한 편이었다.

남편은 설거지를 하면서 꼭 접시를 뒤집어 본 후 한 마디 한다.

"뒷부분이 왜 이렇게 누래요. 좀 꼼꼼하게 씻지 않고요."

내가 다림질 해 놓은 옷을 입으면서도 한 마디 하는 것 잊지 않는다.

"다림질을 하려던 제대로 해야지, 왜 매번 기찻길을 만들어 놔요. 항상 주름을 두 개 세 개로 잡아 놓으니 원……."

내가 걸레질을 하면 따라다니며 잔소리를 한다.

"엎질러진 설탕을 닦을 때는 구석구석 꼼꼼히 닦아야지, 걸레질이 이게 뭐예요. 아직도 설탕이 끈적거리잖아요.”

아픈 무릎 때문에 걸레질이 어렵다는 건 생각하지도 않는다.

물론 나도 잘못하는 점이 많다.

남편이 밤새 시를 적어 놓은 쪽지를 부주의하게 불쏘시개로 썼을 때는 정말 나도 놀랐다.

남편이 글을 쓰는 습관은 독특했다. 좁은 방안에 긴 다리를 쭉 뻗고 배를 방바닥에 붙이고 가슴에 베개를 받친 후 글을 쓴다. 방바닥에는 온통 종이가 낱장으로 흩어진 채 여기저기 깔려 있다. 그런데 다 옆에서 조금이라도 소리를 내면 시상이 흩어지기 때문에 나는 차라리 밖으로 나가는 게 편했다. 단칸방을 혼자 차지하고 있는 것도 한두 번이지, 남편이 시를 쓸 때마다 방을 비워줘야 하는 나는 불편하고 괴로웠다.

그 날도 남편이 시를 쓴다기에 밖에 나갔다가 들어와 보니 남편은 보이지 않고 방만 잔뜩 어지럽혀 있었다. 신혼 초라 남편의 글 쓰는 습관을 잘 몰랐던 나는 흩어진 종이들을 정리하고 방을 청소했다. 찢어진 종이, 색이 바랜 종이, 옛날 마카오지 등 어지럽게 널린 종이들은 한데 묶어 부엌에다 갖다 놓았다.

청소를 끝낸 후 군불을 지피려고 하는데 나뭇가지에 불이 잘 붙지 않았다. 마침 옆에 있는 종이 뭉치가 눈에 띄었고 그걸 불쏘시개로 삼아 불을 붙이고 있는데 남편이 들어섰다.

내 손에 들린 종이 뭉치를 본 남편은 노발대발하며 펄펄 뛰었다.

“아니, 시를 적은 종이를 함부로 태우면 어떡해요.”

남편은 벼락같이 고함을 쳤다. 나는 고양이 앞의 쥐처럼 쩔쩔 매며 사과를 했지만 남편의 화는 좀처럼 가라앉지 않았다. 그리고 이 사건은 '잠자는 신부'와 더불어 두고두고 내가 얼마나 주의력이 부족한 사람인지를 증명하는 단골 레퍼토리가 되었다.

이 일은 전적으로 주의력이 부족한 내 잘못이라고 할 수 있다. 그러나 아무리 생각해도 납득할 수 없는 일로 화를 낼 때는 대처할 방법이 없었다.

보름달을 보고 자신과 같은 감흥을 느끼지 않는다고 방금 정성스럽게 만들었던 꽃다발을 집어던지고 혼자 집으로 가 버리거나, 심지어 차려간 밥상 앞에서 숟가락을 집어던지는 행동은 도저히 이해가 되지 않았다.

남편이 화를 내거나 뭔가를 지적하면 나는 "알았어요. 잘해 볼게요" 하고 말한다. 그리고 말로만이 아니라 정말 잘해 보려고 마음먹는다. 하지만 타고난 성격이 그렇지 않아서인지 잘 되질 않는다. 무엇을 해야 하는지 금세 잊어버리는가 하면 나에게는 문제가 되지 않는 것이 남편에게는 문젯거리가 되기 때문이다. 무엇보다 큰 문제는 다른 사람들보다 훨씬 예민하고 감상적인 남편의 생각과 감정을 나로서는 도저히 따라갈 수가 없다는 데 있었다.

내가 아닌 다른 여자였으면 남편의 결혼 생활이 편안했을까. 좀더 건강하고, 좀더 감정이 풍부하고, 좀더 분위기를 잘 맞추는 그런 사람과 살았더라면 남편의 삶이 행복했을까.

자신이 원하는 만큼 변하지 않는 나 때문에 남편은 점점 자제력을 상실해 갔다. 조그만 일에도 화를 내고 알 수 없는 돌출적인 행동으로 나를 당혹스럽게 했다.

　나는 나대로 남편이 요구한 대로 해줄 수가 없었기 때문에 미칠 것만 같았다. 천성이 낙천적인 나는 늘 웃으려고 노력했지만 사실 하루하루 사는 것이 벼랑을 걷는 것처럼 위태롭고 괴로웠다.

나는 당신의 '완전한 자'가 아니다

서로에게 적응하느라 위태롭고 힘겨운 생활중에도 우리는 결혼 6개월만에 아이를 가졌다. 임신은 결혼에 이어 놀라운 축복이었다. 사실 큰 사고를 당하고 오랫동안 독한 약과 주사로 살아온 나로서는 과연 내가 아기를 가질 수 있을까 내심 걱정을 하지 않을 수 없었다. 그런 상황에서 아이가 생겼다는 사실을 알게 되었을 때는 얼마나 기뻤는지 모른다.

그런데 한 가지 마음에 걸리는 게 있었다. 아기를 잉태할 무렵 항생제를 먹은 것이 기억났기 때문이다.

그 무렵 남편과 나는 어떤 기도원에 갔었다. 목회도, 결혼 생활도 힘든 때였다. 그 기도원에서는 흰 수건을 쓴 여인들이 여기저기 다니며 사람들의 머리에 안수를 해주고 있었다. 그 중에 눈에 안대를 한 분도 섞여 있었다. 그런데 바로 그 사람이 우리 곁으로 다가왔다. 그리고 기도하고 있는 나와 남편의 머리를 손으로 탁탁 내리치며 몇 마디 기도를 해 주었다.

바로 그 날 밤부터 우리는 눈병을 앓았다. 하루 이틀은 그냥 두고 보다가 할 수 없이 약을 지어 먹었는데, 그 직후 임신 사실을 알게 된 것이다. 가뜩이나 몸이 좋지 않아 아이가 건강할까 걱정이 되는데 약까지 먹었으니…….

걱정은 되었지만 나는 하나님의 선하심을 믿기로 했다. 아이를 갖는 것도 하늘에 달린 일이요, 어떤 아이가 태어날 것인가도 하늘에 달린 일이었다. 나는 그저 최선을 다해 기도할 뿐이었다. 남편은 클래식 음악 테이프를 사다 준다, 예쁜 그림을 오려 붙인다 하며 나보다 더 태교에 신경을 썼다. 하지만 나는 찬송가 테이프를 들으며 마음을 편히 하고, 성경을 읽으며 감사하는 것으로 만족했다.

그 무렵 우리 형편은 말이 아니었다. 총회에서 내려오던 사례비가 갑자기 뚝 끊어졌기 때문이었다. 그 사례비 외에는 아무런 수입원이 없었던 우리로서는 대책 없이 막막하기만 했다. 종내는 오빠까지 찾아가 보았지만 그 당시는 오빠 역시 어려운 형편이었다. 이러다가는 병원에도 가지 못하고 단칸방에서 아기를 낳아야 할 것 같았다.

남편도 걱정이 되는지 얼굴에 수심이 가득했다. 그는 막연히 하늘의 도움을 기다리는 것 외에 다른 현실적인 대책을 세울 줄도 몰랐고, 누군가에게 아쉬운 소리를 할 수 있는 사람도 아니었다.

그런데 그 절대 궁핍에서 구원해 줄 손길이 뜻밖에도 친정 쪽에서 날아왔다. 우리가 결혼식을 올렸던 구세군 안의 영문이 비어 있으니 맡아 달라는 제안이 왔던 것이다.

무조건 반가웠던 나와 달리 남편은 망설였다. 그는 침례교에서 공부를 한 사람인데다 처가 가까이에서 목회를 해야 한다는 것도 내키지 않아 했다. 그렇다고 산달은 차곡차곡 다가오는데 마냥 기다릴 수도 없는 노릇이었다.

마침내 남편은 안의로 떠나기로 결단을 내렸다. 부른 배를 안고 이삿짐을 싸면서 나는 즐거웠다. 내가 자란 안의 영문에서 목회를 할 수 있다는 것도 기뻤지만, 친정에서 아기를 낳고 산후조리까지 할 수 있게 된 것이 너무 좋았다. 일이 이렇게 돌아가는 것은 하나님의 특별한 섭리라고 믿었다

친정 안의에 짐을 푼 후에는 아침저녁 부지런히 염소를 몰러 다녔다. 아이를 잘 낳기 위한 운동이었다. 그리고 정확히 1982년 4월 13일, 음력으로는 3월 20일 저녁 8시 37분에 아들 슬기가 태어났다.

남편은 천하를 얻은 듯 기뻐했다. 그가 얼마나 아들을 염원했는지 주변에 모르는 사람이 없을 정도였다. 어떻게 해서든 첫손자를 안겨 드리려는 그의 열망은 기도로 고스라니 표현되었다. 아이가 태어난 후 고추를 확인해 보니 시커멓게 타 있었는데, 사람들은 남편의 불타는 기도에 아들의 고추가 타서 그렇다고 놀려대었다.

고향 교회에서 목회를 하고 아들을 낳고……. 정말 더이상 바랄 것이 없을 만큼 행복한 나날이었다. 그러나 나의 행복이 곧 남편의 행복은 아니었다.

예나 지금이나 남편은 자기 주장이 강하고 고집이 센 사람이다. 그래서 그가 하고자 하는 일을 못하게 하거나 고집을 꺾기란 보통 어려운 게 아니다. 그런 사람이 자기 고집을 꺾고 내 뜻을 따른 일이 몇 가지 있었다. 주로 결혼 초기의 일이었고 그 결과는 대부분 우울하게 나타났다.

우리가 안의 영문을 맡게 된 것도 그런 일 중 하나였다. 그 일이 아니고는 도저히 살아갈 방도가 없다는 생각에 처가 쪽으로 이사를 오고 구세군 교회에서 목회를 시작했지만 처음부터 남편이 원한 일이 아니었다.

대단한 의욕과 소명을 가지고 출발해도 어려운 목회를 마지못해 시작했으니 잘될 리 없었다. 아니 처음에는 잘 해 보려는 의욕이 있었다. 그래서 청년들과 연극도 하고 음악 프로그램도 진행하면서, 그가 좋아하는 문화적인 목회 쪽으로 힘을 기울였다. 그러나 교인들이 원하는 교회는 문예회관이 아니라 영적인 안식처이자 충전소였다. 교회에 나오는 사람들은 목회자가 자신들의 영적인 갈급함을 해소시켜 주길 바라고 고통스러운 현실을 잊고 새 힘을 얻기를 원하는데, 그들과 신앙관이 달랐던 남편은 그런 부분을 충분히 충족시켜 주지 못했다.

그리고 나와의 관계 역시 목회에 큰 걸림돌이 되었다. 짧지만 연애 기간을 거쳤고 아이를 낳고 살면서도 남편은 나를, 나는 남편을 서로 다른 별에서 사는 사람처럼 느꼈다. 하루이틀 산 것도 아닌데 늘 같은 문제로 사사건건 다투느라 집안이 편안할 날이 없었다.

남편은 나를 '완전한 자', 혹은 '완전해야 하는 자'로 생각하는 듯했다. 결혼 앨범 제일 첫 장을 넘기면 '나의 완전한 자와 함께'라고 큼직하게 적어 놓았는데, 내가 그 글대로 '자신의' 완전한 자가 되어 주기를 바랐다. 자신의 생각을 다 이해하고, 자신의 말을 다 들어주고, 자신의 뜻을 다 따라주는 사람, 그래서 말 한 마디가 떨어지면 그 말대로 이루어져야 하는 것처럼 생각했다.

그런 옷은 입지 마라, 머리 손질 좀 해라, 설거지는 접시 뒤까지 깨끗이 해라, 냉장고 속이 왜 이리 지저분하냐, 졸지 달아라, 이것 치워라, 저것 치워라, 이렇게 해라 저렇게 해라…….

나는 그런 남편의 요구들에 맞출 수도 없었고 근본적으로 남편의 요구를 이해할 수도 없었다.

또한 남편은 나 같으면 생각도 못할 일을 수시로 했다. 그 중 하나가 화가 나면 집을 나가는 것이었다.

어느 날은 집에 있는 돈을 다 달라고 하기에 뭔가 쓸 일이 있는가보다 싶어 내 주었더니 혼자 동해안을 돌고 왔다. 목회를 하는 사람이, 아내와 자식을 돌봐야 할 사람이 집에 있는 돈을 모두 가지고 나가서 혼자 떠돌다 오다니. 어떤 상황에서도 나보다 가족을 우선으로 생각하는 나로서는 도저히 생각할 수도 없는 일이었다.

그뿐이 아니었다. 목회도 순조롭지 않고 처가 쪽과의 관계도 원만치 않았던 남편은 어느 날 짐을 싸서 서울로 올라가 버렸다. 혼자 있으면서 조용히 생각을 좀 해 보겠다는 것이었다. 그리고는 정릉 산꼭대기에 방을 얻어 자취를 하며 지냈다.

그 동안 안의 영문은 내가 맡아야 했다. 목회자가 없다고 주일 예배를 거를 수는 없었다. 교인이 많지 않은 시골 교회지만 예배를 드리려면 설교 준비도 해야 하고 수요일, 금요일 예배 준비도 해야 한다. 그러는 사이사이 심방도 해야 하고 집안일도 해야 하고 정말 정신없이 분주한 나날들을 보내야 했다. 내가 아빠를 찾는 아이와 함께 곤한 나날을 보내고 있는 동안 남편은 정릉 산꼭대기 단칸방에서 무얼 하고 있었을까.

남편은 말했다. "당신과 함께 사는 것이 너무나 힘들다."

물론 힘들었을 것이다. 감성도, 생각하는 방향도, 삶의 가치관도 전혀 틀리는 사람들과 함께 살자니 얼마나 힘들겠는가. 하지만 힘드는 건 나도 마찬가지였다. 나 역시 감성도, 생각하는 방향도, 삶의 가치관도 전혀 틀리는 사람과 사는 게 너무 힘들었다. 언제 어디서 무슨 일로 천둥 같은 고함이 터질지 몰라 늘 살얼음판을 걷는 것 같은 하루하루였다. 그렇다고 나는 남편처럼 모든 것을 뒤로 한 채 떠날 수 있는 사람도 못되었다.

내가 할 수 있는 일은 그가 빨리 마음을 정리하고 집으로 돌아오기를 기다리는 것밖에 없었다. 그러나 그 모든 사건을 겪으면서도 그가 하나님께서 짝지워 준 사람이라는 생각에는 변함이 없었다. 단지 시련의 기간이 좀 길 뿐이라고 생각했던 것이다.

가슴에 못이 된 말 '당신 때문에……'

한동안 마음을 못 잡고 방황하던 남편은 얼마 후 서울 생활을 정리하고 내려와 다시 교회일을 시작했다. 그 무렵 나는 뭔가 변화가 필요한 시점이라는 생각이 들었다. 나이가 더 들기 전에 신학교를 제대로 마쳐서 교단에서 정식으로 승인받은 목회자가 되어야 했다.

여러 가지 궁리 끝에 우리는 구세군 사관학교에 입학했다.

구세군은 다른 기독교 교단과 직제와 운영방식이 달랐다. 목회자가 군복을 입고, 신학교를 사관학교라고 부르는 것 등 외형에서부터 다른 교파들과는 구분되는 점이 있었다. 아무리 같은 하나님을 전하는 일이라지만 구세군 교회에서 목회를 하는 한 구세군의 교육

과정을 정식으로 이수할 필요가 있었다.

　　사관학교의 하루 일과는 군대식으로 꽉 짜여 있었고, 개인 생활보다 단체 생활 중심으로 돌아갔다. 아침 기상, 새벽 기도, 세면, 아침 식사, 오전 공부, 점심 식사, 오후 공부, 저녁 식사 순으로 하루가 진행되었다. 주일과 수요일에는 예배를 드렸는데 사회, 기도, 간증, 설교 등을 남녀 사관이 똑같이 훈련받았다. 또 일대일로 사람을 대하는 훈련을 쌓기 위해서 매달 '구세공보' 라는 신문을 팔아야 했다. 사람들이 많이 오가는 거리에서 행인들에게 신문을 판다는 것이 처음에는 많이 힘들었다. 그렇지만 구세공보에 남편의 시가 자주 실리는 것이 큰 힘을 주었다.

　　연말에는 구세군의 상징처럼 된 자선 냄비 모금행사도 했다. 이때는 학교 공부도 뒷전이고 아무리 추워도 2시간씩 교대로 모금을 해야 했다. 종을 딸랑딸랑 흔들면서 "불우한 이웃을 도웁시다"를 외치는데 남편은 이 때도 자신의 감성을 발휘했다. "불우한 이웃을 도웁시다"라는 말이 너무 상투적이라며 내용을 바꾸었다.

　　"…… 눈송이는 이 천지를 내리덮습니다. 예수 그리스도께서 닦아 놓은 길로 오라는 양 하염없이 퍼붓습니다…… 마음의 눈을 조금만 더 열고 보면 우리 주위에는 불우한 이웃이 많습니다……."

　　그 순간 남편은 거리의 음유시인이 되었다.

　　여기에 눈이 내리고 구세군 후생학원생들의 밴드가 더해지면 얼마나 아름다운 조화를 이루는지, 지나가던 사람들의 손길도 신이 나서 자선 냄비 속으로 들어가곤 했다. 지폐와 동전으로 가득 찬 자선 냄비를 들고 돌아올 때는 엄청난 일을 한 것처럼 가슴이 뿌듯했다.

사관학교 생활은 기쁨도 크고 보람도 있었지만 많이 피곤하기도 했다. 다른 사람들보다 훨씬 피곤을 많이 느끼는데다 다리까지 온전치 않으니 동료들의 생활을 따라가기 힘든 건 당연했다. 그러나 정말 힘든 것은 육체적인 피로가 아니라 조금도 나아지지 않는 남편과의 관계였다.

남편은 처음부터 사관학교에 호의적이지 않았다. 아들 슬기 때문이었다.

남편은 '하나님의 일도 중요하지만, 하나님께서 내게 맡기신 자녀도 소중하다. 더구나 막 말을 배우고 사물을 익힐 중요한 시기에 아들을 떼어놓고 학교를 갈 수는 없다'고 버텼다. 남편의 거부가 너무나 완강해서 다른 길이 있을까 싶어 여기저기 알아봤지만 길이 다 막혀 있었다. 우리가 선택할 수 있는 곳은 오직 한 곳, 구세군밖에 없었다. 결국 입학을 결정했고 슬기는 친정에 맡겨졌다. 슬기가 한참 예쁜 세 살 때였다.

입학을 해서도 남편의 몸은 교실 안에 있었지만 마음은 언제나 아들 곁을 맴돌았다. 나로서는 슬기를 떼어놓은 것보다 그 때문에 괴로워하는 남편을 지켜보는 것이 더 힘들었다.

남편만큼 표현을 하지 않았을 뿐 자식을 떼어놓은 어미 심정이야 아빠와 다를 바 없었다. 나라고 어떻게 병아리처럼 삐약거리며 내 주위를 맴돌던 아이가 보고 싶지 않았겠는가. 그러나 이미 학교를 선택하지 않았는가. 어차피 겪어야 할 과정이라면 괴로워도 참을 수밖에 없다. 자신을 단련하고 고통을 이기는 연단의 시간 없이 어떻게 다른 사람의 영혼을 보살필 수 있겠는가. 정해진 2년간의 교육 기간이 끝나면 얼마든지 함께할 수 있는 시간이 보장되어 있지 않은가. 그런데도 남편은 하루, 한 순간을 참기 힘들어했다.

남편은 틈만 나면 슬기가 눈에 어른거려 견딜 수가 없다면서 한 번 가 보고 싶다고 노래를 불렀다. 가끔씩 시간표를 들여다보며 어떻게 빠져나갈 구멍이 없나 연구했지만 도무지 틈이 없었다. 먹여 주고 재워 주고 공부까지 시켜주는 만큼 감독도 철저하게 했다.

남편은 군대를 갔다온 사람이었지만 사관학교 생활을 나보다 더 힘들어했다. 갈수록 적응하기 힘들어하더니 어느 땐가부터 조그만 일에도 화를 내기 시작했다. 자기 내부에서 끓어오르는 욕구 불만을 모두 내게 토해내는 것 같았다.

그 즈음 우리는 자주 싸웠다. 벽 하나를 사이에 두고 다닥다닥 붙어 있는 기숙사 방에서 큰소리가 날 때면, 나는 남편이 왜 화를 내는가 하는 것보다 고함 소리가 옆방에 들릴까 봐 불안했다.

"옆방에 들리겠어요. 좀 조용조용하게 이야기하세요."

그러나 남편은 그런 것에는 아랑곳하지 않고 자기 기분대로 행동하고 말했다.

남편의 분노는 아주 사소한 데서 비롯되었고 나는 그런 일들이 왜 남편을 분노케하는지 이해할 수가 없었다.

무엇보다 나를 힘들게 한 것은 "나는 원하지 않았으나 '당신 때문에' 여기 왔다"는 말이었다. 그가 원하지 않았던 일이라는 건 말하지 않아도 알고 있었지만, 분노와 고통에 찬 목소리로 그 사실을 새삼 확인시킬 때는 날카로운 비수가 가슴을 관통하는 것처럼 아팠다. '그러니 나더러 어쩌라는 말이냐' 라고 소리치고도 싶었다.

그러나 나는 이해할 수도 예측할 수도 없는 남편의 분노를 감당하기 위해 스스로에게 타일렀다.

'어떤 일이 있어도 이 년은 견뎌야 한다. 남편의 장래를 위해서 힘들지만 이 년을 참아내야 한다. 슬기까지 떼어놓고 들어온 학교인데 어떤 어려움이 있어도 졸업해야 한다. 일단 졸업을 하고 나면 그 후에는 좀 편안하게 목회를 할 수 있을 것이 아닌가. 지금 이것은 단 열매를 얻기 위한 쓴 기간이다.'

이렇게 스스로를 위로하면서 나는 참고 또 참았다.

이 길 끝에 행복이 있겠지

한동안 잘 참는가 싶던 남편이 급기야 일을 저질렀다.

"나는 도무지 못 견디겠어. 무슨 수를 써서든 슬기를 보고 와야겠어."

그저 입버릇이니 했던 그 말을 남편이 실행한 것이었다. 학교가 외국에서 오는 손님을 맞느라 부산한 틈을 타 위험한 탈출을 결행했다. 군대로 치면 탈영을 감행한 것이다.

그 날 모든 일과를 마치고 취침 시간이 되어갈 무렵 학교를 빠져나간 남편은 기어코 부산행 열차를 탔다.

"내가 알아서 갔다 올 테니 걱정하지 말고 있어요. 아무에게도 알리지 말고……."

"그러다가 들키기라도 하면 어쩌려고 그래요."

나는 한 번 실수로 퇴학을 당할까 봐 두려웠지만, 학교에서 쫓겨나는 한이 있어도 아들 얼굴을 보겠다는 그를 끝내 말릴 수는 없었다. 역대 사관학교 학생 중에 이렇게 무모하게 탈영을 한 사람은 없었을 것이다.

'부디 아무 일 없이 다녀와야 할 텐데…… 이 일로 사관학교를 마치지 못하는 불상사가 생기지 않아야 할 텐데……."

온밤을 걱정으로 보낸 나는 다음날도 하루종일 마음을 졸이며 남편을 기다렸다. 혹시 누군가 남편을 찾거나 점호를 받게 되면 어쩌나 싶어 가슴이 두근거렸다. 시간이 지나면서는 이 사람이 아이 옆에 눌러앉아 버리는 것은 아닐까 하는 걱정까지 했다.

다행히 남편은 무사히 돌아왔고 스무 시간 정도 되었던 그의 부재를 아무도 알아채지 못했다.

그토록 하고 싶었던 일을 결행한 남편은 만족스럽다기보다 아쉬운 표정이었지만, 아이가 잘 있다는 소식만으로도 나는 기뻤다. 그리고 이제 한동안은 남편이 안정된 생활을 할 수 있으리라는 기대가 평안을 주었다.

학교를 싫어하긴 했지만 하나님 앞에 진실하게 서고자 하는 남편의 마음은 언제나 한결같았다. 그래서 기도도 열심히 했고 성경 연구도 충실하게 했다.

사관학교 생활은 나 자신과의 싸움 그리고 남편과의 다툼으로 얼룩지면서 흘러갔고 졸업이 다가왔다. 아무리 힘이 들어도 2년의 시간은 어김없이 흘러간 것이다. 졸업식 때는 너무 감격스러워 뭐라 표현할 말이 없었다. 아니 더 정확하게 표현하면 '기어코 해냈구나' 하는 성취감 외에는 아무 생각도 들지 않았다.

나는 내가 해야 할 의무를 다한 기분이었고, 나 자신에게 정말로 수고했다고 말해주고 싶었다.

일가 친척들이 많이들 올라와서 우리의 졸업을 축하해 주었다. 아들 슬기도 왔다. 2년 동안 서너 번밖에 보지 못했던 아들은 그새 많이 자라 있었다.

"자꾸 웃음이가 난다."

이것이 여섯 살짜리가 오랜만에 엄마 아빠를 만난 기쁨의 표현이었다.

드디어 발령지를 받는 순간이 왔다. 구세군의 모든 행정이 군대식이기 때문에 어디로 발령이 나든 무조건 순종해야 했다. 갓 졸업을 한 생도들은 대개 시골의 작고 어려운 교회나 개척교회로 가게 되어 있었다.

"이동녘, 이영숙 사관 동부인 전남 무안 영문입니다."

전남 무안.

남편도 나도 처음 들어보는 지명이었다. 전라도에 있는 도시라고는 광주나 목포 정도밖에 모르는 상태였으니 무안이 어디쯤 있는지 알아보는 데도 지도를 놓고 한참을 찾아야 했다. 전라남도 끝 쪽에 붙어 있는 '무안' 이라는 지명을 보는 순간 얼마나 황당하던지.

한 번도 밟아본 적이 없는 낯선 땅, 더구나 오리지널 경상도 사람들인 우리 부부가 말도 설고 물도 선 곳에서 목회를 잘 할 수 있을까 두렵고 떨리는 마음이 앞섰다.

하지만 처음은 어디든 낯설고 불안하기 마련이라고 스스로를 위로했다. 목회자도 부름받은 자는 어디로 보내지든 순종해야 했다. 또 우리는 그렇게 하기 위해 2년간 혹독한 훈련을 받은 것이다.

이제 우리 앞에 남은 것은 하나님의 사도직을 충실히 행하는 것뿐이었다. 적어도 그 부분에 있어서만큼은 남편에게 능력이 있다고 믿었다. 낯선 곳에 적응하기가 쉽지 않겠지만 아들과 함께 살게 되었으니 남편이 정서적으로 안정을 찾는 데 힘들지 않을 것이었다.

내 마음은 마치 가나안을 찾아가는 이스라엘 사람처럼 희망과 기대로 부풀어 있었다.

당신만 참는 게 아니에요

무안군 무안읍 교촌리 368번지.

조그마한 시골 마을 어귀에 아담하게 지어 놓은 교회당. 지붕과 시멘트 벽에 푸른 페인트칠을 하고 지붕 꼭대기에 십자가를 세운 전형적인 교회 건물이다. 담 밑에는 화단을 조그맣게 만들어 놓았고 마당 빈 곳은 인적이 드문 것을 알리는 잡초들이 땅바닥에 배를 깔고 납작 엎드려 있었다.

예배당과 사택은 벽 하나를 사이에 두고 붙어 있었다. 사택에는 방이 둘 있는데 하나는 안방 겸 거실이고 하나는 서재였다. 서재는 사방이 책으로 뺑 둘러져 있었다.

교회에 나오는 다부분의 교인들은 밭농사를 지었는데 여름에는 양파, 겨울에는 시금치 농사를 주로 지었다. 교인들은 추운 겨울에도 새파랗게 자란 시금치를 뽑아 가져오곤 했다. 나도 시간이 나면 밭에 나가 일을 거들어 주었다. 그야말로 '거드는' 정도였지만 몸이 건강치 않으니 그것도 힘에 겨웠다.

교회에서 멀리 떨어져 사는 교인의 집을 방문하려면 고개를 하나 넘어야 했다. 차가 없으니 걸어야 했고 걷자니 힘에 부쳤다. 그렇다고 안 갈 수도 없는 길이었다. 신작로를 걸어 고개를 넘으면 다리가 저리고 아파 주저앉고 싶었다. 남편은 이런 사정을 아는지 모르는지 저만치 앞선 채 뒤로 안 돌아보고 걸었다. 남편은 어딜 가든 항상 10미터 정도 앞서 갔다. 인적 드문 산길은 그렇다 쳐도 사람들이 많은 시내를 걸을 때는 앞서간 남편의 뒤통수를 좇느라 정신 없이 걸어야 한다. 무엇을 해도 보조가 맞지 않는 우리 부부. 항상 이것이 문제였다.

목회를 하려면 팔방디인이 되어야 한다지만 목회자의 아내는 그 이상이 되어야 했다. 나로서는 힘에 부치게 일을 했지만 남편에게는 어느 것 하나 마음에 차지 않았다.

남편은 내가 어떤 사람인지 누구보다 잘 알고 있으면서도 언제나 나 이상의 것을 요구했다. 남편이 원하는 대부분의 것들은 내 의지로 할 수 있는 일이 아니었다. 늘 단정한 머리 모양과 차림새로 있어야 하고, 모든 것을 명료하게 기억해야 하고, 물건들은 언제나 제자리에 놓여 있어야 하고, 눈길 닿는 곳은 늘 쓸고 닦아야 하고, 아무리 피곤해도 졸지 않아야 하고…….

그것들은 남편이 보기에 너무나 기본적이고 단순하고 마땅히 해야 할 일들이었다. 그러나 내게는 그렇지 않았다. 신혼 초부터 이미 확인이 된 것이지만 나는 남편과 기질적으로나 신체적으로 너무나 달랐다.

나는 외형적으로 격식을 갖추는 것보다는 실질적인 내용이 중요하다고 생각했다. 옷이나 머리 손질보다는 사람들과의 만남과 대화, 서로 나누는 위로, 성경에서 발견하는 진리 등이 중요했다. 그런 일을 하기 위해 아이를 떼어놓고 남편의 원성까지 감수하며 어렵게 학교를 다니지 않았는가.

게다가 희미한 기억력과 부족한 주의력, 늘 지쳐 있는 몸은 내 의지로는 전혀 통제되지 않는 부분이었다. 나라고 남편의 불평과 잔소리가 듣기 좋을 리 없었다. 늘 깜빡거리는 기억력이나 주의력 부족은 남편과 내가 중요하다고 여기는 부분이 다르기 때문에 생기는 문제일 때가 많았다. 그것은 내가 가눌 수 없는 내 몸처럼 노력을 한다고 해결되는 문제가 아니었다.

무안에서 목회를 하면서도 우리의 싸움은 지속되었다. 사관학교를 졸업한 정식 목회자가 된 것도 우리 사이를 근본적으로 변화시키지는 못했다. 타고난 기질이 몇 년의 교육으로 바뀔 수는 없는 모양이었다.

우리 두 사람은 하루도 조용할 날이 없을 정도로 삐그덕거렸다. 남이 알까 두려워 가능한 자제했던 싸움이 지속되면서 주의력도 없어졌고 목소리도 커졌다. 목회를 하는 사람들이 이처럼 다툼이 잦으니 주변 사람들에게도 득이 되지 못했다. 사랑과 용서를 실천해야 하는 목사 부부가 늘 싸우고 있으니 영적으로 무슨 힘을 발휘할 수 있겠는가.

그런 상황에서 남편이 제주도 여행을 제안했다. 목포 가까이에 있을 때 배를 타고 다녀오지 못하면 가기 힘들 테니 이번에 꼭 가야 한다는 것이었다. 당시 형편으로는 무리한 결정이었다. 하지만 한 번 하겠다고 마음먹으면 하고야 마는 남편의 성격을 잘 알기에 따라나섰다. 신혼여행을 제대로 못했으니 이번에 신혼여행을 하는 셈치자는 생각이 들기도 했다.

그런데 배를 타는 순간부터 남편은 내 옷 타박을 하기 시작했다. 한두 번 듣는 이야기도 아니었지만 그 날 따라 더 심했다. 아마도 여행에 맞는 멋진 차림을 하지 못해서 화가 난 모양이었다. 하지만 매달 내려오는 사례비로는 세 식구 생활하기도 빠듯한데 어떻게 내 옷을 산단 말인가. 그런데도 늘 옷 타박, 머리 모양 타박이니 나도 화가 났다.

제주도에 내려 여기저기 둘러보고 한라산 허리까지만 올라갔다 내려왔다. 정상까지 올라가기로 했는데 남편이 갑자기 내려가자고 하는 바람에 그냥 내려왔다. 여행 자체는 부부화합을 위한 좋은 시도였지만 결과는 절망스러웠다. 그는 그의 뜻대로, 나는 내 뜻대로 움직이려 했고 상대방이 무슨 생각을 하고 있는지 전혀 이해하지 못했다. 남편과 나 사이엔 건널 수 없는 강이 흐르고 있었다.

우리 두 사람이 일치를 보지 못하는 또 하나의 중대한 문제가 있었다. 바로 목회관이었다.

신앙 안에서 만났고 함께 신학 교육을 받았지만 목회관에 있어서는 차이가 컸다.

남편은 신학교를 나왔지만 목사란 말을 싫어했다. 그는 예수를 믿으면 누구나 왕 같은 제사장이라는 '만인제사장설' 을 삶의 현장에서 실현하고 싶어했다. 예수를 믿는 모든 이들은 어느 곳에서 무엇을 하면서 살든, 지금 서 있는 그 자리에서 그리스도의 종이자 제자로서의 삶을 살아야 한다고 주장했다. 목회자라고 해서 특별한 대우를 받거나 모든 일을 지도하는 위치에 서려고 해서는 안 된다는 것이었다.

그에 비해 내가 가진 목회자상은 전통적이고 소박했다. 신앙이 있으면 누구나 제사장이 될 수 있지만 그 중에서도 하나님의 말씀을 보다 잘 전할 수 있는 사람이 있고, 바로 그런 사람이 소명을 받아 목회자가 되는 것이다. 소명을 받은 목회자라면 당연히 신앙으로 사람들을 일깨우고 위로하고 옳은 길로 이끌어 주어야 한다. 나는 그런 목회를 하고 싶었다.

남편의 신앙관은 근본적으로 옳은 것이었지만 일반 교인들이 받아들이기에는 어려운 점이 있었다. 교인들은 자신들을 영적으로 이끌어 주고 위로해 주고 힘이 되어 주고, 삶에 희망을 불어넣어 주는 목회자를 원했다. 그들은 확고한 신념을 가진 지도자상을 요구했다.

교인들의 신앙관이 전통에 머물러 있는 데 비해 남편의 생각은 언제나 한 발 앞서 있었다. 그래서 한때는 젊은 청년들과 함께 의욕적인 프로그램을 만들어 보기도 했다. 그러나 시골 교회의 젊은이들은 나그네였다. 잠시 고향에 머물다 의식이 자라면 꿈을 가지고 더

넓은 세상을 향해 떠났다. 안타깝고 섭섭했지만 청년들을 막을 수는 없었다. 청년들이 떠나자 남편도 힘을 잃기 시작했다.

더구나 나는 힘을 잃은 남편에게 위로가 되지 못하는 아내였다. 아니 위로는커녕 갈수톡 분노와 괴로움만 안겨주는 무거운 걸림돌이었다. 남편이 매사에 나를 못마땅해한다는 것은 알고 있었지만 그가 어느 날 갑자기, 나는 감히 상상도 못했던 엄청난 폭탄 선언을 하기 전까지는 남편의 고민이 어느 정도였는지 알지 못했다.

그가 내게 **폭탄**을 던졌다

그날은 다른 날과 다르지 않았다. 어떤 변화의 조짐도, 아무런 예감도 없었다.

그런데 밖에서 들어온 남편이 갑자기 짐을 싸기 시작했다.

"당신과 같이 도저히 목회를 못 하겠어요. 나는 오늘자로 구세군 목사를 사직합니다. 사직서는 이미 우편으로 보냈어요. 이제 여기 있을 이유가 없으니 떠나야 해요."

정말 청천벽력 같은 선언이었다.

목사를 사직하다니, 그런 말은 들어본 적도 없었다. 목사가 자기 마음대로 사직하고 말고 할 수 있는 자리라는 생각조차 해본 적이 없었다. 남편이 뜻대로 되지 않는 목회와 나와의 갈등으로 고민을 하고 있는 줄은 알았지만 목사직을 버릴 생각까지 하고 있는 줄은 꿈에도 몰랐다.

구세군에서 떳떳하게 목회하려고 그 고된 사관학교 생활을 이를 악물고 이겨냈는데 목회직을 버리다니. 세 살, 가장 예쁘게 재롱을 떨 아이를 떼어놓고 가서 힘겹게 힘겹게 공부했는데 목회를 그만두다니. 그런 중대한 결정을 어떻게 나에게 한 마디 말도 없이 결정했단 말인가. 정말 기가 막혀 말이 나오지 않았다.

나는 평생 구세군에서 목회를 하고 싶었다. 나에게 주어진 소명을 다하고 정년 퇴직해서 구세군에서 운영하고 있는 은퇴 사관의 집으로 들어가 평안한 노후를 보내고 싶었다. 그런데 정년 퇴직은커녕 제대로 목회도 해보지 않고 그만두겠다니, '하늘이 구너진다' 는 말이 실감이 났다.

그러나 이미 본영에 사직서까지 보냈다면 엎질러진 물이었다. 다시 주워 담을 수가 없었다. 그렇다면 이제 어떻게 해야 한단 말인가. 목사를 그만두었다는 것도 하늘이 노랄 일이었지만 곧바로 앞날에 대한 두려움이 나를 덮쳤다. 목회가 아니면 할 수 있는 일도 없고, 오라는 곳도 갈 곳도 없는데 어떻게 해야 한단 말인가.

충격에 휩싸여 황망하게 앉아있는 나와 달리 남편은 서둘러 짐을 쌌고 곧 떠날 준비를 하기에 바빴다. 그에게 무슨 대책이 있는 걸까. 아니었다. 그는 그저 떠나는 것 외에 아무런 대책도 계획도 없었다.

교인들에게도 일방적으로 사직을 통보했다. 오전 예배를 아무런 내색도 없이 잘 드리고 난 후 광고 시간에 '이미 사직서를 냈으며 무안 영문을 떠난다'고 선언했다. 목회자가 오고 가는 일은 교회로서는 가장 큰 일이라고 해도 과언이 아니다. 그런데 사전에 아무런 예고도 없이 갑자기 떠나겠다는 통보를 들은 교인들은 마른 하늘에 날벼락을 맞은 것처럼 얼떨떨해했다. 몇몇 사람은 울음을 터뜨렸고 몇몇 사람은 다시 생각하시라고 간곡히 만류했다. 그러나 만류도 눈물도 이미 콘크리트 벽처럼 굳어진 남편의 결심을 바꿀 수는 없었다.

목회에 대한 나의 꿈과 기대는 이렇게 산산조각났다. 아무리 좋은 일도 억지로 될 수는 없었다. 처음부터 그렇게 가기 싫어했던 사관학교, 학교 생활 내내 아들 생각에 매달렸던 사람, 일반적인 목회자들과 확연히 다른 목회관, 지나치다 싶을 만큼 예민한 신경과 가파른 성정, 거기다가 사고 방식과 생활 방식이 하나부터 열까지 다른 아내와의 갈등. 그런 사람에게 안정적인 목회를 기대하는 것 자체가 처음부터 무리였는지도 몰랐다.

남편을 이해할 수도 없었고 앞날도 암담했지만 나는 결국 남편을 따를 수밖에 없었다. 나와 잘 맞는 사람은 아니었지만 남편은 하늘이 맺어준 짝이라는 믿음, 그리고 어떤 상황에서든 하나님은 나를 버리지 않을 것이라는 확신에는 변함이 없었기 때문이다.

나는 눈물을 흘리며 무안 영문을 떠났고 더불어 목회자의 아내라는 자리와도 이별했다. 그 자리를 얻기까지의 노력에 비하면 너무나 순식간에 닥친 황망한 이별이었다. 한 치 앞도 못 보는 인간의 계획이 얼마나 무용한 것인지 무안을 떠나며 아프게 깨달았다.

남편을 따라 아무런 연고도 없는 경기도 성남으로 올라오면서 아득함을 느꼈다. 내 앞에 무엇이 기다리고 있는지 알 수가 없었다.
나는 다만 하나님의 은총을 구할 뿐이었다.

3

내 앞에 천 개의 산이 놓여 있구나

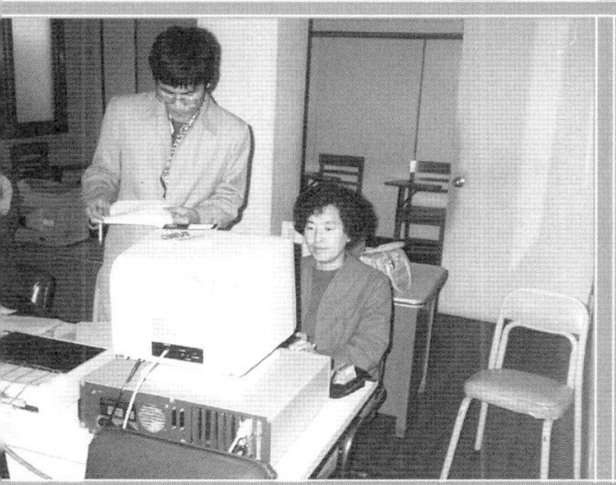

오방떡 리어카에 얹힌 인생

내 인생에 참 많은 겨울들이 지나갔지만 오방떡 장사를 하면서 보낸 겨울 추위는 잊을 수가 없다. 칼끝을 단 것처럼 매서운 겨울 바람 속에서 있을 때는 내 인생도 이렇게 시리고 차갑게 흘러가는 것은 아닐까 하는 생각에 더 추워지곤 했다.

오방떡 장사는 목회를 그만두고 정식으로 시작한 첫 일이었다. 손에 쥔 게 너무 없는데다 2년여를 별 소득 없이 지냈으므로 오방떡 리어카와 빵틀을 사기 위해 남편의 책을 팔아야 했다. 목회자의 아내에서 오방떡 장사로의 변화는 상상도 못했던 것이었지만 부끄럽지는 않았다. 오히려 나는 내 손으로 할 수 있는 노동을 해서 밥을 벌 수 있다는 것을 당당하게 생각했다.

그리고 무슨 일이든 낙천적으로 생각하는 나는 주어진 상황에서 좋은 점을 찾았다. 그 중 하나가 책을 읽을 수 있는 것이었다. 빵을 굽고 손님을 기다리면서 나는 목회를 할 때보다 신앙서적을 많이 읽을 수 있었다. 사실 목회를 할 때는 예배를 드리고 심방을 다니고 하는 것만으로도 너무나 힘에 겨워 다른 책들을 읽을 시간이 없었다. 책을 읽을 때의 느낌도 아주 달랐다. 전에는 성경 말씀이나 신앙에 관한 글들이 당연하면서도 막연하게 다가왔다면 그때는 정말 구체적으로 뼛속 깊숙이 스며들었다. 아마도 내가 한없이 낮은 자리로 내려앉았기 때문인 것 같았다.

깨달음이 절절한 만큼 위로 또한 깊었다. 비록 한겨울 찬바람 부는 다리 위에서 오방떡을 팔고 있지만 버림받았다거나 부끄럽다거나 하는 생각은 하지 않았다. 이것은 내가 성장하면서 거쳐야 하는 과정 중의 하나라고 여겼다.

어렵게 살았기 때문에 따뜻한 인정도 많이 맛보았다.

어느 추운 날 두꺼운 파카에 모자를 푹 눌러쓰고 전기 장판을 발에 칭칭 감고 있는데 누군가 포장을 열고 들어섰다.

"많이 춥죠!"

이웃에서 알고 지내는 아주머니였다. 너무나 반가웠다.

"이 추운데 여기까지 어쩐 일이세요."

"추운 데서 고생하는데 추위 이기라고 따뜻한 꿀차를 좀 끓여 왔어요."

"아휴, 너무 고마워서 눈물이 다 나려고 그러네요."

"자, 아직 따뜻하니까 식기 전에 드세요."

인사말이 아니라 정말로 눈물 나게 고마운 꿀차였다. 마음이 따뜻한 사람이 아니면 추운 날 밖에 있는 사람을 생각해 밖으로 나오기 어렵다. 손수 차를 끓인 것도 고맙지만 나를 위해 일부러 나온 마음 씀씀이가 눈물겨웠다.

하지만 뼛속을 파고드는 칼바람에 몸이 움츠러들 때는 점포를 가지고 장사를 하는 사람들이 너무나 부러웠다. 허술할망정 바람을 막을 수 있는 실내에서 따뜻한 난로를 피워놓고 장사를 할 수 있다면 더 이상 바랄 것이 없겠다 싶었다.

하지만 그나마 한데에서 하는 장사도 지속하기가 어려워졌다. 단속 때문이었다.

개천 다리 위에는 우리 오방떡 리어카 외에도 튀김 장사, 옷 장사 등 노점상이 많았다. 하지만 현행법상 노점상은 불법이었다. 단속반은 잘 정리해 놓은 옷가지들을 바닥에 내동댕이치며 당장 짐을 싸라고 윽박질렀고, 상인들은 왜 힘없고 가난한 사람들을 못살게 괴롭히느냐고 대들다 몸싸움을 했다.

그러던 어느 날이었다.

그 날도 여느 때처럼 남편은 집에서 반죽을 하고 나는 리어카에 오방떡 기계, 의자, 가스통 등 모든 재료를 싣고 먼저 길을 나섰다. 리어카를 끌고 나가는 것이 내 몫이 된 것은 반죽 때문이었다. 내가 반죽을 하면 떡이 잘 구워지지가 않았다. 남편이 힘을 들여 수십 번씩 반죽을 이겨야 찰기가 생겨 떡이 제대로 구워졌다.

우리 자리에 도착해서 막 포장을 설치하려는데 단속반이 들이

닥쳤다. 일단 걸리기만 하면 인정사정 볼 것 없이 모든 것을 빼앗아 가기 때문에 얼른 자리를 피해야 했다.

나는 재빨리 손잡이 방향을 틀어 집으로 향했다. 그런데 원래 힘도 없는데다 바쁘니까 리어카가 말을 안 들었다. 여기저기서 엇갈리며 불어대는 호각 소리가 마치 기관총 소리처럼 들렸다. 큰 죄를 짓고 쫓기는 사람처럼 가슴이 두 방망이질을 쳤다. 나는 있는 힘을 다해 리어카를 밀었다. 그 상황에도 수만 가지 생각이 오갔다.

'정말 죄 짓고는 살지 말아야지. 이래서야 사람이 살 수가 있나. 그래도 당장 이 일을 하지 않으면 세 식구 밥줄이 끊어지는데 어쩐단 말인가. 하루 벌어 하루 먹고사는데 오늘은 공치겠구나……'

리어카가 약간 내리막으로 경사진 길에 이르렀을 때였다. 호각 소리가 가까이서 귀청을 울렸다.

"아줌마, 거기 멈춰 서요!"

그 소리에 나는 더 세게 리어카를 밀었다. 사실 밀고 말고 할 것도 없었다. 내리막길에 선 리어카는 밀지 않아도 저절로 아래로 아래로 달음질쳤다. 리어카 손잡이를 꼭 쥐고 있던 나도 리어카에 매달린 채 속절없이 아래로 아래로 굴러 내려갔다. 내 뜻과 상관없이 한없이 가라앉고 있는 내 인생처럼. 홈이 패인 바닥에 바퀴가 걸려 리어카가 저절로 멈춰 설 때까지.

리어카가 멎고 나서야 손잡이를 놓은 나는 그 자리에 주저앉고 말았다. 나도 모르게 눈물이 주르르 흘렀다. 서럽기도 하고 억울하기도 해서 호각 소리고 단속반이고 아무 생각도 나지 않았다. 남한산성에서 몰아치는 칼바람에 눈물에 얼룩진 얼굴이 얼어붙는 듯했다.

"리어카는 놔 두고 서요, 서라니까!"

남편 목소리였다. 눈을 들어 보니 남편이 침통한 표정으로 내 앞에 서 있었다.

반죽을 하다가 우연히 창문으로 내가 리어카에 매달려 가는 모습을 본 남편이 소리를 치며 달려나온 것이었다. 멀리서 보았기 때문인지 남편은 내가 단속반이 끌고 가는 리어카에 매달려 가는 줄 알았다고 했다.

내리막길 덕분에 빼앗기지 않은 리어카를 끌고 오면서 우리 부부는 너무나 참담했다. 더 이상 이렇게 살 수는 없다고 생각했다. 안정적인 가게나 확실한 기술이 있어야겠다고 느낀 것도 그때였다. 마음이 여린 남편은 그때 일이 잊혀지지 않는지 가끔씩 '끌려가는 리어카' 이야기를 꺼내며 눈물짓는다. 후일 내가 미용학원에 등록을 한 것도 그때의 기억 때문이었다.

등이 휠 것 같은 삶의 무게여

이리저리 쫓기면서도 끈질기게 버티던 노점상들이 결국 손을 들게 된 것은 성남 시청의 도로 정비 사업 때문이었다. 그것은 우리에게는 전화위복의 기회가 되었다. 오방떡 장사에 대한 미련을 버리고 새로운 일을 찾았기 때문이다. 이번엔 문방구였다.

우리는 친척에게 돈을 좀 빌려 문방구를 냈다. 점포는 중학교 길목에 있었고 집에서도 얼마 떨어지지 않아 그런 대로 목이 좋았다.

그런데 전혀 알지 못하는 분야의 가게를 시작하자니 어려운 게 한두 가지가 아니었다. 우선 들여놓아야 할 물품들을 선정하는 것부터가 어려웠다. 다행히 잘 아는 분 동생이 서울에서 문방구를 하다가 그만둔다면서 재고를 맡아 달라고 해서, 그 물품들을 인수받아 가게를 꾸몄다.

하지만 그걸로 문제가 해결된 것이 아니었다. 물건을 인수받는 과정에서 보니 종류가 어찌나 많은지 이름을 일일이 기억하기도 힘들었다. 종류가 많으니 가격을 기억하는 것도 어려웠고, 품목은 많은데 물건들의 부피는 작으니 진열하는 것도 보통 까다로운 게 아니었다.

그런 대로 가게가 정리되고 본격적으로 장사가 시작되자 이번에는 생활 방식을 바꾸어야 했다. 문방구는 아침 일찍 열어야 했기 때문이다. 오방떡 장사는 주로 오후 장사였기 때문에 아침에 늦게 일어나도 여유가 있었는데, 문방구는 일찍 등교하는 학생에게 시간을 맞추어야 했기 때문에 새벽같이 가게를 열어야 했다.

십 원짜리를 사러 온 꼬마 손님부터 이력서를 사러 오는 어른까지 상대해야 하고, 손님이 올 때마다 앉았다 일어났다 하자니 하루 종일 피곤했다. 저녁때가 되면 다리가 얼마나 아픈지 한 걸음 떼는 게 천근 만근처럼 무거웠다.

문방구를 시작하면서부터 나는 참기 힘들 정도의 피로와 다리 통증을 느꼈다. 당시 유행하던 가요의 가사처럼 "등이 휠 것 같은 삶의 무게가" 나를 사정없이 짓누르는 느낌이었다. 삶에 지치니 원망의 화살이 남편에게로 돌아갔다. 남편이라는 사람이 몸이 온전치도 못한 아내를 어쩌면 이렇게 힘든 자리로 내모는지 정말 미웠다. 이제 겨우 노점상에서 벗어나 편안한 가게에서 장사하게 되었다고 좋아했는데, 내가 감당해야 할 몫은 여전히 무겁고 힘겨웠다.

그나마 다행이라면 초등학교 3학년이 된 슬기가 너무 좋아하는 것이었다. 자신이 쓰는 갖가지 문구와 장난감들이 꽉 들어찬 가게의 주인이 된 것을 마냥 신나 했다. 오방떡을 팔던 시절에 축 쳐져 있던 어깨가 쫙 펴지고 어두웠던 얼굴에 환한 웃음이 피어났다.

게다가 생각지도 않게 산수 점수가 부쩍 좋아졌다. 내가 많이 아플 때는 슬기가 가게를 봐 주었는데, 그러면서 물건값을 계산해 버릇해서 그런지 산수 점수는 늘 최고였다. 환경이 사람에게 어떤 영향을 미치는지를 실감했다. 맹자 어머니가 아들을 위해 세 번씩이나 이사를 했다는 말이 수긍이 되었다.

당시에 문방구에서 인기 있었던 것 중 하나는 인기 연예인 사진을 크게 확대해서 코팅한 대형 브로마이드였다. 최진실 같은 국내 배우는 물론이고 장국영, 유덕화 같은 중국 배우들의 사진도 아주 잘 나갔다. 특히 유덕화가 비를 맞으며 누군가를 애타게 찾는 듯한 사진은 학생들은 물론이고 학교 여교사들까지 사갈 정도로 인기가 좋았다. 남편은 아주 분위기 좋은 사진을 골라 가게를 센스 있게 연출하기도 했다.

장사를 하는 데 요령이 생기고 안정이 되면서 두 사람이 하루 종일 가게를 지킬 필요는 없다는 것을 알았다. 등하교 시간에만 바짝 손님이 몰리기 때문에 그 외 시간에는 뭔가를 배워 두는 것도 좋을 것 같았다. 기술 하나쯤 익혀 두면 앞으로 무슨 변화가 생기더라도 살아갈 방도가 생기고, 므엇보다 손으로 수고해서 버는 든이 가장 깨끗하다고 생각했기 때문이다.

마음에 늘 그 생긱을 담아 두고 있었는지라 우연히 길가에 미용학원 수강생을 모집하는 현수막을 봤을 때, '바로 이거다!' 싶은 생각이 들었다. 나는 그 길로 미용학원에 등록했다.

뜻밖의 전화

　　호기롭게 미용학원에 등록을 한 것은 나였지만 실제로 수료를
한 건 남편이었다. 학원에 다닌 지 며칠 안 되어 다리에 심각한 통증
이 왔던 것이다. 하루종일 앉았다 일어났다 하며 문방구를 보는 것도
힘이 드는데, 오후 늦게 학원이 있는 4층까지 올라갔다 내려갔다 하
자니 자연히 무리가 왔다.

　　웬만하면 버텨보려고 했지만 나중에는 서 있는 것조차 힘들어
졌다. 그렇다고 그만두려니 미리 낸 수강료가 너무 아까웠다. 이 때
남편이 대신 배우겠다고 나섰다. 다행히 학원 측에서도 문제 삼지 않
았다. 남편은 나보다 미적인 것에 관심도 많고 감각도 있어서 즐겁게

학원 생활을 해 나갔다.

그런데 내 다리는 점점 악화되었다.

어느 날 학원에서 돌아온 남편이 소리를 질렀다.

"아니, 저 피 좀 봐!"

움찔 놀라 다리를 내려다보았더니 검붉은 피가 흘러내리고 있었다. 시장에서 막 돌아오는 길이어서 미처 보지 못했던 것이다.

처음 있는 일도 아니어서 과산화수소수로 피를 닦고 누웠더니 일단 출혈이 멈추었다.

"그냥 누워 있으면 어떡해요. 빨리 병원에 갑시다."

"어차피 덤으로 얻은 목숨, 죽으면 죽었지 다시는 병원에 안 가겠어요."

나는 병원이라는 말만 들어도 몸서리가 쳐졌다. 병원에 갔다가 혹시 수술이라도 권한다면 정말 끔찍한 노릇이었다. 수술대에 오르는 느낌은 생각하기도 싫었다. 그것은 마치 사형대에 오르는 느낌이었다. 그리고 내 병은 이미 현대의학으로 고칠 수 있는 게 아니라고 판명이 나지 않았던가.

사실 아프다고 병원에 갈 형편도 안됐다. 수술비는커녕 입원비조차 마련하기 힘든 상황에 병원이라니. '병원에 가자' 는 것은 단지 말로 끝날 수밖에 없는 인사였다.

그런데 남편은 상당히 심각하게 생각했던 모양이었다. 다음 날 학원에 다녀오더니 학원 원장님이 기도원을 소개해 주셨으니 같이 가보자고 했다. 그곳은 병을 고치는 능력이 있다고 소문이 자자한 곳이었다.

"원장님이 허리 디스크로 휠체어 없이는 못 일어나는 사람이었는데 그 기도원에서 안수를 받고 나아서 지금 그렇게 건강해졌대요."

남편은 평소 그런 기도원에 관심이 없었던 사람이었는데 눈앞에서 나았다는 사람을 보니 마음이 많이 끌리는 것 같았다. 나 역시 한 번 가보고 싶기도 했다. 꼭 병이 낫기 위해서라기보다 대체 어떤 곳인지 보고 싶은 호기심이 생겼다. 어쩌면 기도원이 우리가 선택할 수 있는 최후의 병원이 될지도 모른다는 생각도 들었다.

기도원의 명성 때문인지 그곳에는 수많은 사람들이 모여 있었다. 오랜 병마에 시달린 흔적이 역력한 환자와 가족들이 오로지 낫기만을 바라며 원장에게 매달리고 있었다. 우리보다 더 처절한 사연을 안고 있는 사람들처럼 보였다.

한참을 망설이던 나는 안수를 받는 줄에 섰다. 원장의 능력을 믿어서가 아니라 하나님이 어쩌면 내게도 기회를 주실지 모른다고 생각했기 때문이다.

나는 상처 부위에 손을 얹고 기도하는 줄 알았는데 그게 아니었다. 원장은 다리의 상처 부위를 손가락으로 긁으며 기도했다. 마치 상처를 다시 헤집는 형국이었다. 당연히 통증이 극심했지만 참을 수밖에 없었다.

그런데 집으로 돌아온 후에 문제가 생겼다. 안수 받은 부위의 상처가 점점 덧나기 시작한 것이다. 다음날은 통증이 심해 움직일 수도 없을 지경이 되었고 집안에서도 몸을 끌고 다녀야 했다. 안수를 받은 다리가 이 지경이 되었으니 다시 기도원에 가야 할지 망설여졌다. 하지만 기왕에 하나님께 맡기기로 한 일이니 며칠은 더 다녀보기로 했다. 나는 절박했다.

남편은 아픈 다리를 질질 끌며 이를 악물고 기도원에 다니는 나를 보고 "그런 집념이라면 정말 산이라도 옮기겠다"고 놀라워했다.

그러나 통증은 믿음이나 집념으로 해결할 수 있는 문제가 아니었다. 안수를 받을수록 상처는 점점 커져갔고 통증도 심해졌다. 통증의 정도가 얼마나 심한지 생살이 찢겨 나가는 것 같았다. 한움큼의 바늘이 일시에 쿡쿡 쑤시는 것 같은 통증을 도저히 참을 수가 없어서 다리를 안고 엉엉 울기도 했다. 방안에선 온몸에서 나는 열과 통증으로 단내가 풍겼다.

아픈 자리에 감아둔 붕대를 풀어보면 살들이 얼마나 해어지고 짓이겨져 있는지 도저히 눈 뜨고는 못 볼 지경이었다. 그렇지 않아도 고름에 젖어 있던 부위를 억지로 헤집어놨으니 짓무르고 해질 수밖에 없었다.

보다 못한 남편은 기도원에 가지 말라고 말렸고 나도 더 이상은 갈 마음이 생기지 않았다. 아니 가고 싶어도 갈 수가 없었다. 일어설 수도 없는 지경이 된 것이다. 그리고 급기야 자리보전하고 눕고야 말았다.

내가 꼼짝을 못하게 되자 남편이 문방구를 맡았다.

그런데 미용학원에 전념하느라 문방구 일에서 손을 뗐었던 남편이 가게를 보려니 마치 처음 물건을 파는 것처럼 어설폈다. 어떤 물건이 어디에 있는지 찾느라 허둥대는가 하면 물건값이 얼마인지도 몰라 일일이 나에게 전화를 걸어 물어야 했다. 그러자니 나도 번거롭고 남편도 피곤했다.

꼼짝 못하고 누워 있는 나도 고통스러웠지만 남편 역시 힘든 시절이었다. 가게에서 돌아오면 밥, 빨래, 청소 등 집안일까지 혼자서 해야 했다. 통증이 너무 심해 화장실조차 혼자 가기 힘들 정도였던 나는 조용히 누워 있는 것 외에는 아무것도 할 수가 없었다.

그런데 어느 날 전혀 뜻밖의 전화 한 통을 받았다.

"여보세요."

누운 상태에서 겨우 손만 뻗어 든 송수화기에서 경상도 남자의 목소리가 흘러나왔다.

"여보세요. 이영숙 씨 댁 맞습니까?"

"예, 맞습니다. 저가 이영숙인데요."

"아, 저 S인데 기억하시겠습니까?"

그 사람이었다. 7년간 편지 교환을 하며 사랑을 키웠던 내 첫사랑의 남자. 이 사람은 꼭 내가 비참한 몰골로 누워 있을 때 불쑥 나타난다.

'도대체 이 사람이 어떻게 알고 집으로 전화를 한 걸까.'

나는 너무나 당황스러워 말문이 막혔고 널뛰듯 쿵쾅거리는 가슴을 도저히 진정시킬 수가 없었다.

"누구한테 온 전화야?"

부엌에서 밥을 짓고 있던 남편이 방으로 고개를 들이고 물었다. 전화가 온 것 같은데 아무 소리가 없으니 이상했던 모양이었다. 정말 난감했다. 이 사람을 남편에게 어떻게 설명해야 하나……

잠시 망설이던 나는 결국 사실대로 말했다.

"옛날에 편지 주고받던 분이에요."

순간 남편의 표정이 싸늘하게 바뀌는가 싶더니 곧 차갑게 굳어졌다.

"여보세요, 여보세요……."

송수화기에서는 계속 나를 부르는 목소리가 흘러나왔다. 어쨌든 통화를 끝내야 했다.

"네, 어떻게 전화번호를 알고 전화하셨어요."

"영숙 씨 동생이 전화해 줬어요. 지금 많이 아프니까 전화해서 위로 좀 해주라고. 어디가 얼마나 아픈 거예요?"

"예, 다리가 아파서 못 움직이고 있어요."

"병원에는 가 봤어요?"

그의 목소리에는 걱정이 잔뜩 묻어 있었다. 하지만 나는 옆에 있는 남편에게 신경이 쓰여 그저 의례적인 안부만 물은 뒤 서둘러 전화를 끊었다.

과거의 일이기는 하지만 그때까지 S의 존재에 대해 전혀 모르고 있던 남편도 어지간히 당황한 듯했다. 사실 남편한테 숨기고 말고 할 이야기도 아니었다. 이미 지난 일이고 내 인생에서 잊혀져 있던 부분이었으므로 거리낄 것도 없었다. 나는 그가 어떤 사람인지 처음부터 끝까지 이야기해 주었다.

이야기를 들은 남편은 전화에 대해서 별다른 말은 하지 않았다. 다만 하필 이렇게 어려울 때 옛 사랑에게서 전화를 받게 된 게 못내 마음에 걸리는 듯했다.

그 후 힘겹게 끌고 나가던 문방구는 결국 정리했다. 손님이 올 때마다 일일이 가격을 물어 가며 장사를 계속할 수도 없었고, 가게세도 엄청나게 올라 감당할 수가 없었다.

집도 옮겼다. 하늘 가까운 언덕배기의 지하 월세방이었다. 높은 동네로 이사를 왔지만 생활은 점점 가라앉는 느낌이었다.

아픈 다리는 도통 나을 기미가 보이지 않았다. 어떻게든 치료를 해야겠는데 병원에는 가기도 싫었고 갈 형편도 안되었다. 그렇게 딱한 때에 나를 구해준 분은 은행중학교의 국어선생님이셨다. 그분은 침을 놓아주고 숯가루를 참기름에 이겨 발라 상처의 독을 제거해 주었다. 바쁜 가운데도 매번 집으로 찾아와 기도와 치료를 병행해 주셨다. 시간은 좀 길게 걸렸지만 상처는 서서히 아물기 시작했다. 그분의 치료가 아니었으면 영영 제대로 걸을 수 없었을지도 모른다. 지금도 그 고마움을 잊을 수가 없다.

나는 병원에서도 기도원에서도 고치지 못한 다리를 보며 바울을 생각했다. 하나님께서 몸에 주신 가시가 있어 그것을 제거해 달라고 세 번이나 기도해도 들어주지 않았다고 말했던 바울. 내게는 다리의 상처가 하나님께서 주신 가시인 모양이었다. 평생 지니고 있어야 할 가시. 약한 다리에 질질 끌려가며 사는 게 싫어 차라리 죽는 게 낫겠다 싶을 만큼 지독한 고통까지 참아냈건만, 그것은 내가 살아 있는 한 빼낼 수 있는 가시가 아니었던 것이다.

"이혼, 당신이 원한다면……"

"더 이상 당신과 못살겠으니 이혼합시다."

급기야 올 것이 오고 말았다. 남편 입에서 이혼 이야기가 나온 것이다.

나는 순순히 동의했다.

"그래요. 나는 나대로 최선을 다해서 한다고 했는데도 당신 마음에 들지 않으니 더 이상 할 말이 없어요. 당신이 하고 싶은 대로 합시다."

나는 이제 내가 할 수 있는 한계를 넘었다고 생각했다. 더 이상은 나도 어쩔 수가 없었다. 되돌아갈 수도 뛰어넘을 수도 없는 막

다른 골목에 마주선 느낌이었다. 나는 지쳐 있었고 변화에 대한 아무런 의지도 없었다. 결혼이 그랬듯이 앞으로 진행되는 모든 일을 하나님께 맡기겠다는 생각뿐이었다. 하나님이 짝지워준 것을 사람이 나눌 수 없을 것이라고 했지만, 한 쪽이 도저히 함께 살 수 없다니 어쩌겠는가. 나 역시 도저히 남편이 바라는 여자가 될 수 없었다. 목사직을 버릴 때 그랬던 것처럼 이혼에 있어서도 나는 주도권이 없는 사람이었다.

이혼을 합의한 우리는 슬기까지 데리고 법원으로 갔다. 슬기와 함께 가는 것이 마음에 걸리긴 했지만 올 것이 왔고, 해야 할 것을 한다는 생각 때문인지 마음은 의외로 담담했다. 나는 슬기의 손을 꼭 잡고 오직 모든 것이 하나님의 뜻대로 되기를 기도했다.

"무슨 일로 오셨습니까?"

접수계에 있던 담당 직원이 심드렁하게 물었다.

"이혼 수속을 하러 왔는데요."

"호적등본을 가지고 오셨습니까?"

"아니요. 호적등본이 있어야 합니까?"

당황한 남편의 반응에 직원이 한심하다는 표정으로 말했다.

"이혼하신다는 분들이 그것도 모르셨어요? 호적등본 떼서 다시 오세요."

그는 괜히 시간만 낭비했다는 듯이 고개를 돌렸다.

이혼에 대한 합의만 가지고 법원에 들어섰던 우리 부부는 말을 잃은 채 힘없이 법원문을 나섰다. 날씨마저 잔뜩 찌푸려 있었다.

결혼도 이혼도 하고 싶다고 마음대로 되는 것이 아니었다. 표면적으로는 서류 한 장 때문에 돌아선 것이었지만, 나는 하나님께서 아직 우리에게 희망을 버리지 않고 계시다고 생각했다. 남편도 비슷한 생각을 한 것인지 그 후로 다시 '이혼' 이야기를 꺼내지 않았다.

그러나 문제는 문제로 남아 있었다. 그도 나도 여전히 같은 지점에서 있었고 바뀐 것은 아무것도 없었다. 나도 남편도 변화를 바라고 있었지만 변화의 주체는 상대방이어야 한다고 생각했다. 남편은 내 얼굴에서 나는 남편 얼굴에서 변화의 조짐을 찾으려 했다. 그러나 번번히 실패였다.

남편은 나와의 관계를 회복하고 싶은 생각에 퇴근을 할 때는 '집에 가면 아내에게 잘 해 주어야지' 하고 다짐하지만 일단 집에 들어오면 아무런 변화도 없는 듯 보이는 내 말과 행동에 모든 의욕이 사라져 버린다고 했다. 나 역시 마찬가지였다. 퇴근하는 남편을 따뜻하게 맞고 싶었지만 현관을 들어서는 남편의 굳은 얼굴을 보는 순간 데워 놓았던 마음이 순식간에 얼어붙었다. 저 사람은 그대론데 나 혼자 어쩌란 말인가 싶어 더 이상 다가가기가 싫었다.

한 상에서 밥을 먹고 한 이불 속에서 자면서도 하루도 마음 편할 날이 없었다.

나에게 남편이 가시관이었다면 남편에게는 내가 십자가였다.

한여름에 웬 떡국

"한여름에 매일 설날기네."

저녁마다 우리는 떡국을 먹고 있었다.

"우리 나이가 얼다냐, 이것 야단났네. 며칠만에 몇십 살을 더 먹으니."

내가 웃으며 말하자 일찍 숟가락을 놓은 남편이 약을 떨어 넣으면서 되받았다.

"자랑이다."

남편이 그렇게 심술궂게 되받는 데는 이유가 있었다.

시골에서 보내준 쌀 한 자루가 문제의 발단이었다. 형님이 시골에서 쌀이 올라왔다며 보냈길래 풀어 봤더니 일반미가 아니라 현미였다.

형님은 시골서 올라왔으니 당연히 쌀이려니 했던 것이다.

일단 받았으니 며칠 동안은 다른 잡곡을 섞어서 밥을 지어먹었다. 현미가 몸에 좋다고는 하지만 먹기에 부드럽지는 않았다. 벼 껍질을 한 번만 살짝 벗긴 것이라 입에 넣으면 씹히는 감촉이 거친데다 껍질이 벗겨지지 않은 뉘도 많았다. 나는 뉘가 씹히는 것이 너무 싫어서 알레르기 반응이 일어날 정도였다.

처음에는 몸에 좋은 것이니 좀 거칠어도 열심히 먹겠다고 했던 남편도 며칠 안돼 소화가 되지 않아 도저히 못 먹겠다며 흰밥을 찾았고, 아들 녀석은 처음부터 먹지 않으려 했다.

하는 수 없이 밥을 해먹는 것은 포기하고 대신 미숫가루를 해서 먹었다. 현미 외에도 흰콩, 보리, 찹쌀을 넣어서 미숫가루를 만들었더니 남편도 아들도 아주 좋아했다. 그러나 그것도 먹는 데 한계가 있었다. 며칠은 잘 먹던 두 사람도 물렸는지 더 이상 미숫가루를 찾지 않았다. 먹지도 않는 미숫가루를 또 만들기도 그렇고 해서 얼마 남은 현미는 그대로 두었다.

그런데 어느 날부터인가 집안에 조그만 나방들이 날아다녔다.

남편은 잡아도 잡아도 어디서 이렇게 나방이 생기는지 모르겠다며 구석구석 뒤지고 다녔다. 그러더니 하루는 확증을 잡은 듯 말했다.

"이거 쌀에서 생긴 거 아냐. 현미 쌀 한 번 봐요."

아니나 다를까 현미 봉지에는 벌레와 나방이 잔뜩 생겨 있었다. 나는 또 한번 폭탄이 터지겠구나 싶었다. 아니나 다를까 벌레와 나방이 들끓는 현미 봉지를 본 남편이 얼굴을 일그러뜨리며 화를 냈다.

"도대체 살림을 어떻게 하길래 현미 자루가 벌레통이 되도록 내버려뒀어요!"

"죄송해요. 다들 먹기가 나쁘다고 해서 미숫가루를 많이 만들었는데 그것도 아직 많이 남아 있고 다른 잡곡을 섞으려면 비용도 많이 들고 해서, 일단 해 놓은 것이라도 다 먹은 다음에 다시 만들려고 했는데 이렇게 될 줄 몰랐네요."

"미숫가루고 뭐고 다 집어치우고 당장 떡가래를 빼요! 벌레가 다 먹기 전에."

남편의 불호령에 놀라 얼른 자루에 있는 현미를 큰 그릇에 붓고 수돗물을 틀었다. 벌레가 얼마나 많이 슬었는지 고물고물 기어나오는 것이 정말 징그러웠다.

어려운 살림에 이것을 다 떡으로 빼려면 삯이 많이 들지 않을까 은근히 걱정도 되었다. 하지만 떡을 빼는 것 말고는 현미를 소화할 수 있는 방법이 없었다.

다음날 현미를 조리로 인 다음 방앗간에 가지고 갔다. 떡은 금방 뺄 수 있었다. 김이 고락모락 나면서 말랑말랑한 현기 가래떡은 맛이 어떤가 싶어서 조금 떼어 먹어보니 쫄깃쫄깃한 게 아주 맛이 있었다. 간도 알맞게 맞춰져 있었다.

떡을 집에 가지고 와서 이웃들에게 나눠주었더니 모두들 "여름에 웬 가래떡이이요?" 하고 놀랐다. 거기다 현미라는 말에 "현미는 더 비쌀 텐데” 하면서 고마워했다. 사유야 어쨌든 쌀벌레 덕분에 오랜만에 이웃에 인심을 좀 쓰게 된 셈이었다.

그 날부터 우리집 저녁 메뉴는 떡국으로 고정되었다. 다 썰어서 냉동실에 얼린 뒤 조금씩 꺼내 떡국을 해먹기 시작한 것이다. 남편도 슬기도 이번만은 어쩔 수 없이 현미 떡국을 먹어야 했다. 한여름밤의 떡국 축제가 벌어진 것이다.

남편은 살림하는 손끝이 여물지 못한 나 때문에 아까운 현미를 버렸다고 걸핏하면 핀잔이었지만, 나는 그것을 한여름에 현미 떡국을 먹어야 하는 재미있는 사건으로 받아들였다. 그것이 바로 남편과 나의 차이였다.

남편과 내가 기질적으로 맞지 않는 사람인 것은 분명했지만 그렇다고 늘 원수처럼 싸우기만 한 것은 아니었다. 남편은 기본적으로 다감한 사람이었고 사소한 기쁨을 즐기고 챙기는 것을 좋아했다.

어느 해 내 생일날이었다.

퇴근한 남편의 가방에 비닐에 싸인 흑장미 한 송이가 곱게 꽂혀 있었다.

“생일선물이야. 삶이 흑장미처럼 화려하라고.”

“아멘.”

흑장미와 내 삶은 한참 동떨어져 있었지만 그 순간은 행복했다. 꽃 한 송이를 사도 그 속에 의미를 담아 주기 때문에 더욱 기뻤다. 거금을 들여 산 보석보다 그의 말 한 마디가 더욱 값지게 느껴졌다.

생일 선물을 받아보는 것이 얼마만인지 몰랐다. 그 동안 내겐 생일이 없었다. 그만큼 마음의 여유가 없이 메마른 삶을 살았던 것이다.

생일날에는 참치를 넣고 미역국을 끓이고 잡채를 했다. 쇠고기는 비싸서 빼고 야채만 넣은 잡채였지만 정말 잔치를 하는 것처럼 기분이 좋았다.

내 손으로 차린 생일상이지만 남편이 사온 꽃을 꽂아놓고 먹는 음식들은 정말 달고 맛있었다. 어쩌다 한 번씩 느끼는 이런 한 순간의 행복이 몇 배나 더 큰 고통의 시간들을 견디게 하는 힘인지도 모른다.

어느 날인가는 남편이 내 옷을 사주겠다고 나섰다. 회사에서 점심값 5만 원을 받았는데 그걸로 옷을 사 주고 싶다는 것이었다. 내가 옷 투정을 한 것도 아닌데 먼저 챙겨주니 정말 고마웠다. 사실 적당하게 걸칠 옷이 없어 집을 나서기가 겁나곤 했는데 옷을 사준다니 너무 반가웠다.

터미널 지하상가의 옷값이 싸다고 해서 서울로 나가는 버스를 탔다. 출발이 늦여서 혹시나 상가가 문을 닫을까 봐 마음이 조마조마했다. 문을 닫아버리면 천금 같은 이 기회를 놓칠 수도 있었다.

그런데 남편이 말했다.

"솔직히 내 옷을 사면 안 아까운데 당신 옷을 사니 아까운 생각이 드는데."

농담인 것이 분명했는데도 가슴이 철렁했다.

마침 백화점 세일을 하는 날인지 그 날 따라 많은 사람들이 백화점 쪽으로 몰려가고 있었다. 우리는 지하상가의 이 끝에서 저 끝까지를 몇 바퀴나 돌았다. 가진 돈은 적은데 마음에 드는 옷을 사려니 고르기가 정말 힘들었다. 게다가 남편과 나의 취향이 너무 달랐다.

옷 고르는 눈이 얼마나 까다로운지 나는 괜찮아 보이는데도 남편은 색깔이 마음에 안 드느니 어쩌느니 하면서 퇴짜를 놓았다. 옷 한 가지를 사기 위해 몇 시간을 옥신각신했다.

그러다가 결국 내가 우겨서 갈색 마이를 골랐다. 값은 2만 5천 원. 그 옷 역시 남편은 색깔이 마음에 안 든다고 했지만 나는 그 가격에 이만하면 좋아 보였다.

입고 나갈 옷이 생겼으니 어디든 마음 편히 나설 수 있게 된 것이 기뻤다. 남편의 밥값으로 산 옷이니 그 마음 때문에라도 따뜻하게 오래 입어야겠다고 생각했다.

꽃 한 송이, 옷 한 벌에 이렇게 감격하고 감사하는 사이, 그게 바로 부부인데 왜 그 작은 행복을 지속시키지 못하는 것인지 모르겠다.

"차라리 저를 데려가십시오"

다시 이사를 했다. 경사진 산꼭대기에 다 쓰러져 가는 천막집이었다. 미용학원에 다녔고 머리 만지기를 좋아하는 남편이 오랫동안 가위를 손에 잡지 못하자 갑갑해 했다. 의자 놓을 공간만 있으면 집에서라도 이발을 하고 싶다고 했다.

이발 공간 때문에 이사는 했지만, 말이 집이지 사람 살 데가 못 되는 곳이었다. 루핑에 돌을 올려 간신히 덮어놓은 지붕이며 벽이 얼마나 허술했는지 바람이라도 세게 불면 지붕 위에 올려놓은 돌이 굴러 떨어지고 지붕이 날렸다. 그러면 한밤중에 세 식구가 뛰어나와 비바람을 맞으며 끈으로 지붕을 단단히 묶어 고정시켜야 했다.

부엌은 완전히 시베리아 벌판이어서 스티로폼으로 여기저기 막아도 황소바람이 새어들었다. 밤마다 쥐와의 전쟁을 벌여야 했고 족제비가 드나들기도 했다. 더 이상 무슨 설명이 필요하겠는가. 정말 끔찍한 집이었다.

남편의 월급으로는 생활을 하기가 어렵고 그런 대로 몸을 움직일 수 있었던 나는 간병인으로 나섰다. 결혼 전 병원 생활을 오래 해서 환자들을 잘 이해할 수 있었고 옆 병실의 환자들을 돌봤던 경험도 있어 간병은 그나마 내가 할 수 있는 일이었다.

몇몇 병원에서 간병을 하면서 여러 환자를 돌봤다. 노환의 할머니, 간경화증 환자인 아저씨, 탈장 수술을 한 꼬마, 중풍 환자, 교통사고를 당한 아주머니……. 나는 어떤 환자를 맡게 되든 성의를 다해 돌봤다. 보람도 있었다. 일주일에도 서너 번씩 중환자실을 들락거리신 할머니도 내가 돌본 지 2주만에 건강을 되찾아 퇴원을 하셨다. 주위에서는 다 죽은 사람을 살려놨다고들 했다.

간병인이 해야 할 가장 큰 일은 꼬박 환자 곁에 있어 주는 것이다. 그러나 간단해 보이는 그 일이 그렇게 쉽지가 않다. 쉴새 없이 자잘한 수발을 들어야 하고 잠시도 환자 곁에서 눈을 뗄 수 없기 때문이다.

그렇게 간병일을 하다가 한 가지 제안을 받았다. 내 간병을 받으시던 분이 퇴원을 하면서 집으로 와 줄 수 없겠느냐고 물었다. 사례비를 더 줄 테니 간병과 파출부 일을 함께 해달라는 것이었다. 나도 기왕이면 손에 익은 분을 돕는 게 좋을 것 같아 그렇게 하기로 했다.

그 때의 생활을 글로 써 제일은행 가족 문예작품 현상공모전에 응모하여 생활수기 부문 우수작으로 뽑히기도 하였다.

　내 하루는 새벽 5시 10분에 시작된다. 20분간 무거운 몸을 뒤척이며 이마를 베개에 묻고 하나님께 오늘 하루도 잘 인도하시고 어느 상황에서나 이겨낼 수 있는 힘을 달라고 기도하고 5시 30분에 부엌으로 나가 아침 식사를 준비한다. 어젯밤에 쌀을 씻어 놓은 압력밥솥에 불을 켜고 국거리를 안친다. 그리 동작이 빠르지 못한 나는 아들 도시락 반찬 싸랴, 내 건강을 위해 소금 녹인 물을 한 컵 마시랴, 아직 일어나지 않은 남편 발바닥을 밟아주랴 정신없이 바쁜 시간이 지나간다. 국이 다 끓으면 어제 남은 찬밥에 국물을 붓고 잘게 방아질도 못하고 위를 채운다. 빠른 손놀림으로 양치질, 로션 바르기, 머리 빗질, 옷을 입고 나서면 정각 6시.

　아직 출근 전인 남편과 아직도 꿈나라에 있는 아들을 뒤로 둔 채 집을 나선다.

　남한산성에서 잠실 아파트까지 가려면 버스를 한 번 갈아타야 한다. 그 사이에 공중전화로 아들 녀석에게 전화를 한다. "밥 먹었니? 양치질은 했고, 로션은 발랐니? 오늘 옷은 뭘 입고 가니? 학교 잘 갔다 와!" 혼자이기 때문에 외로움을 더 느끼는 아들이 언제나 신경이 쓰인다.

　내가 출근하는 곳, 중풍 환자인 할머니의 방문을 열면 환자 특유의 냄새가 코를 찌른다.

　웃는 얼굴로 "할머니, 지난밤에 잘 주무셨어요?" 하면 할머니는 말은 하고 싶지만 힘이 없어 말은 안 나오고 손만 내미신다. 우리가 하는 말 한마디 한마디에 엄청난 힘이 필요하다는 것을 새삼 깨닫는다. 손이 너무 차서 만질 수가 없어 "할머니 죄송해요. 제 손이 너무 차서요" 하면 할머니는 빙그레 웃으신다.

창문을 열고 환기를 시킨다. 청소를 하고 물수건으로 비누질을 해가면서 세수를 해 드리고, 손발을 씻기고, 로션을 바르고 머리를 빗겨 드린다. 힘이 없어 일어나시지 못한 상태라 미음을 몇 스푼 넣어 드리고, 딸기 두 개, 물 몇 스푼을 드리면 아침식사가 끝난 셈이다.

어젯밤에 소변이며 대변을 보아 내놓은 빨래를 세탁기에 넣고 돌린다. 대변은 잘 지지 않아 가스 불에 삶아 빤다. 이렇게 하다 보면 오전 시간이 다 간다.

할머니는 하루종일 누워 계시기 때문에 욕창이 생길까 봐 이쪽저쪽 돌려가며 눕게 해드린다. 먹는 것이라고는 주스나 물 정도인데 그나마 소화기관에서 소화를 못 시켜 즉시 설사가 나온다. 하루에도 옷을 몇 번씩 갈아 입혀야 한다. 사실 전혀 알지 못하는 사람의 대소변을 받아내는 일은 그리 쉬운 일이 아니다. 그러나 마음 깊은 곳에서 나오는 사랑으로 이 일을 한다.

부지런히 식사 준비를 해서 같이 식사를 하고 설거지까지 끝낸 후 집으로 돌아올 때면 온몸이 천근이나 되는 것처럼 힘이 든다. 저녁 8시까지 봐드리고 집에 도착하면 밤 9시 30분 정도, 아들은 엄마를 학수고대하고 있을 것이다.

바닥에 그냥 주저앉고 싶을 만큼 지치고 곤한 몸, 그러나 나를 기다리고 있는 것은 따뜻하고 포근한 잠자리가 아니라 얼굴을 마주

보기 두려운 남편과 기죽은 아들이었다.

집에는 안식이 없었다. 오늘은 남편이 또 무슨 일로 트집을 잡을지 몰라 대문을 열 때부터 긴장이 되었다. 간병인 일보다 파출부 일보다 남편과 사는 것이 가장 나를 지치게 했고 힘들게 했다. 해도 해도 끝나지 않는 몸 고생 마음 고생에 지쳐 나는 이렇게 기도했다.

"아, 하나님. 더 이상 이런 모습으로 살기 싫습니다. 차라리 날 데려가 주십시오. 슬기에게는 안됐지만 더 이상 이렇게는 살 수 없습니다. 나를 주님 계신 곳으로 데려가 주십시오."

나도 모르게 흘러나온 기도였고, 마음을 담은 기도였다.

그런데 그때 하나님의 목소리가 들려왔다.

"네 자아가 죽으면 그것이 곧 네가 죽는 것이다. 그러니 너의 목숨을 끊으려 하지 말고 지금까지 고집했던 네 자아를 죽이고 거듭나거라."

명료한 그 음성 앞에서 나는 더 이상 기도할 수가 없었다.

그렇다. 내가 하나님 앞에서 서약한 삶이 옛사람인 자신을 부인하고 거듭나는 삶이 아니었던가. 그런데 그게 힘들다그 죽기를 청하다니, 그것은 이루어질 수 없는 기도였다.

나는 떨어내려고 아무리 애를 써도 목숨처럼 붙어 있는 남편과 아들과 다시 살아야겠다고 마음먹었다.

자신을 사랑하는 법부터 배우라

내가 어떤 결심을 했든 어떤 마음을 먹었든 남편은 여전히 변함이 없었다.

나로서는 도대체 왜 화를 내는지도 모를 일을 가지고 갑자기 버럭 화를 내고 어떤 때는 분에 못 이겨 손에 잡히는 대로 물건을 집어던졌다. 방석, 연필통, 머그컵, 휴지……. 그때마다 용케 잘 피하기는 했지만, 고래고래 소리를 지르고 닥치는 대로 물건을 집어던지는 남편의 모습이 내 눈에는 사탄처럼 보였다. 그런 때는 남편이 죽이고 싶도록 미웠다.

한바탕 폭풍이 휩쓸고 지나간 후 방은 치우는 건 내 몫이었다.

잠을 자려면 치워야 하고, 치우자니 속에 불길이 치밀었다. 그러고도
아침이면 남편은 일어날 수가 없으니 자기의 온몸을 밟아달라고 했
다. 밟는 건 힘들여 마사지를 하는 것이었다. 성하지 않은 다리에 힘
을 실어 온몸을 안마하듯 밟는 것은 쉽지 않은 노동이었다. 지난밤
온갖 험한 말을 퍼붓고 나를 향해 물건을 집어던졌던 사람이 나에게
이런 일까지 시키다니, 정말 남편이라는 존재는 대단했다.

그러나 무엇보다 걱정이 되었던 건 아들 슬기였다. 엄마 아빠
가 싸우는 모습을 적나라하게 보여줄 때마다 아들 때문에 가슴이 아
팠다. 뭐 하나 잘해 주는 것도 없으면서 마음 고생까지 시키니 부모
로서의 도리가 아니었다. 어린 슬기도 정말 견디기가 힘들었을 것이
다. 어느 때부터인가 슬금슬금 어른들 눈치를 보는가 싶더니 나중에
는 대인 기피증까지 생기는 듯했다.

그러다가 그 일이 일어났다.

어떤 일이 빌미가 되었는지 기억이 나지 않는 걸 보면 언제나
처럼 그리 큰일도 아니었을 것이다. 격앙되어 화를 내던 남편이 곁에
있던 필통을 집어던졌고 그것이 내 눈 위로 날아왔다. 피부가 얇은
부분이라 그런지 조금 찢어진 정도였는데 피가 주르르 흘러내렸다.

그렇지 않아도 겁에 질려 있던 슬기는 내 얼굴에서 피가 흘러
내리자 비명을 질렀다.

"아빠, 왜 그래? 그러다가 엄마 죽으면 어떡하려고 그래?"

놀란 아이는 자지러지게 울다가 졸도를 하고 말았다.

슬기가 쓰러지자 그제야 무슨 일이 일어났는지 알아차린 남편
이 놀라 슬기를 흔들었다.

"슬기야, 슬기야, 눈 떠 봐. 아빠가 잘못했다. 응."

슬기가 눈을 떴다. 그리고는 그 동안 쌓인 울분을 한꺼번에 쏟아놓듯이 방바닥을 치며 울부짖었다.

"언제까지 이렇게 살아야 해. 언제까지……."

"그래 아빠가 잘못했어. 하지만 내가 그러고 싶어서 그러는 게 아니야. 나도 나를 어떻게 할 수가 없구나. 이러는 아빠도 정말 너무 힘들어……."

"엄마, 괜찮아요?"

정신을 차린 슬기는 그 와중에도 나를 걱정했다.

"괜찮아. 눈 위에 조금 상처가 났을 뿐이야."

그 날 일은 남편에게도 충격이 된 모양이었다. 뭔가 고민을 많이 하는 것 같더니 며칠 후 책을 한 권 펼쳐 보여줬다. 목회자들이 많이 보는 잡지였는데 특집으로 목회자의 정신 문제에 대한 글이 실려 있었다. 책에 실린 여러 가지 사례 중에는 남편과 아주 흡사한 것도 있었다.

자신의 상태를 '문제'로 인식하기 시작한 남편은 잡지의 필자들 중 크리스천인 정신과 의사 한 분에게 직접 상담을 받았다.

의사 선생님은 남편의 아주 어린 시절부터 기억나는 대로 이야기를 쏟아놓게 했다. 남편은 그 동안 누구에게도 하지 않은 이야기들을 적나라하게 꺼내 놓았다.

타고난 선병질적 체질, 사랑받지 못하고 자란 유년 시절, 어린 나이에 생생하게 지켜본 동생의 죽음, 평생 장애 콤플렉스에 시달린 아버지…… 이런 것들이 남편을 병적인 신경증에 시달리게 하는 원인들이었다.

의사 선생님은 약물 치료와 더불어 적극적인 기도를 처방했다. 남편의 경우 선대로부터 내려오는 어두운 그늘을 기도로 끊어내야만 한다고 했다. 남편도 나도 그 말에 동의했다.

남편은 그 후로도 몇 번 더 상담을 받으러 다녔고, 스스로를 객관적으로 비쳐보는 데 많은 도움을 받은 것 같았다.

실제로 나를 대하는 모습도 점점 나아져 갔다. 화는 내는 횟수도 점점 줄어들었고 화를 내도 전처럼 막무가내는 아니었다. 화가 나면 뇌가 약간 기울어지는 것 같은 느낌이 든다고 말하기도 했다.

성경에 남의 눈의 티는 보고 제 눈에 들보는 보지 못한다는 말이 있다. 사람이 자기 자신을 객관적으로 바라본다는 것은 자신을 이해하고 사랑하는 출발점인 것 같다. 그리고 자신을 진정으로 사랑하는 사람만이 남에게도 사랑을 베풀 수 있다. 사람들이 이웃을 사랑하기 전에 자신을 바로 알고 자신을 진정으로 사랑하는 법부터 배웠으면 좋겠다.

화려한 시절

출퇴근을 하면서 간병을 해주었던 분이 김포로 이사를 가는 바람에 일자리를 잃었다. 다시 간병 일을 알아보려고 하는데 남동생에게 전화가 왔다.

"누나! 내 일 좀 도와줄 수 있어? 동대문 거평프레야에 새로 점포를 내는데 누나가 거기 와서 일을 좀 해줬으면 좋겠어."

동생은 동대문 시장에서 진으로 옷을 만들어 파는 도매상을 하고 있었다.

'옷 가게라니.' 생각해 본 적도 없는 일이고 자신도 없었다. 밤부터 새벽까지 가게를 봐야 한다는 것도 걱정스러웠다. 하지만 나는 일이 필요했고 동생은 사람이 필요했다. 일단 경험이 있는 동생을 믿고 가게에 나가기로 했다.

처음 가본 대형 매장은 정말 혼란스러웠다. 한 평 남짓한 점포들이 따닥따닥 붙어 있고 각 점포마다 다양한 디자인의 옷들이 쌓여 있었다. 매장 사람들은 화장도 세련된데다 얼마나 단단해 보이는지 한 푼도 손해 보지 않을 각쟁이들처럼 보였다. 그러나 막상 함께 지내보니 그렇지는 않았다.

우리 가게는 동생 공장에서 만든 청바지, 스커트, 원피스 등 모두 진으로 만든 제품들을 팔았다. 가게는 많고 경쟁은 아주 치열해서 최선을 다해서 서비스를 해야 했다. 여러 사람들을 상대하려니 늘 미소를 지어야 하고 사든 안 사든 친절한 태도로 손님들을 대해야 했다. 조금이라도 불친절해 보이면 손님들은 미련없이 돌아섰다. 구매자들은 조금이라도 저렴한 쪽으로, 이름 있는 쪽으로 몰려 다녔다.

"누나 그렇게 유행 지난 옷만 입고 다니지 말고 이젠 얼굴에 화장도 좀 하고 옷도 세련되게 입고 다녀야 해. 그래야 감각이 있는 사람처럼 보이지."

내 딴엔 모양을 나고 다닌다고 다니는데 역시 너무 초라했던 모양이었다.

그렇다 해도 나는 입을 옷이 별로 없었다. 파출부나 간병인으로 일하러 다녔으니 일하기 편한 작업복 외에 다른 옷이 필요도 없었다. 거기다가 아파트로 이사갈 돈을 마련하느라 내 옷치레에 돈을 쓸 수도 없었다.

하지만 옷 가게 점원으로 일하기 위해서는 세련된 옷차림이 필수였다. 가게에서 주력 상품으로 파는 옷을 입고 있기도 하고 따로 옷을 마련하기도 했다. 다행히 가격도 저렴한 편이었다. 덕분에 유행과는 무관하게 지냈던 내가 최신 유행하는 옷을 입고 다닐 수 있었다. 나에게는 가장 화려한 시절이었다.

그러나 밤 9시부터 새벽 5시까지 가게를 보는 일은 정말 힘들었다. 한마디로 밤낮이 바뀐 생활이었다. 평소 그렇게 일하는 동생을 보면서 '정말 독하기도 하지, 어떻게 낮밤을 거꾸로 살 수 있지' 했었는데 내가 바로 그 독한 사람이 된 것이다.

새벽 4시까지 일을 하다가 첫 차에 몸을 실으면 자리에 앉자마자 곯아떨어져 버렸다. 집에 도착해서 아들과 남편을 학교로 직장으로 챙겨 보내고 나면 9시, 대충 청소를 하고 나면 10시, 그때서야 잠자리에 들었다. 커튼을 모두 치고 최대한 주변을 어둡게 만들지만 낮에 자는 잠이 깊이 들 리 없었다. 오후 서너 시쯤 깨어 저녁 준비를 해 놓고 다시 출근.

이런 생활을 2년 가까이 했다. 아무리 돈 때문이라지만 오래 할 수 없는 생활이었다. 내 몸으로 2년을 버틴 것만으로도 대견했다.

내 생애 가장 기쁜 날

바람 불면 지붕이 날아가고 비 오면 안방이 강이 되는 집에서 쥐들과 함께 살던 시절은 하루하루가 정말 끔찍했다. 언제나 집 같지 않은 이 집에서 벗어날 수 있을지를 생각하면 암담하기만 했다.

그런데 이웃의 어떤 분이 분당에서 임대 아파트 청약 접수를 받는다는 말을 전해 주었다. 그 당시 우리는 청약 예금을 두 번밖에 안 넣은 상태였기 때문에 자격이 안 되었다. 하지만 혹시 미달이 될 수 있으니 한 번 신청서를 넣어 보라고 했다. 접수 기간이 끝난 다음 날 혹시나 해서 전화를 했더니 미달된 평수가 있으니 서류를 준비해서 나와보라고 했다.

우리는 부랴부랴 서류를 준비했다. 필요한 서류가 한두 가지가 아니었지만 재빨리 준비를 해서 아침 일찍 접수 장소로 갔다. 각기 다른 평수의 아파트 몇 채가 미달이었다. 어떤 평수를 선택할지 잘 결정해야 했다. 서류를 잘못 넣으면 사람이 너무 몰려 떨어질 가능성이 많았다. 우리는 서류를 넣기 전에 기도를 한 후 욕심을 버리고 적은 평수에 서류를 넣었다.

발표를 기다리는 동안 우리 세 사람은 간절히 기도했다. 세 사람의 마음이 이렇게 간절하게 하나로 모아진 적도 없었을 것이다. 기도 덕분인지 우리는 예비 당첨 11번에 당첨되었고 결국 아파트 입주권을 얻었다.

살고 있는 집이 한데 쳐놓은 천막 같았기 때문에 아파트에 사는 사람들은 아주 특별한 복을 받은 사람들 같았다. 그 복을 우리가 받은 것이다. 남편은 한밤중에 경비들이 지키고 있는 아파트 건설 현장에 담을 넘어 들어갔다 오곤 했고, 나는 가구는 어떻게 놓고 텔레비전은 어떻게 마련하고 하면서 내내 머릿속이 분주했다. 아파트가 확실히 기약되어 있다는 생각만으로도 힘이 절로 났고 고생도 낙으로 할 수 있었다.

마침내 이사하는 날.

골고다 같은 그 집을 떠나오던 날, 흰눈이 펄펄 내렸다.

오랫동안 정겨웠던 이웃들이 이삿짐을 꼼꼼히 챙겨 차에 실어주었다.

"이사하는 날 눈이 오면 부자가 된다는데……."

누군가 한 그 말이 그렇게 기분 좋을 수가 없었다. 그 말을 믿어서가 아니라 정말 하나님이 우리를 축복하는 것만 같았다. 지금까지는 어렵게 살았지만 앞으로는 정말 잘 살리라 다짐을 하면서 유형지 같았던 시베리아 벌판을 떠났다.

분당 하얀마을에 도착하니 이미 우리가 잘 아는 분들이 먼저 와서 이삿짐을 기다리고 있었다. 누가 부탁을 한 것도 아닌데 이제 한식구처럼 살게 되었다며 짐을 옮기고, 정리하고, 청소까지 깨끗하게 해 주셨다. 정말 이웃 사촌이라는 말이 실감났다.

우리집은 13층이었다. 앞에 건물이 없어 전망이 확 트여 있고, 여름에는 여름대로 시원하고 겨울엔 반 팔을 입고 있어도 추위를 모를 만큼 따뜻했다. 무엇보다 더운물이 나오고 집에서 목욕을 할 수 있는 것이 너무나 좋았다. 50년 임대 아파트니 이제는 집 때문에 고생하지 않아도 되리라. 더 이상 뭐 바랄 것이 있으랴.

누나가 드디어 제집을 갖게 되었다고 동생이 집들이용 전자제품 살 돈을 내놓았다. 그 돈으로 냉장고와 컴퓨터를 샀다. 내친 김에 조그마한 식탁도 들여놓았다.

커튼도 싸고 좋은 물건을 파는 데를 수소문해 사다 달았다. 방바닥과 비슷한 짙은 오렌지색이었다. 베란다에는 남편이 화분을 들여와 여러 포기의 제라늄과 허브, 선인장, 난 등을 심었다. 순식간에 아담한 정원이 탄생했다.

환경이 바뀌어서인지 남편도 조금씩 여유를 찾는 것 같았다. 역시 인간은 환경의 지배를 받는 동물이라는 생각이 들었다.

지금도 나는 이 집에서 살게 된 것을 하루하루 감사한다.

슬기를 낳던 날, 구세군 사관학교를 졸업하던 날…… 내 생에

기쁜 날들이 몇몇 있었지만 아파트로 이사하던 날도 정말 내 생애 가
장 기뻤던 날 중 하나였다.

문득 확인한 내 자리, '이발사의 아내'

어느 날 깨어보니 유명해져 있더라는 시인이 있었다. 나는 어느 날 깨어보니 이발사의 아내가 되어 있었다. 유명해진 것이 그 시인의 뜻이 아니었듯이 이발사의 아내가 된 것도 내 뜻은 아니었다.

나는 목사의 아내가 되길 원했고, 그 길이 내 길이고 그것이 하나님의 뜻이라고 생각했다. 그래서 목회를 하는 사람과 결혼했고, 신학교까지 졸업했다. 그런데 어느 날 보니 이발사의 아내가 되어 있는 것이다. 좋은 쪽이든 나쁜 쪽이든 내 인생이 내 뜻대로 도는 것은 아니었다.

처음 미용학원에 등록을 한 것은 나였지만 미용사 자격증을 따고 이발 가위를 든 사람은 남편이었다. 다행히 남편은 다른 어떤 일보다 머리 만지는 일을 행복해했다. 성격이 워낙 꼼꼼하다 보니 적성에도 잘 맞았다.

남편은 이발소를 하고 싶어했다. 하루씩 걸러가며 하는 용역 일은 남편의 몸과 마음을 피폐하게 만들었다. 하루빨리 직업을 바꾸는 게 좋을 듯했고 바꾸려면 이발소가 적격이었다. 다만 제대로 된 가게를 얻을 형편이 되지 못했다. 그래도 혹시나 하고 정보지를 이리저리 뒤적이다 돈에 맞추어 어렵게 구한 가게가 오포 능골 삼거리 이발소였다.

오백만 원짜리 가게, 모든 것이 다 준비되어 있으니 몸만 오라는 이발소. 하지만 자리가 너무 구석진 곳에 있어서 과연 손님이 들지 걱정도 되고, 외관은 물론이고 기구들이 너무 낡고 허름해서 우리는 계속 망설였다.

그런데 아무리 생각해도 다른 길이 없었다. 가부간에 결정을 내리기 위해 마지막으로 한 번 더 보러 가자며 남편과 같이 나섰다. 어찌 될지 몰라 일단 계약금도 준비했다.

가게 근처에서 내려 걸어가고 있는데 앞서 가던 남자분이 갑자기 뒤를 돌아보았다. 그 집 주인이었다.

"아이쿠 안녕하세요? 오셨습니까!"

그는 아주 반가운 목소리로 인사를 건넸다. 몇 번을 왔기 때문에 안면이 있었다.

우리는 그 우연한 만남이 가게가 우리 것이 되려고 생긴 것이 아닌가 생각했다. 마지막으로 한 번 더 보려고 온 것인데 공교롭게도 길에서 주인을 만났으니 아무래도 하늘의 뜻인가 싶었다. 망설이던 우리는 우연한 마주침에 확신을 갖고 계약을 했다.

그러나 하늘의 뜻이 금방 눈에 보이는 것은 아니었다. 남편은 거기서 제대로 영업을 할 수가 없었다. 그곳은 한마디로 죽어 있는 가게였다.

하루종일 기다려도 사람 구경을 하기가 어려웠다. 돈을 벌기는커녕 월세도 제대로 나오지 않았다. 하나님께서 왜 그런 가게에 우리를 보내셨는지, 그 날 왜 주인과 마주치게 하셨는지 그 뜻을 되물으며 답답한 하루하루가 갔다.

남편은 점점 가게 나가기를 싫어했다. 손님이 없어서이기도 했지만 교통이 너무 불편했기 때문이었다.

출근을 하려면 자전거를 타고 오리 역까지 가서, 30분에 한 번씩 다니는 60번 버스를 기다려 타고 대지고개를 넘어 한참을 가야 했다. 한겨울에 버스 한 대라도 빠지면 추운 데서 한 시간을 떨어야 했다. 그렇게 언 몸으로 고개를 넘어 이발소 문을 열어도 이야기 나눌 사람 하나 얼씬거리지 않으니 가게에 정이 붙을 리 없었다. 신나게 가위질을 해 보겠다고 연 가게에서 손도 가위로 녹슬고 있었다.

결국 남편은 가위를 들고 거리로 나섰다. 수원으로 서울역으로 용산역으로 다니며 자신의 손길이 필요한 사람들을 찾아다녔다. 사람 없는 가게에 하루종일 갇혀 있는 것보다 그게 훨씬 좋다니 막을 수도 없었다. 가게를 꾸리는 일은 자연히 내게로 넘어왔다.

다행히 영어회화 테이프를 만드는 회사에 경리 자리를 얻어 생계를 해결할 수는 있었다. 하지만 굳게 닫힌 가게를 생각하면 밥이

제대로 넘어가지 않았다. 처분할 수도 경영할 수도 없는 짐 덩어리 하나를 등에 엎고 걷는 기분이었다. 도대체 하나님의 뜻이 어디에 있는지 가늠할 수도 없었고 앞날은 암담하기만 했다.

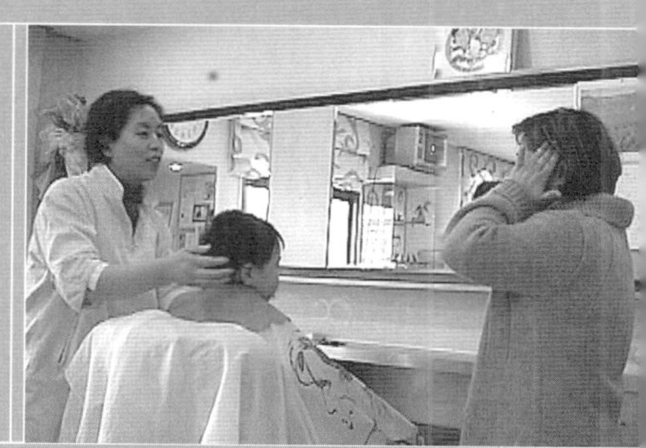

4 날개가 하나뿐인 비익조

◀ 가장 소중한 두 남자, 남편과 아들

▲ 신동엽 씨와 함께

▲ 하얀마을 이웃들

딱 "30만 원"

길고 암담한 어둠 속에서도 하늘은 우리를 돕고 있었다. 그리고 그 도움의 손길은 기발하고 신기했다. 그것은 엉뚱하게도 우리를 TV에 출연시키는 것이었다. 우리 가게가 '신동엽의 신장개업' 이라는 TV 프로그램에 나가게 된 것이다.

'신동엽의 신장개업' 이라는 프로그램이 있다는 걸 안 것은 신문을 통해서였다. '가게를 하고는 있지만 수익이 나지 않아 먹고 살기가 막막한 사람들을 돕는다' 는 프로그램의 취지는 딱 우리를 찾는 것이었다.

"여보 이것 좀 보세요. 텔레비전에 이런 프로가 있어요."

그 기사를 읽는 순간 나는 놀라움을 금치 못하고 흥분되어 말했다. 기사를 자세히 읽은 남편도 들뜬 목소리로 말했다.

"그럼 우리도 서류를 한 번 넣어 볼까."

우리는 곧 구비서류를 준비했고 남편의 시집까지 동봉해서 방송국으로 보냈다. 한 달쯤 기다리면 연락이 오려니 했는데 6개월이 지나도 연락이 없었다. 서류 심사에서 떨어졌나보다 하고 체념하고 있는데 갑자기 방송이 결정되었다는 연락을 받았다. 늦게 창이 열린 것이다.

방송을 준비하면서, 우리가 편안히 집안에서 보는 프로그램들이 얼마나 많은 사람들의 노력과 시간을 투자해서 만드는 것인지 알았다. 출연자에게 실제적인 도움도 주고 시청자에게 재미도 있는 프로그램을 만들기 위해 사전 조사에서부터 게스트를 섭외하는 것까지 아주 신중하면서도 계획적으로 진행되었다. 시청자들이 보기에 즉흥적인 것처럼 보이는 말이나 행동들도 사실은 면밀히 계획되어 있는 것 같았다.

전직 대통령 전용 이발사에게 이발 기술을 전수받고, 유머와 예절 교육을 받으러 다니고 가게 인테리어를 다시 하는 등, 해야 할 일이 한두 가지가 아니었지만 이 프로그램의 클라이맥스는 단연 극기 훈련이었다. 냉혹한 세상과의 싸움에서 이기려면 먼저 자기 자신과의 싸움에서 이겨야 한다는 것이 극기 훈련의 취지였다.

남편에게 주어진 훈련은 늦가을 단풍이 지는 산길을 산악 자전거로 오르는 것이었다.

평지야 쉽지만 비탈진 산길을 자전거를 타고 오르는 건 평소에 훈련을 하지 않은 사람으로서는 결코 만만한 일이 아니었다. 남편과 우리 나라 최고의 산악자전거 선수 두 사람 그리고 신동엽 씨가 함께 자전거를 타고 올라가야 했다.

선수들은 "파이팅!"을 외치며 페달을 밟자마자 산비탈을 날아오르듯 내달렸다. 남편과 신동엽 씨는 출발부터 어정쩡하더니 갈수록 뒤쳐졌다. 얼마쯤 가자 신동엽 씨는 "죽었으면 죽었지 더 이상 못 가겠다"고 주저앉았다. 난감해진 피디는 "아무리 힘들어도 그렇지 이 프로가 신동엽의 신장개업인데 이름값을 해야지 않겠냐"고 달래 다시 일으켜 세웠다. 남편도 차마 눈 뜨고 못 볼 정도로 힘들어 보였지만 자신이 주인공이니 못한다는 말은 못하고 숨을 헉헉거리고 있었다.

이름값을 하기 위해 죽을 힘을 다했던 신동엽 씨는 결국 중도에서 자전거를 포기하고 차로 정상에 올라갔고, 그 사이 벌써 정상에 갔다온 프로 선수들은 여유를 부리고 있었다. 홀로 남은 남편은 산중턱의 비탈길에서 오도 가도 못한 채 헉헉거리고만 있었다.

방송을 위해 하는 것이니 뭐라고 말을 할 수도 없고 나는 나대로 속이 활활 탔다.

'아휴! 이 프로가 사람 잡는다, 사람 잡아!'

급기야 정상을 눈앞에 두고 남편은 바닥에 벌렁 드러누웠다. 고통과 슬픔으로 일그러진 처참한 얼굴이 그대로 카메라에 담겼다. '먹고 살기 위해서 이렇게까지 해야 되나' 생각하니 가슴이 아팠다. 이제 그만하자고 하고 싶었지만 이제 와서 그럴 수도 없었다.

"다시 도전합시다."

야속하기만 한 피디의 사인이 떨어지자 스태프들이 다시 준비를 시작했다. 어떻게 해서든 마지막 관문인 헐떡고개를 통과해야 하는 것이다. 힘이 빠질 대로 빠진 다리로 45도 경사진 길을 올라가다 넘어지고 다시 페달을 밟다가 나뒹굴고 다시 도전하고 또 쓰러지고…….

몇 차례 도전에 실패한 남편은 아무도 생각하지 못한 그만의 방법으로 정상에 올랐다. 자전거를 번쩍 들고 두 발로 걸어간 것이다. 예기치 않았던 그의 행동에 신동엽 씨도 스태프들도 박수를 치며 흥분한 목소리로 "파이팅!"을 외쳤다. 남편 역시 있는 힘을 다해 "파이팅!"을 외쳤다. 어디에 그런 힘이 남아 있었는지 의아스러울 정도였다.

그 날의 촬영은 정말 각본 없는 한 편의 드라마였다.

그러는 사이 가게 오픈 일이 다가오고 있었다. 손님이 많이 올 것에 대비하여 준비할 게 많은데 시간이 너무 부족했다. 방송사에서 대대적인 홍보를 해주었다. 전단지를 돌리고 프래카드를 걸고 가수를 초청하고 떡과 과자도 준비하고…….

드디어 오픈 일이 되었다. 새로 얻은 이발소 이름은 '멋지군', 어둡고 무거운 이발소에서 경쾌하고 가벼운 남성 커트 전문점으로 변신했음을 말해주는 이름이었다.

꼬마들은 신동엽 씨의 사인을 받기 위해 낮부터 밤까지 밖에서 진을 치고 있었다.

카메라는 돌아가고 손님들은 들이닥치고 정신이 하나도 없었다. 도대체 어디서 온 건지 알 수도 없는 사람들이 밀려들었다. 그나

마 이발협회에서 온 금메달리스트들이 함께 이발을 했으니 감당이
되었지 혼자서는 어림도 없는 일이었다.

드디어 금고를 개봉할 시간이었다.

가슴이 조마조마했다. 손님들은 끊임없이 이어졌지만 깎는
데 시간이 걸리기 때문에 빠르게 순환이 되지는 않았다. 그것도 오후
부터 본격적으로 손님을 받기 시작했다. 얼마나 벌었을까.

윤은기 박사, 신동엽 씨 그리고 남편이 만원 권, 천원 권 동전
등을 남김없이 헤아렸다.

30만 원이었다. 딱 떨어지는 30만 원. 이발협회에 내기 위해
아침에 현금 서비스 받은 돈 30만 원과 똑같은 액수였다. 뺄 것도 더
할 것도 없는 30만 원.

이렇게 해서 시골 골짜기에서 야단법석하며 벌인 한바탕 이발
잔치가 끝났다. 하지만 그것으로 끝이 아니었다.

방송이 나가자마자 여기저기서 전화가 오기 시작했다. 특히
아득하게 잊고 있었던 동창들의 전화는 너무나 반가웠다. 결혼 이후
한 번도 동창 모임에 나가본 적이 없었는데 방송을 보고는 전화를 한
것이다. 통화만으로는 성에 안 차 십여 명의 친구들이 직접 차를 몰
고 찾아오기도 했다. 속절없는 세월 속에서도 변하지 않은 친구들의
사랑에 가슴이 뭉클했다. 나도 어서 저렇게 여유 있는 모습으로 살아
야 할 텐데 하는 생각도 했다.

안타깝게도 그렇게 탄생한 오포의 '멋지군'을 끝까지 지키지
못하고 분당으로 이사를 왔지만 그 감동의 순간만은 늘 지니고 있다.

나약함에 대한 연민으로

오포의 '멋지군'이 분당으로 이사를 했다. '멋지군'으로 신장개업을 한 후에도 통근 거리 때문에 여전히 애를 먹던 남편이, 마침 그곳으로 이사를 온 이발사의 분당 이발소와 맞바꾸기로 한 것이다. 나로서는 방송에 대대적으로 소개가 되고 인테리어까지 완벽하게 되어 있는 오포 '멋지군'을 떠난다는 것이 아쉬웠지만 나보다 애정이 많았으면 많았지 결코 덜하지 않을 남편이 결정한 일이니 어쩔 수가 없었다.

분당으로 이발소를 옮기면서 나는 무엇보다 인테리어가 아까웠다. 전문 건축자가 얼마나 공을 들여 만들어준 공간이던가. 남편도 같은 생각이었는지 새로 이사한 분당 이발소의 인테리어에 신경을 많이 썼다. 최대한 원래 '멋지군'의 인테리어를 살리려고 노력했다. 하나부터 열까지 얼마나 꼼꼼하게 신경을 쓰는지, 어떤 때는 보기에 지나칠 정도였다.

"내부 색상은 하나 아니면 둘로 통일해야 돼요. 여기 이 못 자국이 보여서는 안 돼요. 이발의자도 하나는 남자 전용의자지만 다른 것은 여기 색상에 맞는 옅은 아이보리 색 미용의자를 들여놔야 해요. 커튼도 분위기에 맞지 않으니 없애는 것이 좋겠어요."

급기야는 자기 마음에 들지 않는다고 친한 교우가 이전 선물로 직접 짜준 레이스 커튼을 떼어버리라는 것이었다. 그분이 밤을 새워 짠 공을 생각해서라도 달아 두자고 설득을 했더니, 이번에는 오는 손님마다 "저 커튼이 어떠냐"고, "정말 좋아보이냐"고 물어댔다. 자기 마음에 안 드는 것은 도저히 두고 못 보는 사람이었다.

그런 점이 꼭 나쁜 것만은 아니다. 남편은 자신이 하는 일에 욕심이 많고 늘 최고를 추구한다. 이발을 할 때는 어떤 손님이든 마음에 들 때까지 잔손질을 한다. 이리 보고 저리 보고 해서 마지막까지 세심하게 손질을 하고 머리카락 한 올이라도 소홀하게 다루지 않는다.

그런 남편을 보면 가끔 화가 고흐가 생각난다.

빈센트 반 고흐는 신학교를 그만두고 화가의 길을 택했다. 목사의 아들로 태어나 종교적인 가정에서 자란 그가 처음 신학을 시작했을 때는 누구 못지않은 소명감에 불탔을 것이다. 하지만 그는 성경을 놓고 붓을 잡았다. 살아생전에는 단 한 점의 그림밖에 팔지 못하고 궁핍하게 살았지만, 죽은 뒤에는 세계적인 명성을 얻었다. 그런 사람을 행복한 사람이었다고 하기는 어렵겠지만 하나님이 주신 달란트를 발휘한 사람이라고 볼 수는 있겠다.

남편은 그림을 그리는 예술가는 아니지만 이발을 할 때는 조각가의 손이 조각하듯 머리를 다듬고 만진다. 조각가가 혼신을 다해 걸작품을 만들어내듯이 머리를 만진 후 거울을 보고 '아, 내가 또 하나의 작품을 만들어냈구나!' 하는 표정으로 흐뭇하게 웃는다. 손님도 대단히 만족스러워한다.

물론 하루아침에 예술하는 이발사가 된 것은 아니다. 이렇게 되기까지는 오랜 숙련 기간과 크고 작은 실수들이 있었다. 가게를 막 시작했을 때는 조금이라도 더 숙련된 모습을 보이려고 쇼 아닌 쇼를 벌인 일도 있었다.

미용 학원강사들은 가위를 폼나게 잘 돌린다. 가위 돌리는 모습을 보면 그 사람이 어느 정도 숙련된 사람인지 알 수 있다. 경험이 많은 이발사처럼 보여야 손님들이 안심하고 머리를 맡긴다.

남편이 어느 날 프로인 것처럼 보이기 위해 가위를 손가락에 끼워 빙글 돌렸다. 그런데 그만 가위가 손가락에서 빠져나가 바닥에 "쨍강" 하고 떨어졌다. 순간 머리를 대고 있던 손님이 깜짝 놀라 "어, 어" 하면서 뒤를 돌아보았다.

당황한 남편은 순간적으로 그 자리에 얼어붙은 것처럼 가만히 서 있고 손님은 손님대로 어이없는 표정이고, 웃어야 할지, 울어야 할지, 정말 그 난감함이라니……

숙련된 프로처럼 보이려다가 오히려 초보인 게 들통나 버린 것이다. 이발사가 이발을 하는 도중에 가위를 떨어뜨렸다면 알아볼 만한 일 아닌가.

남편은 가위뿐 아니라 빗도 곧잘 떨어뜨렸다. 아귀 힘이 약한 건지 정서적으로 불안해서 그런 건지 원인을 모르겠다. 남편이 빗을 떨어뜨리면 손님 보기에 너무 민망하다. 자주 일어나는 일인데도 잘 고쳐지지 않는다.

그러나 어쨌든 지금의 남편은 "선생님, 머리가 너무 마음에 듭니다" 하는 말을 자주 들을 정도로 숙련된 헤어 컷 전문가로 인정받는다. 이발은 생각보다 까다롭고 손님들은 작은 부분에도 예민하다. 조금만 가위질이 달라도 얼굴 모양 전체가 달라지니 그럴 만도 하다. 그걸 보면 이발사라는 명칭보다 헤어 디자이너라는 명칭이 더 적합해 보인다. 그만큼 조형적인 디자인 감각이 중요하기 때문이다.

남편은 그런 면에서 예술적인 감각이 있다. 머리를 깎고 난 뒤 흡족한 표정으로 거울을 보는 손님을 보면 덩달아 내 마음도 뿌듯해진다. 이것이 이발사의 아내로서 느끼는 기쁨이다.

그런데 요즘, 나도 '헤어 디자이너' 까지는 아니어도 '커트 전문가' 로서의 기쁨을 느낄 때가 있다. 남편이 몸이 불편하거나 일이 생겨 가게를 비우게 될 때는 내가 가위를 든다. '신동엽의 신장개업' 에 출연할 때 남편을 따라다니며 전문가들에게 배운 것을 바탕으로 한두 사람씩 머리를 깎다보니 머리 모양에 따른 감도 생기고 요령도 늘었다.

남편이 젊은층이 좋아하는 짧은 스타일에 능하다면 나는 중년층에 어울리는 조금 긴 스타일에 자신있다. 가끔은 단골 손님으로

부터 "사모님이 사장님보다 더 잘 깎으시네요" 하는 말을 들을 때도 있다. 그럴 땐 "그러면 안 되겠죠?" 하고 웃어넘기지만 내심 기분은 좋다.

다행히 남편도 내가 가위 잡는 걸 싫어하지 않는다. 아니 오히려 내가 손님들에게 면도사나 이발기구를 챙기는 사람 정도로 비치는 걸 못마땅해한다. 하지간 아직 헤어 컷 전문가로 선뜻 나설 수는 없다. 요즘 사람들은 경험으로 얻어진 실력보다 공인기관을 통해 얻은 자격증을 더 신뢰하기 대문이다.

정말 내가 깎는 스타일을 더 좋아하고 신뢰하는 사람들이 많아진다면 자격증에도 한번 도전해볼 만하다는 생각이 든다.

요즘도 남편은 가끔 실수를 할 때가 있다. 하지간 그 실수를 통해 더 많은 것을 배우고 더 큰 것을 얻는다. 어느 날의 일이다.

"똑똑똑……."

누군가 가게 문을 두드렸다.

"네, 들어오세요."

'누굴까? 누군데 곧바로 문을 열고 들어오지 않고 문을 두드리는 걸까?' 의아하게 여기며 엉거주춤 자리에서 일어났다.

웃음 띤 얼굴로 들어오는 분은 우리가 아주 간졸히 기다렸던 단골손님이셨다.

'아, 오셨구나. 다시 안 오시면 어쩌나 했는데…….' 말로 직접 표현할 수는 없었지만 반가움을 감출 수가 없었다. 남편도 입가에 환한 웃음을 머금은 채 그 어느 때보다 반갑게 손님을 맞았다.

"선생님, 어서 오세요!"

“네, 이번에는 제가 좀 일찍 왔죠!”

“그러신 것 같네요. 옷은 이리 주십시오.”

“아닙니다. 괜찮습니다. 만지면 정전기가 일어납니다.”

손님은 자신이 손수 옷을 벗어 옷걸이에 걸었다. 손님이 자리에 앉자 남편은 마음에 담아두고 있던 말을 꺼냈다.

“사실 선생님께서 다시 안 오시면 어떡하나 걱정을 많이 하고 있었습니다.”

“아니, 왜요?”

남편과 내가 그 손님을 그렇게 반갑게 맞은 데에는 사연이 있었다.

그 손님은 우리 부부와 사적인 이야기도 나누며 아주 친하게 지내는 분이다. 머리 손질을 하러 오실 때마다 염색을 같이 했는데 그때마다 염색약을 직접 사 가지고 오셨다. 시중에서 구하기 힘든 제품이었기 때문이다.

그런데 지난번 염색을 하면서 작은 사건이 있었다. 여느 때처럼 커트를 하고 나서 염색 준비를 하다가 염색약 그릇을 떨어뜨린 것이다. ‘어’ 하는 사이에 염색약이 바닥에 쏟아졌고 검은 물이 여기저기 튀었다. 당황한 남편은 얼떨결에 바닥에 쏟아진 염색약을 손으로 쓸어 담았다.

그 모습이 보기가 딱했는지 손님은 “약을 다시 사 올까요?” 하고 물었지만 남편은 “아니 괜찮습니다” 하고는 계속 염색약을 쓸어 담기에 바빴다. 그리고 손에 묻은 약을 그릇에 훑어 가며 염색을 끝냈다.

그 염색약이 손님이 직접 사온 특수한 약이어서, 실수한 남편으로서는 그렇게 해서라도 염색을 해 드릴 생각이었겠지만 너무 옹색한 모습으로 비칠 수도 있었다. 차라리 약값을 드리고 염색은 다음에 하는 게 더 현명했는지도 모른다.

다행히 염색은 잘 되었지만 손님을 보내고 나서 남편도 "내가 한 행동을 어떻게 생각하실까? 다음에 또 오실까" 하면서 불안해했다. 나 역시 마음 한구석이 찜찜했었다.

그런데 그 손님이 다시 오신 것이다.

"지난번에 바닥에 쏟아진 염색약으로 염색을 하드리고 얼마나 마음이 불편했는지 모릅니다. 선생님이 가시고 난 후에 아내에게 계속 불편한 마음을 애기했었습니다."

"아니, 불편해하실 일이 전혀 아니었는데요. 저는 오히려 그 모습이 좋아 보였습니다. 다른 사람 같았으면 기왕에 쏟아진 걸 어쩌랴 하고 미련 없이 버리고 말았을 텐데, 사장님께서 손에 검은 염색물을 묻혀 가며 끝까지 최선을 다하는 모습이 아주 좋았습니다."

그제야 남편의 얼굴이 환하게 펴지며 안도감이 돌았다.

"그렇게 생각해 주서서 감사합니다. 바닥에 흘린 걸 가지고 염색을 했으니 보기에 따라서는 기분이 별로 좋지 않았을 수도 있었을 텐데……."

"먹는 것도 아닌데 바닥에 좀 떨어지면 어떻습니까. 게다가 염색도 아주 잘 되었구요."

우려했던 일이 오히려 좋게 비쳤다니 정말 다행이 아닐 수 없었다. 그 동안 좋은 단골 손님 한 분 놓치는 것 아닌가 싶어 노심초사

했던 마음이 일시에 따뜻하게 녹아 내렸다.

사람이 꼭 좋은 모습만 보여야 좋은 관계를 맺을 수 있는 건 아닌 것 같다. 때로는 순간적으로 드러나는 진솔한 모습이 더 신뢰감과 친숙함을 줄 수도 있는 것이다.

부부 관계도 마찬가지인 것 같다. 그 사람의 장점 때문에 사랑하고 위한다기보다 오히려 약한 점, 단점 때문에 더 마음이 가고 정이 쌓이는지도 모르겠다. 남편과 나 사이에 흐르는 정 역시 그런 인간적인 약점들과 나약함들에 대한 연민과 애정으로 이루어져 있는 것 같다.

'아침마당' 은 '여성마당' 이잖아요

방송국에서 또 출연 섭외가 들어왔다. 이번에는 아침마당이었다. 남편이 『휘어진 십자가』라는 세 번째 시집을 냈는데 그것이 세간에 화제가 되었다. 시 자체보다 목사였다가 이발사가 된 시인의 평범하지 않은 삶에 대해 관심이 많았다.

"목요초대석에 초대하려고 하는데요. 이번 목요일에 하는 프로그램을 한 번 잘 보시지요."

평생 방송이라는 것과는 무관하게 살 줄 알았는데 방송과 우리 부부는 인연이 있는 모양이다. 그런데 이번에는 생방송이란다. 전문 방송인들도 생방송을 하면 떨리고 긴장이 된다는데 남편이 잘 할 수 있을까. 남편도 걱정이 되었던지 취재를 나온 작가에게 부탁을 했다.

"나는 말이 어둔하니 아내와 같이 가면 어떻겠습니까?"

"원래는 한 분만 초대하는데 정 그러시다면 두 분이 같이 오세요."

시집 때문에 신문에 난 남편의 기사를 보고 섭외를 하는 것이어서 원래는 본인만 초대하는 것으로 되어 있었다. 그런데 혼자서는 도저히 못 나가겠다고 하니 나까지 덤으로 나가게 된 것이다.

우리를 꼼꼼히 취재한 작가는 질문의 내용과 답변을 정리한 원고를 보내주었고 우리는 그 원고를 보고 시험 공부하듯 연습했다. 생방송이라서 시간을 잘 맞추어야 했고 한 질문에 대한 답을 너무 오래 끌어도 안 된다고 했다. 그리고 무엇보다 너무 감상적으로 흐르지 않도록 해 달라고 했다.

방송을 앞두고 남편은 오로지 말을 잘 할 수 있을까가 걱정이었지만 나에게는 한 가지 걱정이 더 있었다. 마땅히 입을 옷이 없는 것이다. 연예인처럼 차려 입을 건 아니지만 어느 정도 갖춰 입기는 해야 할 텐데 그럴 만한 옷이 없었다. 몇 벌 안 되는 옷을 꺼내놓고 이 옷 입을까 저 옷 입을까 누구에게 빌려 볼까, 아니면 아예 새로 한 벌 사야 하나, 그러면 배보다 배꼽이 더 크겠지…… 이런저런 궁리를 해 보았지만 결국 있는 옷 중에 원피스 하나를 찾아 입었다. 맵시가 나는 옷은 아니었지만 앉아서 방송을 하면 상반신만 나올 테니 그런 대로 괜찮을 것 같았다.

그런데 막상 방송하러 가는 날 아침에는 머리에 신경이 쓰였다. 방송국에 7시 30분까지 가야 하는데 그날 따라 날씨가 무척 추웠다. 머리숱이 적어 유난히 추위를 타는 나는 모자를 쓰지 않을 수 없었다. 머리가 눌릴까 봐 걱정이 좀 되긴 했지만 어쩔 수가 없었다.

버스를 기다릴 때는 물론이고 방송국에 다다라서까지 남편과 나는 연신 덜덜 떨었다. 추워서 떠는 것인지 아니면 방송 때문에 떠는 것인지 도무지 분간이 되지 않았다.

시간에 맞춰 도착하긴 했지만 내 차림새를 본 피디와 작가는 잠시 난감한 표정을 지었다. 옷도 후줄근해 보이는데다 머리는 도저히 봐줄 수가 없었던 모양이었다. 가뜩이나 숱이 없는 머리가 납작 눌리기까지 했으니…….

오랜 경험과 순발력을 갖춘 피디는 여자 출연자들의 분장실에서 전문적으로 머리를 만지는 사람에게 머리를 손질할 수 있게 해주었다. 덕분에 머리 손질에 화장까지 하고 보니 내 얼굴이 내가 아닌 것 같았다. 전혀 딴 인물로 변신한 느낌이 들어 말하는 게 어색하기까지 했다.

텔레비전을 통해 보던 인물들을 실제로 보니 훨씬 미인 미남이었다. 특히 이금희 씨는 틸레비전으로 보는 것보다 훨씬 예쁘고 날씬했다.

나는 방송중에 남편의 시집을 소개하고 싶었다. 그런데 우리 앞에 나온 여 한의사가 시간을 조금 더 쓰는 바람에 우리 시간이 상대적으로 짧아졌다. 우리 부부 이야기는 그런 대로 하고 나왔지만 끝내 남편 시집 이야기는 꺼내지 못했다. 시집을 알릴 수 있는 정말 좋은 기회였는데, 기회를 잘 포착해 한마디만 했더라도 좋았을 걸…….

천금 같이 주어진 기회를 놓친 것이 못내 마음에 걸렸다.

방송을 하고 나서 내 모습이 텔레비전에 어떻게 비쳤을까 궁금하기도 했지만 또 한 가지 궁금한 게 있었다. 우리 이야기의 제목이 뭐로 나왔을까 하는 것이었다. 나중에 알고 보니 "아내가 바로 구원의 여인"이었다.

누가 그런 제목을 붙였는지 모르겠지만 나는 남편에게 미안했다. 남편의 시집 때문에 방송에 나오게 된 것인데 내가 주된 사람이 되어 버렸으니. 혹시 취재차 피디와 작가가 왔을 때 내가 이야기를 많이 해서 그런 게 아니었을까 하는 생각도 들었다.

그런데 남편의 생각은 달랐다.

"아침마당이라는 프로는 주부 대상 프로니까 당연하지. 나는 이야기를 할 때도 당신이 주인공이 되는 게 좋다고 생각했어요. 당신도 나 때문에 고생을 많이 했으니까 그런 프로에 나가서 이야기를 할 자격도 충분히 있고, 당신 얘기 듣고 공감하는 주부들도 많았을 거예요. 그러니까 그런 문제로 미안해할 필요 없어요."

자기 때문에 출연하게 된 방송인데 자신만 내세우지 않고 내 생각까지 해주니 고마웠다. 방송하는 내내 감정 조절을 제대로 못하는 것처럼 보여 내가 이야기를 많이 했는데, 그런 중에도 속내에는 깊은 뜻을 품고 있었던 모양이었다. 이런 것이 말로 설명할 수 없는 부부의 정인지도 모르겠다.

몸의 치질 마음의 치질

남편이 치질 수술을 했다. 그전부터 뒤가 안 좋다고 했었는데 약을 먹으면서 달래 왔었다.

며칠 전부터 혈변이 나오고 증세가 좋지 않다고 하더니, 가을비가 부슬부슬 내리는 월요일 아침에 갑자기 '오늘 치질 수술이나 해야겠다' 고 하는 것이었다.

나는 당황했다. 너무나 갑작스러운 결정이었던 것이다.

"슬기가 방학이나 하면 하지 그래요."

"생각난 김에 해야 되겠어. 계속 있자니 개운치도 않고."

그러더니 말이 끝나기 무섭게 여기저기 치질 수술 전문병원에 전화를 했다.

"여보세요. 지금 가면 당장 오늘 수술할 수 있습니까?"

그러더니 당장 수술할 수 있다는 병원으로 갔다.

혼자서 당당히.

남편을 혼자 보낸 게 불안해 병원에 전화를 해봤다.

"보호자가 필요하지 않나요?"

"하반신 마취하면 누워 계셔야 되니까 안 계셔도 됩니다."

간호사의 말이었다.

원래 수술은 멋모르고 하는 게 제일 낫다. 하긴 요즈음은 수술도 무통이라는 게 있어서 돈만 좀더 있으면 아프지 않고 지낼 수 있다. 내가 수술을 했을 무렵에는 생각도 못했던 일이었다. 세상이 얼마나 좋아졌는지…….

남편은 2박 3일간 입원을 하고 퇴원을 했다.

병원에 있을 때도 전혀 환자 같지 않아 별다른 걱정을 안 했는데, 사실은 퇴원 후부터가 문제였다. 화장실 가기가 겁난다고 아예 밥을 안 먹으려고 하는 것이다.

"의사 선생님이 너무 화장실에 가지 않으면 수술 자리가 많이 오그라들어 안 되니 잘 먹어야 한다고 했어요."

그 말을 듣고 나서야 밥을 제대로 먹었다.

수술을 하고 나서 보니 주위에 수술 선배님들이 많이 있어서 조언을 해 주었다.

"수술하고서도 술 많이 마시고 무리하면 재발합니다. 조심하셔야 합니다."

피하고 싶어도 피할 수 없으니 화장실에 가기는 가지만, 그 때마다 얼마나 고통스러워하는지 옆에서 보기에도 딱할 정도였다.

그 모습을 보면서 드는 생각이 있었다.

엉덩이 부분은 우리 몸에서 제일 대접받지 못하는 부분이다. 실수로 남의 면전에 엉덩이를 대었다가는 얼마나 큰 실례가 되는가.

그러나 잘 먹고 잘 배설하는 것이 인간에게 얼마나 중요한가. 그 곳이 고장 나면 아예 먹을 것을 삼가야 한다. 우리 몸에서 중요하지 않은 곳이 어디 있을까만, 특히 이 부분은 그 중요성에 비해 제대로 대우받지 못하고 있는 것 같다.

치질이 생기는 것은 제대로 배설을 하지 못하기 때문이다. 변비가 심하게 되면 결국 치질로 가게 된다.

제대로 배설을 해야 하는 것이 어디 몸뿐이랴. 살아가면서 우리 마음에도 이런저런 일들이 생기고 그것을 제대로 소화시키고 풀지 못하면 결국 가슴 속 어딘가에 켜켜이 쌓여 병이 되는 것이다. 마음의 병은 곧 죽는 것은 아니지만 죽음에 이르게 하는 병이다.

상한 마음을 계속 품고 있어서는 안 된다. 풀 것은 풀고 버릴 것은 버려야 한다. 마음에 응어리진 것이 없어야 건강하게 살 수 있다.

내가 그 어려웠던 결혼 생활을 지탱할 수 있었던 것은 대화 상대가 있었기 때문이다. 친구이자 상담가이자 연인이자 아버지였던 분, 바로 예수님이다. 그분이 아니었으면 지금까지 내 삶을 지탱하기 어려웠을 것이다. 그분은 어떤 상황에서든 나를 인격적으로 대해 주시고 위로해 주시고 다시 살아갈 힘을 주신다.

이렇게 내 이야기를 쓸 수 있는 것 역시 그분의 은혜다. 그리

고 결코 평범하지 않은 삶을 살면서도 믿음과 희망을 잃지 않은 대가
이기도 하다. 이것이 나 혼자만의 생각이라고 해도 좋다. 그런 생각
을 할 수 있다는 것 자체만으로도 삶을 활력 있게 한다.

남편은 나에게 무엇일까

남편은 내게 '구월의 여인' 이라는 이름을 붙여 주었다. 물론 역설적인 의미다. 그렇다면 나에게 남편은 무엇일까.

나는 어릴 적부터 예배당에 나갔다. 바로 집 앞에 예배당이 있어 사람들은 우리 집을 예배당집이라고 불렀고, 자연히 종교적인 문화에서 자라났다. 우리 집안은 성경의 디모데 가족처럼 외할머니, 어머니 그리고 나까지 3대째 신앙을 지키고 내려오고 있다.

교회 생활도 충실히 했다. 주일학교를 거치고 중고등부를 거치고 주일학교 교사를 맡아 하기도 하고 병원에서 퇴원한 후에는 학생회를 맡아 보기도 했다.

성경도 누구 못지않게 많이 가르쳤다.

"예수님은 우리 죄를 위해 십자가에 달려 돌아가셨어요. 그것은 바로 나 자신을 구원하기 위한 것이었어요."

내가 다른 사람들에게 사명감을 갖고 반복한 말이다. 그러나 나는 이 말을 '성문화된 객관적 사실' 로 받아들였다. '죄' 와 나는 직접적인 상관이 없다고 생각했다. 나에게는 이 모든 것이 종교적 신조에 지나지 않았다. 나는 주위의 모든 사람들에게 칭찬만 받고 살았기 때문이다.

가정에서도 학교에서도 나는 별다른 꾸지람을 듣지 않은 사람이었다. 이미 밝혔듯이 고등학교 시절 남자 문제로 딱 한 번 아버지께 매를 맞은 것 외에는 특별히 기억나는 일이 없을 만큼 순탄했다.

학교에서도 나는 선생님들의 사랑을 참으로 많이 받았다. 공부는 별로 잘하지 못했지만 반장 선거를 하면 나보다 공부를 잘하는 아이들을 제치고 내가 당선되었다. 나는 부끄럼을 많이 타서 남 앞에 나서기 싫은데도 아이들은 나를 뽑았다.

그렇게 학교 생활, 직장 생활을 하는 동안 별다른 문제가 없었다. 나는 머리로는 '내 죄 때문에 예수님이 돌아가셨다' 고 알고 있었지만 정작 내가 죄인이라고 생각하지는 않았다.

그런데 결혼 생활은 내가 어떤 사람인가를 차츰차츰 드러내주었다. 남편이라는 시금석을 통해서였다.

가장 가까이에 있는, 가장 사랑해야 할 남편이 나를 괴롭혔다. 우리는 사사건건 부딪혔고, 부딪혀도 부딪혀도 해결이 되지 않았다.

병원 생활을 오래 한 후유증으로 인해 기억력도 희미하고 몸도 마음처럼 움직이지 못하는 나를 남편은 이해해 주지 않았다. 나를 잘 아는 친정에서는 내가 조금이라도 힘들까 봐 나를 위로하고 격려하는데 남편은 전혀 아니었다. 병원 생활에 대한 말만 들었지 실제로 본 것이 아니기 때문에 나에 대한 동정심과 긍휼히 여기는 마음이 생기지 않는 것 같았다.

매사에 까다롭고 지나치게 예민하고 문제 같지 않은 문제로 나를 괴롭히는 남편, 그래도 참아야 한다고 수없이 스스로를 타일렀지만 갈수록 그 강도가 점점 심해지니 내 마음 깊은 곳에서 남편에 대한 미운 감정이 솟기 시작했다. 온몸이 분노 덩어리가 되어 나를 향해 손에 집히는 대로 집어던지고 폭언을 할 때는 순간적으로 남편에 대한 살의가 일어나기도 했다.

정말 그 당시 나는 살인자들의 심정을 이해할 수 있었다. 잠시 잠깐 절제력을 잃으면 너무도 쉽게 살인을 할 수도 있었다. 이런 생각이 나를 둘러쌀 때는 내가 곧 살인자의 모습, 바로 그것이었다.

나는 정말 남편이 죽이고 싶게 미웠던 적이 있었다. 행동으로 옮기지 않았다고 죄가 아닌 것이 아니다. 마음으로 품은 죄도 죄였다. 본질적으로 악의 뿌리에서 나왔기 때문이다. 아무리 칭찬을 듣고 살았어도 나 역시 죄인일 수밖에 없다. '이 세상에 의인은 하나도 없다'는 말이 그때서야 이해가 갔다.

남편과 함께 살면서 내 속에 얼마나 악한 것들이 들어 있는지 속속들이 나타났다. 결혼 생활은 나의 내면 깊숙이 자리잡고 있던 아담의 본성을 드러나게 했고, 그것을 통해 나는 진짜 내 고습을 보게 되었다. 멀리 있는 사람은 사랑하면서도 가장 가까이에 있는 남편은 죽이고 싶을 만큼 미워했으니 열 가지 칭찬이 모두 헛것이었다.

지금까지 나는 지은 죄 없다고 생각하며 지내왔지만 그것은 스스로 속고 있는 것이었다. 어느 날 문득 나를 들여다보니 내 속에는 죄가 너무나 많았다.

'그래서 예수님의 대속이 필요했던 것이구나. 그것이 아니면 도저히 용서될 수도 없고 누구도 용서할 수 없는 것이었다. 신의 아들이 아니라면 말이다.'

그때서야 나는 내가 입으로만 가르치던 복음의 의미를 깨달을 수 있었다.

그런 면에서 남편은 나에게 복음을 제대로 가르쳐준 사람이다. 그것은 아주 고통스러운 깨달음이었지만 그가 없었더라면 나는 진정으로 나 자신을 알지 못했을 것이고, 복음을 이해하지도 못했을 것이다.

신앙 생활도 마찬가지였다.

나는 주일날 교회에 잘 나가고, 십일조 생활 충실히 하고, 열심히 기도하면 좋은 교인 훌륭한 성도라고 생각했다. 그래서 난 언제 어디서나 성실한 교인, 사랑받는 성도였다.

하지만 남편을 만나고 신앙관도 바뀌었다. 남편은 철저하게 평등한 신앙공동체를 원했고 권위적인 교회의 목회 방식을 따르려 하지 않았다. 목사라고 높은 자리에 앉아 근엄하게 보이고 평신도와 차별되는 것을 싫어했다. 목사든 신도든 똑같이 둘러앉아 서로 교제하며 막힘 없이 교통이 이루어져야 한다고 믿었다. 한 사람, 한 사람을 깊이 알고 서로의 아픔을 위해 간절히 기도하고 참된 도움을 주고

받는 등, 권위를 가진 한 개인이 이끌어 가는 목회가 아니라 성도들 모두가 하나님께 받은 기능을 발휘하며 함께 사는 그런 목회를 꿈꾸었다.

나는 처음부터 남편의 신앙관에 동의한 건 아니었다. 이제까지 보아온 목회에 대한 고정관념에 사로잡힌 나로서는 정말 이해하기 힘든 부분이었다. 내 눈에 그는 편안히 갈 수 있는 길을 놔두고 자꾸만 엇나가는 사람처럼 보였다. 안정된 신분과 편안한 노후가 보장되어 있는 구세군 목사직을 헌 옷 벗어 던지듯 내던진 사람을 어떻게 이해할 수 있었겠는가.

하지만 지금은 돈회에 관한 남편의 생각을 이해하고 옳다고 믿는다. 그것이 하나님께서 원하시는 진정한 공동체의 모습이기 때문이다.

내 속에 있는 고정관념을 깨뜨리는 데는 참 많은 시간을 필요로 했고 고통이 따랐다. 참된 신앙인으로 거듭나기 위해서는 대가를 치러야 한다. 참된 신앙, 참된 위로는 직접 부딪혀 경험해 보고 아파해 보고 수렁을 건너본 사람만이 얻을 수 있는 보석이다. 대가를 치르지 않고 되는 일은 아무것도 없다. 심지어 하나님도 우리를 위해 엄청난 대가를 치르지 않으셨던가.

남편으로 인해 깨달은 게 또 한 가지 있다. 참된 신앙이란 '자신을 버리는 삶'이라는 것이다. '내가 사는 것이 아니라 그리스도가 산 것처럼 산다'고 한 바울의 고백처럼, 자신이 의지와 욕망에 따라 사는 것이 아니라 하나님이 가르치신 대로 사는 삶이 진정으로 복음을 사는 삶이다. 언제까지나 자신의 본 모습을 고집하면서 살면 '거듭난다' 라는 말의 진정한 의미를 알 수가 없다. 예수님께서 말씀하신 복음의 참된 의미를 깨달을 수 없는 것이다.

믿음은 그저 갖는다는 것으로 끝나지 않으며, 깨닫는 것 자체만으로 완성되지 않는다.

믿음은 출발이고 완전한 사람은 어디에도 없다. 다만 완전을 향해 나아갈 뿐이다.

사랑은 스스로 완전치 못하기 때문에 하나님은 자기의 사랑하는 자녀들이 하나님처럼 완전하여지라고 끊임없이 일하고 계신다.

그냥 가만히 두면 그러한 경지에 이르지 못하므로 당사자가 도저히 이해하지 못하는 상황까지 이끌고 가시면서 우리를 변화시키고 계신다.

이러한 것을 보기까지 참 많은 시간이 걸렸지만 이제는 영적인 눈이 뜨이고 보니 모든 것이 잘 보인다. 지나간 날들이 감사할 뿐이다.

아직 끝은 아니다

내가 종종 하는 말이 있다.

"인생은 끝까지 살아봐야 한다. 끝이 좋아야 인생의 진정한 승리자인 것이다."

내 인생이 벌써 오십 고개에 다다르고 있다.

그 동안 내 삶은 말 그대로 파란만장이었다.

말로 다할 수 없는 육체의 고통, 그것도 한 번도 아니라 두 번 세 번…….

하나님만 그 끝을 아신다고 했던 병원 생활.

억지로 병원을 탈출하자 곧바로 결혼 생활의 고통이 이어졌

다. 그것은 육체적이라기보다 정신적인 고통의 시기였다. 아니 육체
적 정신적 고통이 한꺼번에 몰아닥쳤다는 표현이 더 옳겠다.

그리고 많은 것이 안정되고 나아진 지금, 비로소 내 생을 돌아
볼 여유가 생긴다.

인생은 아무도 모르는 길이다. 돌돌 말린 두루마리처럼 내가
딛고 선 곳 외에는 보여주지 않는다. 내가 들어선 길이 어디로 이어
져 어디에 다다를지 아무도 모른다. 아무도 예측할 수 없기 때문에
두렵고, 그렇기 때문에 더 흥미롭다.

그 동안 내 삶은 목회자의 아내였건, 오방떡 굽는 아줌마였건,
간병인이었건, 이발사의 아내이건 힘겹고 또 힘겨웠다.

그러나 이것이 끝이 아니라고 나는 믿는다. 내 인생이 어느 생
일날 남편이 한 말처럼 '흑장미처럼 화려하게' 필지 어떨지는 모르
지만, 적어도 나의 지난 모든 고통이 아무런 의미도 없이 사라질 것
이라고 생각하진 않는다. 끝은 여전히 두고봐야 하는 것이다.

남편의 시집과 화려한 인생 역정 덕분에 우리 이야기는 여러
잡지와 방송의 취재 대상이 되었다. 더러는 우리의 이야기를 듣고 공
감하고 위로받고 자신의 인생에 대해 다시 생각해 보는 사람들도 있
었을 것이다. 태어난 날을 저주할 만큼 고통스러웠던 욥의 이야기가
고난을 당하는 많은 사람들에게 위로가 되고 희망이 되는 것처럼 말
이다.

욥의 말년은 아름다웠다. 고통 속에서 태어난 날을 저주하고
하늘을 향해 절규하던 그는 결국 하나님을 보았으며 고난 이전보다
훨씬 많은 재산과 아들 딸들을 얻었다.

내 삶이 감히 욥의 삶에 비견된다고 말할 수는 없겠지만, 하나님은 내가 어디에 있든 무얼하든 눈을 떼지 않고 지켜보고 계실 것이다. 그리고 그분이 임재하시는 한 내 삶은 희망이 있다.

방송에 나가든 신문 기사가 나든 언제나 남편에 가려져 있던 내 이야기를 이렇게 남편과 대등하게 할 수 있게 된 것도 내 희망의 증거 중 하나이다. 앞으로 또 어떤 일이 일어날지 모르지만 나는 남편과 함께 최선을 다해 살아갈 것이다.

지금 이 순간 그분께서 이렇게 말씀하신다.

"영숙아! 그 동안 정말 수고가 많았다. 내가 너에게 맘껏 복을 주마!"

나 역시 그분에 대한 믿음을 잃지 않을 것이다.

앞으로 어떤 삶이 내 앞에 펼쳐진다 할지라도.

당신들의 삶이 그 자체로 값지기를 바랄 뿐

이슬기

자식으로서 부모의 삶에 대해 쓴다는 것은 어렵다. 내가 기억할 수 있는 것들, 본 것들, 보이는 것들을 그대로 옮기면 되겠지만, 내 짧은 문장 실력으로는 표현의 한계가 따른다. 부모님의 삶은 복잡했고 내 표현력은 턱없이 부족하다.

엄마는 내게 따뜻함과 사랑, 그리고 끝을 모르는 참을성을 가르쳐 주셨다. 세 가지 모두 인간의 아름다운 미덕이지만 때론 그것 때문에 화가 나기도 한다. 모든 상황을 다 하나님의 섭리로 받아들이고, 이해하고, 용서하고, 참고 또 참는 사람. 독실한 기독교 신자 밑에서 자란 사람들은 그 기분을 알 것이다.

하지만 역으로 생각해 보면 엄마의 그 끝없는 참을성이 없었다면 과연 우리 가정이 지금까지 버틸 수 있었을까 싶기도 하다. 비유를 하자면 엄마는 물 같은 사람이다. 어떤 환경에서도 적응하고 그 환경에 맞게 자신을 변화시키는…….

반대로 아빠는 불 같은 사람이다. 청년기까지 제대로 사랑받지 못했고 감성적인 시인의 기질이 있어서 그런지 몰라도, 아빠는 아주 예민한 신경을 가지고 있다. 그래서 엄마의 아주 작은 실수에도 불같이 화를 낸다. 어떤 때는 아주 숨이 막힐 지경이다.

나는 아빠가 왜 화를 내는지 이해가 가지 않을 때가 많다. 어렸을 적 거의 매일 싸우는 엄마 아빠를 보면서 내 성격이나 사고방식 역시 비관적으로 변하기도 했다. 그때 내게 엄마는 선이었고 아빠는 악이었다. 적어도 내 눈에는 그렇게 보였다.

점점 머리가 커지면서 조금씩 아빠를 이해하게 되었지만 아직도 알 수 없는 부분, 이해할 수 없는 부분이 더 많다.

이렇게 전혀 다른 엄마 아빠에게 비슷한 것이 한 가지 있다. 자신들의 고통을 무언가에 몰두하면서 정화하는 것이다.

엄마의 삶에서 신앙이라는 단어를 빼놓을 수 없다. 하나님께 매달리지 않으면 극복할 수 없는 아픈 기억이 그만큼 많다. 처녀 시절 당한 엄청난 교통사고, 이해하기 힘든 남편과의 결혼 생활을 거쳐 오면서 엄마가 의지할 수 있었던 건 오직 신앙뿐이었다.

아빠의 삶도 그리 순탄치만은 않아서 아빠에게도 잡을 수 있을 만한 무언가가 필요했다. 그것이 바로 시였던 것 같다. 신앙 없는 엄마의 삶을 생각할 수 없듯이 시 없는 아빠의 삶도 상상하기 힘들다. 아빠에게 시가 없었다면 폐인의 길을 걸었을지도 모른다.

예전부터 아빠가 엄마와 싸울 때마다 하는 말이 있다. "똑똑한 신부를 만났더라면 내 인생이 이렇게 되지는 않았을 것"이라는 말이다. 과연 아빠가 똑똑한 신부를 만났더라면 행복하게 살 수 있었을까? 나는 아니라고 생각한다.

많이 나아졌지만 아직도 많이 민감하고 생각과 행동에 모순을 보이곤 하는 우리 아빠에게 똑똑한 신부는 더욱 화가 되었을 것이다. 너무 달라서 치열하게 싸우기도 했지만 너무 다르므로 서로의 단점을 보완해주며 지금까지 살 수 있었는지도 모른다. 그런 면에서 엄마 아빠는 하늘에서 맺어준 인연인 것 같다.

내가 자라면서 보아 온 아빠의 성격에 많은 변화가 있었다. 기도가 이루어낸 기적이라면 기적이라고 할 수 있겠다. 그 동안 엄마의 기도가 얼마나 간절했는지 짐작이 가는 부분이기도 하다.

돌아보면 엄마 아빠도 모두 환경에 치인 불쌍한 사람들이다. 아빠의 지나치게 예민한 성격 역시 자신의 힘으로는 어쩔 수 없는 상황이 만들어낸 것이었다.

특별하고도 험난했던 엄마와 아빠의 삶은 작은 돛대 하나에 의지한 채 망망대해를 항해해온 조각배처럼 낡고 지쳐 보이지만, 사실은 지금 이 시대를 살아가고 있는 평범한 부부들의 삶의 한 단면을 가식 없이 보여주는 것일지도 모른다.

성인이라고 칭해지는 나이를 지내고 있으니 조금은 알 것 같다. 삶이란 이런 것임을. 자신이 뭔가 부족하고 다른 사람들에 비해 많이 잘못하고 살고 있는 것 같지만 모두 똑같은 아픔을 겪고 있으며 또 그것을 토대로 발전해 나가는 것을.